Werner Reichel

Die roten Meinungsmacher

Werner Reichel

Die roten Meinungsmacher

SPÖ-Rundfunkpolitik von 1945 bis heute

Deutscher Wissenschafts-Verlag (DWV)
Baden-Baden

Cover-Gestaltung: Birgitta Karle (DWV), Werner Reichel

Bibliografische Information Der Deutschen Nationalbibliothek
Die Deutsche Nationalbibliothek verzeichnet diese Publikation in der Deutschen Nationalbibliografie; detaillierte bibliografische Daten sind im Internet über http://dnb.ddb.de abrufbar.

Bibliographic information published by Die Deutsche Nationalbibliothek
Die Deutsche Nationalbibliothek lists this publication in the Deutsche Nationalbibliografie; detailed bibliographic data are available in the Internet at http://dnb.ddb.de.

Information bibliographique de Die Deutsche Nationalbibliothek
Die Deutsche Nationalbibliothek a répertorié cette publication dans la Deutsche Nationalbibliografie; les données bibliographiques détaillées peuvent être consultées sur Internet à l'adresse http://dnb.ddb.de.

1. Auflage
Gedruckt auf alterungsbeständigem, chlorfrei gebleichtem Papier

© Copyright 2012 by
Deutscher Wissenschafts-Verlag (DWV)®
Postfach 11 01 35
D–76487 Baden-Baden

www.dwv-net.de
www.universitypress.de

Alle Rechte, insbesondere das Recht der Vervielfältigung und Verbreitung sowie der Übersetzung, vorbehalten. Kein Teil des Werkes darf in irgendeiner Form (durch Photokopie, Mikrofilm oder ein anderes Verfahren) ohne schriftliche Genehmigung des Verlages reproduziert oder unter Verwendung elektronischer Systeme verarbeitet, vervielfältigt oder verbreitet werden.

ISBN: 978-3-86888-046-5

Für Jana, Jan, Emilia und Arik

Danke an alle, die mich bei meiner Arbeit unterstützt haben. Mein besonderer Dank gilt Dr. Andreas Unterberger, Prof. Dr. Dr. Werner E. Gerabek, Roswitha, ohne sie hätte ich dieses Buch nicht geschrieben, und meiner Schwester Elke.

„Für uns sind Rundfunk und Fernsehen Machtfragen"

SPÖ-Nationalratsabgeordneter Josef Kratky

Inhalt

Einleitung 1

1. Alpenland und Rot-Weiß-Rot: Rundfunk nach dem Krieg 4

2. Schwarze Welle - Roter Schirm: Auf dem Weg zum Proporzrundfunk 12

3. Das Narrenkastl: Die grobe Fehleinschätzung der Volkspartei 16

4. Geheimpakt Staatsfunk: Die Presse macht mobil 25

5. Das Rundfunkvolksbegehren: Der Aufstand der Bürger 33

6. Der Entpolitisierungsversuch: Die Rundfunkreform unter Josef Klaus 44

7. Der Rundfunktiger: Die Ära Bacher I 50

8. Die Repolitisierung des Rundfunks: Kreisky und die sozialistische Gegenreform 56

9. Die Gefahr aus dem All: Der Beginn der Satelliten- und Kabelrundfunk-Ära 67

10. Der Oberhammer: Kreiskys Rache 72

11. Das Comeback des Tigers: Die Ära Bacher II 77

12. Wehret den Anfängen: Erste Monopolgegner formieren sich 82

13. Der Himmelskanal: Intellektueller Sturm im Wasserglas 89

14. Bella Italia: Von Radio Valcanale zu Radio Uno 96

15. Aufbruch ins All: Die neue Programmvielfalt aus der Schüssel 102

16. Der Monopoltiger: Bachers Kampf gegen die Rundfunkliberalisierung 105

17. Teddy statt Tiger: Bachers zweiter Abgang 111

18. Welches Monopol? – Die Kampfrhetorik der Monopolisten 114

19. Der Bock als Gärtner: Die Privatradiopläne von ORF und VÖZ..........120

20. Blaues Auge: Das FPÖ-Volksbegehren..........129

21. Radio CD: Der Feind aus dem Osten..........135

22. Blue Danube Radio: Der große Frequenzraub..........147

23. Hubschraubereinsatz: Die Jagd auf Radiopiraten..........152

24. Das Lentia-Urteil: SPÖ-Medienpolitik am internationalen Pranger..........158

25. Wer bastelt mit? Das Regionalradiogesetz..........165

26. Bitte warten: Der Fehlstart der Privatradios..........172

27. ORF unter Schock: Der Senkrechtstart der Antenne Steiermark..........178

28. Als die Bilder laufen lernten: Die neue Freiheit im Kabelnetz..........181

29. Gerhard Zeiler: Die „Privatisierung" des ORF..........187

30. A neicha Senda, Nudlaug: Sozialistisches Privatfernsehen..........192

31. Lasst tausend bunte Blumen blühen: Der Start der Privatradios..........195

32. Eine Hand wäscht die andere: Der vierte elektronische Grundkonsens.....203

33. Wendezeiten: Schwarz-Blaue Rundfunkrevolutionen..........206

34. Das Ende des ORF-Monopols: ATV+ und KRONEHIT..........212

35. S.O.S Rotfunk: Die Ära Monika Lindner..........216

36. Back To The Roots: Der neue schwache Mann im ORF..........227

37. Linke Flügelkämpfe: Der Fall Niko Pelinka..........231

Anhang

Brief von Bundeskanzler Fred Sinowatz an Viktor Lindner..........237

SKY CHANNEL-Resolution der IG Autoren..........239

Das FPÖ-Volksbegehren „zur Sicherung der Rundfunkfreiheit"..........241

RADIO-PRINT - Der gemeinsame Vorschlag von ORF und V.Ö.Z. für ein „Hörfunk-Versuchsgesetz"..........246

„Wiener Erklärung" der Initiative öffentlicher Rundfunk..........249

Rede Armin Wolf anlässlich der Verleihung des Robert Hochner Preises..........253

Unterschriftenliste „Für einen unabhängigen ORF"..........259

Stellungnahme Niko Pelinkas zum Rückzug seiner Bewerbung als Büroleiter von ORF-Generaldirektor Alexander Wrabetz..........260

ORF Generalintendanten/direktoren..........261

Personelle Verflechtungen SPÖ/ORF..........262

Literaturverzeichnis..........267

Quellen und Materialien..........279

Einleitung

In Österreich fällt erst kurz nach der Jahrtausendwende das ORF-Rundfunkmonopol. Zu einer Zeit, als in fast allen ehemaligen kommunistischen Staaten Osteuropas und in Albanien bereits seit mehreren Jahren private Radio- und Fernsehstationen ungehindert und legal senden. Kein anderer demokratischer Staat hat die Liberalisierung des Rundfunks so lange verhindert und hinausgezögert wie Österreich. Über Jahrzehnte hat die SPÖ das ORF-Monopol mit (fast) allen Mitteln verteidigt und Privatrundfunk zuerst ver- und später, als es aufgrund des EU-Beitritts nicht mehr anders ging, behindert.

Der Grund für diesen rundfunkpolitischen Sonderweg: Sozialdemokraten und der öffentlich-rechtliche Rundfunk sind eine perfekte Symbiose eingegangen. SPÖ- bzw. regierungsfreundliche Berichterstattung erfolgte im Tausch gegen Sonderrechte und Sonderregelungen für den ORF und üppige Gehälter für seine Mitarbeiter. Ein System, das über die Jahrzehnte perfektioniert und verfeinert wurde. Für die Sozialdemokratie war der Monopolrundfunk stets Mittel und propagandistisches Instrument zur Um- und Durchsetzung ihrer macht- und gesellschaftspolitischen Ziele und Visionen. Dieses demokratiepolitisch fragwürdige und menschenrechtswidrige „Erfolgsmodell" wollten beide Seiten, die SPÖ und der ORF, trotz aller Widerstände nicht aufgeben.

Als der Druck Ende des vergangenen Jahrtausends zu groß wird, wechselt man von der Verhinderungs- zur Verzögerungstaktik. Erst im Jahr 2004 wird der heimische Rundfunkmarkt völlig liberalisiert. Bis zum heutigen Tag ist der Einfluss der SPÖ auf die inhaltliche Ausrichtung des öffentlich-rechtlichen Rundfunks enorm. Bis heute werden Posten im öffentlich-rechtlichen Rundfunk auf allen Ebenen politisch besetzt. Bis heute ist der ORF mit seiner tendenziösen Berichterstattung ein entscheidender Faktor bei der Beeinflussung der öffentlichen Meinung. Die primäre Daseins- und Existenzberechtigung der gebührenfinanzierten öffentlich-rechtlichen Meinungsanstalt liegt vor allem darin, die Bedürfnisse und Begehrlichkeiten von vorwiegend sozialdemokratischen Politikern zu befriedigen. Österreichs jüngere Geschichte und Gesellschaft wurde und wird entscheidend von der SPÖ-Medienpolitik geprägt.

Dieses Buch ist das erste, das den rundfunkpolitischen Sonderweg Österreichs von 1945 bis heute dokumentiert, analysiert und kritisch aufarbeitet. Es ist bezeichnend für den Zustand von Meinungsfreiheit und Demokratie in Österreich, dass dies, abgesehen von einigen ganz wenigen Ausnahmen, bisher noch nicht umfassend geschehen ist. Das ist eine ganz konkrete und direkte Auswirkung der SPÖ-Medienpolitik und des jahrzehntelangen Rundfunkmonopols.

Auch die traditionell politisch links stehenden Publizistik-Institute und Kommunikationswissenschafter waren stets Verteidiger und selten Kritiker dieses fragwürdigen Systems. Das Rundfunkmonopol stellten sie, der linken Ideologie entsprechend, immer über Medienvielfalt und Meinungsfreiheit. Privatrundfunk und (echte) Pressefreiheit sind für die meisten Kommunikationswissenschafter, nach der „guten" alten kulturpessimistischen Tradition der Frankfurter Schule, vor allem eine Gefahr für die journalistische Qualität, ja für die Demokratie an sich. Zudem gibt es auch hier ganz pragmatische und monetäre Gründe für die zumeist völlig unkritische Haltung gegenüber dem ORF, dem seinerzeitigen Monopol und der sozialdemokratischen Medienpolitik. Die Abhängigkeiten und die (personellen) Verbindungen zwischen der Rundfunkanstalt und den Publizistik-Instituten sind evident. Ähnliches gilt auch für das Verhältnis von heimischen Buchverlagen zum ORF, was die Veröffentlichung eines solchen Werkes nicht gerade vereinfacht. Die Abhängigkeiten, Netzwerke und Verbindungen, die in den Jahrzehnten des Rundfunkmonopols in ganz Österreich gewachsen und entstanden sind, wirken bis heute nach.

Im Zuge der Recherchen zu diesem Buch hat der Autor mehrere Dutzend Diplomarbeiten und Dissertationen zu den Themenbereichen Rundfunk, ORF, Medienpolitik, etc. gelesen. Lediglich eine Handvoll hat sich kritisch mit der SPÖ-Medienpolitik und der ORF-Berichterstattung auseinandergesetzt. Der Großteil sind relativ belanglose ORF- und SPÖ-freundliche Analysen ohne großen Erkenntnisgewinn.

Obwohl der ORF die größte „Medienorgel des Landes"[1] war und ist, obwohl der ORF die politische Landschaft der zweiten Republik und die gesellschaftlichen Entwicklungen entscheidend mitgeprägt hat, liegen praktisch keine Werke - weder wissenschaftliche noch journalistische - vor, die die Rolle des ORF und der SPÖ kritisch aufgearbeitet hätten[2]. Diese große Lücke versucht dieses Buch zu füllen.

Werner Reichel

Wien/Tokyo, im April 2012

---

[1] ORF-Generalintendant Gerd Bacher hatte den ORF einst so charakterisiert.
[2] Eine Ausnahme bilden die Bücher des Medienjournalisten Harald Fidler.

1. Alpenland und Rot-Weiß-Rot: Rundfunk nach dem Krieg

Mit dem Ende der Naziherrschaft entstand in Österreich für ca. zehn Jahre eine relativ bunte - wenn auch nicht freie - Radiolandschaft. Dies hatte freilich nichts mit den Politikern von SPÖ oder ÖVP zu tun. Die Informations- und Propagandaoffiziere der Alliierten übernahmen mit Kriegsende in den jeweiligen Besatzungszonen die Kontrolle über die österreichischen Sendeanlagen[3]. Die USA errichteten die Sendergruppe Rot-Weiß-Rot, zuerst in Salzburg und Linz, im Oktober 1945 dann auch in Wien. Großbritannien gründete die Sendergruppe Alpenland für die Steiermark und Kärnten, Frankreich die Sendergruppe West für Tirol und Vorarlberg.

Während die Radiostationen der westlichen Alliierten unter direkter Kontrolle der jeweiligen Besatzungsmacht standen, wählten die Sowjets einen etwas anderen Weg. Sie zensurierten und überwachten das Programm von Radio Wien, das in der Bundeshauptstadt und im Osten des Landes zu empfangen war.

Kurz nach Kriegsende, am 11. April, gelang es ehemaligen Mitarbeitern der RAVAG[4] in das von den Russen besetzte Rundfunk-Gebäude zu gelangen und mit dem Wiederaufbau zu beginnen. Auf dem Dach des Funkhauses in der Wiener Argentinierstraße wurde ein provisorischer 30-Watt-Sender installiert.[5]

Oskar Czeija, der bereits in den 20er Jahren die RAVAG gegründet hatte, hatte am 29. April 1945 Radio Wien wieder in Betrieb genommen. Als erste Sendung wurde der Staatsakt von der Gründung der provisorischen Regierung ausgestrahlt. Am nächsten Tag wurde bereits fünf Stunden lang gesendet. Im Sommer 1945 setzte die Regierung Renner Czeija als öffentlichen Verwalter der neuen RAVAG ein.

---

[3] Siehe Oliver Rathkolb. www.demokratiezentrum.org (14.06.2011.).
[4] Die RAVAG (Radio Verkehrs AG) war von 1924 bis zum Anschluss Österreichs an Nazi-Deutschland die staatsnahe Monopolrundfunkanstalt in Österreich.
[5] Siehe Stöger. 1965. Seite 13.

„Das Programm musste nicht nur der Kulturabteilung der Roten Armee, sondern auch dem Amt für Kultur und Volksbildung der Stadt Wien zur Genehmigung vorgelegt werden."[6] Zudem wurde mehrmals pro Woche die berüchtigte russische Stunde ausgestrahlt. Im Volksmund wurde Radio Wien deshalb auch als der Russensender bezeichnet. Radio Wien war zugleich auch der mehr oder weniger offizielle Sender des Kabinetts Renner. Im Funkhaus in Wien saßen neben Oskar Czeija die Sowjets und deren kommunistische Vertraute aus Österreich. Czeija wurde nach geleisteter Aufbauarbeit jedoch rasch aus seiner Position gedrängt, die kommunistische Volksstimme[7] hatte ihm eine Nähe zur NSDAP vorgeworfen und eine entsprechende Kampagne gestartet.

Der unter amerikanischer Kontrolle stehende Sender Rot-Weiß-Rot wurde als Gegenpol zum „Russensender" Radio Wien positioniert. Er sollte mit Propagandasendungen wie „Amerika ruft Österreich" oder „Wir lernen denken" die Bevölkerung pro-westlich bzw. pro-amerikanisch beeinflussen. *"Jeder Sender kochte sein eigenes Süppchen gewürzt mit der politischen Ideologie der Besatzungsmächte."*[8]

Der Sender der Amerikaner ging, nach einer dreitägigen Probephase, am 6. Juni 1945 in Salzburg offiziell in Betrieb. Generalmajor Walter M. Robertson vom XV. Armeecorps in seiner Eröffnungsrede:

„(...)Ich bin besonders erfreut über die Wiedereröffnung dieses Senders, weil dadurch die Besatzungsbehörde die Gelegenheit hat, direkt zu Ihnen zu sprechen; Ihnen zu sagen, was wir benötigen und wie Sie am besten an der Lösung unserer Aufgabe mit uns zusammenarbeiten können – der Aufgabe nämlich, alle Spuren des Nazismus auszutilgen und sofort eine tatkräftige lokale Regierung zu erreichen. Es ist eine der ersten Bedingungen einer demokratischen Regierungsform, daß das Volk freien Zugang zu der Kenntnis der Tatsachen hat; denn nur ein freies Land von gut unterrichteten Menschen ist fähig, seine Regie-

---

[6] Siehe Oliver Rathkolb. www.demokratiezentrum.org (14.06.2011).
[7] Das Parteiblatt der KPÖ.
[8] Elisabeth Hobl-Jahn zitiert nach Geschichte Online.
www.univie.ac.at/gonline/htdocs/upload/File/import/613.pdf (15.06.2011).

rung zu kontrollieren (...) Möge RWR dazu beitragen, die Österreicher zu einem gut unterrichteten Volk zu machen."[9]

Es waren aber nicht die prowestlichen Propagandasendungen und die politischen Ziele der Amerikaner, die den US-Sender, vor allem bei der jungen Bevölkerung, beliebt machten. Das Programm von Rot-Weiß-Rot und auch das des US-Militärsenders Blue Danube Network kam bei vielen Österreichern deshalb so gut an, weil im heimischen Radio erstmals Jazzmusik[10] zu hören war und viele Elemente des amerikanischen kommerziellen Formatradios in die Programmgestaltung einflossen[11]. Das Programm von Radio Rot-Weiß-Rot war für das Österreich der Nachkriegszeit geradezu revolutionär.

Zeitzeuge Helmut Zilk, der spätere Wiener Bürgermeister, in einem Interview über die Sender der Besatzungszeit: *„Es haben ja alle vier Zonen ihre eigenen Sender gehabt und jeder hatte gewisse Eigenheiten. Rot-Weiß-Rot war unvergesslich. Die Franzosen und die Engländer haben sich auch bemüht. „Radio Wien" war der schlechteste nicht. Er war zwar fest unter Kontrolle der sowjetischen Offiziere, die sich dann aber zurückgezogen und die russische Stunde belassen haben."[12]*

Die Besatzungsmächte überlassen im Laufe der Jahre das Feld zunehmend den heimischen Politikern und den Rundfunkmitarbeitern. Vor allem die Briten und die Franzosen ziehen sich relativ rasch aus dem Rundfunkbereich zurück, sie arbeiten dabei eng mit den Landesregierungen zusammen und überantworten ihnen immer mehr Aufgaben und Kompetenzen.[13] *„Sie [die Franzosen, A.d.V.] überließen bereits im November 1946 den Rundfunk treuhändisch der Landesregierung"[14]*

---

[9] Salzburger Nachrichten. 7. 6.1945.
[10] Siehe Geschichte Online. www.univie.ac.at/gonline/htdocs/upload/File/import/613.pdf (15.06.2011).
[11] Siehe Radiogeschichte Österreich. http://members.aon.at/wabweb/radio_a/radio_a2.htm (15.06.2011).
[12] Helmut Zilk zitiert nach Hanreich. 2001. Seite 24.
[13] Siehe Stöger. 1965. Seite 15.
[14] Österreich Journal 30.11.2004. www.oe-journal.at/Aktuelles/!2004/1104/W5/53011radioVlk.htm (24.06.2011).

Am 1. Juni 1951 wird im Nationalrat über den Rundfunk diskutiert, dabei sind sich alle Parteien einig, dass die Rückgabe der Sendeanlagen energisch verfolgt werden müsse.[15] Bereits damals erkennen die Sozialisten, wie wichtig der Rundfunk für die Durchsetzung ihrer politischen Ziele und Interessen ist.

„Die fünfziger Jahre können auch als die Stunde Null der sozialistischen Medienpolitik angesehen werden. Für die österreichischen Sozialisten innerhalb des Koalitionsregimes wurde diese von Anfang an als eine Schlüsselfrage zur Erringung der politischen und parlamentarischen Mehrheit gesehen."[16]

Schon sehr früh beginnen sie sich auf die Zeit nach der Besatzung vorzubereiten. In Gong, den Mitteilungen der sozialistischen Angestellten des österreichischen Rundfunks, schreibt etwa Franz Senghofer, der Bildungsreferent des Österreichischen Gewerkschaftsbundes, zum Jahreswechsel 1952/53:

„Der Rundfunk ist noch nicht Volksfunk und Volksbildungsfunk. Er ist in der bürgerlichen Gesellschaft ein ideologisches Mittel dieser Gesellschaft. Eine sozialistische Gesellschaftsordnung zu erstreben, ist das Streben nach dem Volksfunk."[17]

Nur wenige Monate später darf sich ÖGB-Mann Senghofer über zwei Meilensteine am Weg zum sozialistischen Volksfunk freuen. Im September 1953 werden von den vier Besatzungsmächten die Beschränkungen und Verbote zum Bau von Sendeanlagen fallengelassen, *„worauf das erste Versuchsprogramm von ‚Radio Österreich' über UKW ausgestrahlt werden konnte."*[18]

Die russische Besatzung schafft kurze Zeit später, am 10. November 1953, die Zensur auf Radio Wien ab. Das sozialistische Mitteilungsblatt Gong bringt eine Sonderausgabe mit der Schlagzeile *„Radio Wien zensurfrei"* und heftet sich diesen Erfolg für die Pressefreiheit an die eigene Brust: *„Die Befreiung von sowjeti-*

---

[15] Siehe Sandner. 1969. Seite 6.
[16] Vodopivec. 1975. Seite 303.
[17] Gong - Mitteilungen der sozialistischen Angestellten des österreichischen Rundfunks. 1952.
[18] Hanreich. 2001. Seite 16.

scher Zensur ist ein neuerlicher Beweis dafür, daß der Kampf dort von Erfolg gekrönt ist, wo Sozialisten an verantwortungsvoller Stelle wirken."[19]

Und das tun sie mittlerweile fast überall im Nachkriegsrundfunk. So wie heute waren auch in den 50er Jahren Journalisten mit linker Weltanschauung – entgegen vieler historischer Darstellungen – im Rundfunk bereits deutlich überrepräsentiert[20].

Der Gong meldet etwa im November 1954 mit dicken Lettern: *„Kammerwahl der Wiener Rundfunkangestellten: Absolute sozialistische Mehrheit"* Und weiter: *„Für die sozialistische Liste wurden mehr Stimmen abgegeben als für die Listen von Volkspartei und der Kommunisten zusammen."*[21]

Anfang der 50er Jahre, als das Ende der Besatzungszeit in greifbare Nähe rückte, und sich die Alliierten immer mehr zurückzogen, arbeiteten SPÖ und ÖVP bereits an der Neugestaltung des österreichischen Rundfunks. Die in der Nachkriegszeit durch die Besatzungszonen bedingte Aufteilung des Rundfunks in vier Regionen/Zonen, mit jeweils eigenen Kompetenzen, wollten sowohl Sozialisten als auch die Volkspartei möglichst rasch abschaffen. Man strebte ein zentralistisches Rundfunkmonopol an. Doch vor allem die beiden westlichen Bundesländer Vorarlberg und Tirol, die unter französischer Besatzung weitgehend eigenständig ihre Sender und Programme betrieben, wollten diesen Status auch weiterhin beibehalten und sich nicht vom fernen und ungeliebten Wien dazwischenfunken lassen. Die Franzosen hatten, beabsichtigt oder nicht, ein föderalistisches Rundfunksystem etabliert, das ganz im Gegensatz zum alten RAVAG-Konzept stand.[22]

---

[19] Gong - Mitteilungen der sozialistischen Angestellten des österreichischen Rundfunks. Sonderausgabe Nr. 14, November 1953.
[20] Laut einer repräsentativen Umfrage (Deutschland 2005), war die politische Einstellung der befragten Journalisten: 42,7% Grüne; 24,6% SPD, 14,29% CDU/CSU, 11,75% FDP und 6,67% Die Linke. Im Jahr 2010 gaben Politikjournalisten ihre Parteipräferenzen folgendermaßen an: 42,95% Grüne; 33,64% SPD; 11,25% CDU/CSU; 8,15% FDP; 1,03% Die Linke. Beide Umfragen siehe Pro – Das Christliche Medienmagazin, Nr.3/2011. Seite 7.
[21] Gong – Mitteilungen der sozialistischen Angestellten des österreichischen Rundfunks Nr. 2 November 1954.
[22] Siehe Stöger. 1965. Seite 15.

Frankreich übergab 1954 offiziell die Sender in Dornbirn und Innsbruck der öffentlichen Hand, allerdings nicht der Bundesregierung, sondern den beiden Landesregierungen. Und die widerspenstigen Vorarlberger hatten, sehr zum Ärger von SPÖ-Verkehrsminister Karl Waldbrunner, auch nicht vor, ihre erlangten Befugnisse wieder abzutreten. Waldbrunner forderte sogar Gendarmerie an, für den Fall, dass die Landesregierung den Sender nicht freiwillig dem Bund übergeben wollte.[23]

In diesem Streit wandte sich Vorarlberg an den Verfassungsgerichtshof, dessen Erkenntnis schließlich lautete: *„(...) dass das Rundfunkwesen zur Gänze, somit in organisatorischer, technischer und kultureller Beziehung, Bestandteil des Telegrafenwesens, und daher gemäß Art. 10 Abs. 1 /. 9 B-VG in Gesetzgebung und Vollziehung Bundessache ist."*[24]

Nach der Erkenntnis des Verfassungsgerichtshofs und nachdem das SPÖ-geführte Verkehrsministerium die Leitungen von Studio Dornbirn zum Sender Lauterach gekappt hatte[25] – eine Praxis, die man auch noch rund 50 Jahre später gerne und oft bei unliebsamen Konkurrenten anwendete – hatte SPÖ-Minister Waldbrunner endlich sein Ziel erreicht, die, wie er es in Gong, dem sozialistischen Mitteilungsblatt für Rundfunkmitarbeiter, ausdrückte, *„gedeihliche Entwicklung des Rundfunks"* einzuleiten. Oder anders ausgedrückt: Ein von seiner Partei und der ÖVP gelenktes, zentralistisches Rundfunkmonopol zu installieren.

Denn schon vor den Sendern in Tirol und Vorarlberg hatten die Alliierten fast im ganzen Land ihre Sendeanlagen an Österreich abgetreten. Waldbrunner etablierte bereits zu dieser Zeit ein ganz wichtiges, wenn auch schon damals fadenscheiniges, Argument pro Rundfunkmonopol, auf das auch die nachkommenden Genossen von Karl Blecha bis zu Josef Cap bis zur Jahrtausendwende immer wieder gerne und oft zurückgriffen:

---

[23] Siehe Österreich Journal. 30.11.2004. www.oejournal.at/Aktuelles/!2004/1104/W5/53011radioVlk.htm.(14.06.2011).
[24] Siehe Oliver Rathkolb. www.demokratiezentrum.org (14.06.2011).
[25] Ebenda.

„Die Einheitlichkeit des österreichischen Rundfunks ist bei der Größe und Kostspieligkeit der ihm gestellten Aufgaben heute bereits zu einer Selbstverständlichkeit geworden"[26]

Was so viel heißen sollte, dass nur der Staat finanziell und organisatorisch in der Lage sei, (direkt oder indirekt) Rundfunk zentralistisch zu betreiben. Das Rundfunkmonopol sei also, wie es Wirtschaftswissenschaftler ausdrücken, ein „natürliches Monopol", sprich, nicht Ergebnis einer Ideologe oder politischer Willensbildung, sondern eine auf Sachzwängen wie etwa hohe Produktions- und Investitionskosten, Kleinheit des Marktes, Frequenzknappheit etc. beruhende Notwendigkeit, also unvermeidlich. Obwohl zur damaligen Zeit Rundfunk wesentlich kostenintensiver als heute war, war das Argument bereits in den 1950er-Jahren lediglich ein Vorwand, um von Anfang an den Rundfunk im Land ungehindert für seine politischen Ziele instrumentalisieren zu können. Private Konkurrenz konnten Waldbrunner und seine Genossen dabei nicht gebrauchen.

Bereits vor dem Ende der Besatzungszeit wurde ein gemeinsames sogenanntes zweites Programm für die sowjetische und britische Zone über die Sender Wien II, Graz II, Klagenfurt II und Schönbrunn eingeführt. Lediglich die Amerikaner betrieben ihren Sender Rot-Weiß-Rot in Wien noch einige Zeit weiter

„Mit dem Abzug der Besatzungsmächte verschwand dieser Schutz [für den Sender Rot-Weiß-Rot A.d.V.] jedoch und der quasi exterritoriale Sender wurde mitsamt dem Watschenmann[27] *in den Staatsfunk eingegliedert."*[28]

Karl Waldbrunner stellte am 27. Juli 1955 die Sendergruppe Rot-Weiß-Rot ein. Der US-Sender ging im österreichischen Rundfunk auf. Im Land herrschte nun nach Austrofaschismus und Nationalsozialismus wieder quasi rundfunkpolitischer Normalzustand, ein von den Machthabern gelenktes und kontrolliertes

---

[26] Verkehrsminister Waldbrunner: Für die gedeihliche Entwicklung des Rundfunks. In: Gong – Mitteilungen der sozialistischen Angestellten des österreichischen Rundfunks. 1954.
[27] Eine kritische Kabarettsendung unter anderem mit Helmut Qualtinger, Oscar Bronner und Carl Merz.
[28] Heinz Lunzer: Österreich „Es ist ein Pfutschijammer!" In: Die Zeit. 12.6.2008 Nr. 25.

Monopol. Dieses Rundfunkmonopol war im Nachkriegseuropa allerdings nicht die Ausnahme, sondern die Regel:

„Bis zum Kriegsende veränderte sich die europäische Rundfunklandschaft dahingehend, dass sich in nahezu allen Staaten öffentliche und staatlich kontrollierte Rundfunkmonopole gebildet hatten. Die Entwicklung des Rundfunks unterlag fast ausschließlich politischen Einflüssen, eine kommerzielle Orientierung wurde in vielen europäischen Ländern lange Zeit nicht mehr thematisiert. Eine Privatisierung des Rundfunks unterblieb nach dem Ende des zweiten Weltkriegs."[29]

Widerstand gegen die neue rundfunkpolitische Ordnung gab es innerhalb der Bevölkerung kaum. Lediglich als die kritische Kabarettsendung Der Watschenmann, die der österreichische Rundfunk kurzzeitig von Radio Rot-Weiß-Rot übernommen hatte, eingestellt wurde, gab es Proteste.

Der Neue Kurier und Die Presse, also jene Zeitungen, die von den Sozialisten als SPÖ-feindlich eingestuft werden, setzten sich gegen die Absetzung der Kabarettsendung mit Helmut Qualtinger, Carl Merz und Gerhard Bronner ein und sammelten binnen kurzer Zeit rund 130.000 Unterschriften und Sympathiekundgebungen. Vergebens, die Sendung blieb trotzdem abgedreht.

---

[29] Schriftenreihe der Rundfunk- und Telekom Regulierungs-GmbH Band 2/2004. Die duale Rundfunkordnung in Europa; Studie von Alexander Roßnagel und Peter Strohmann. Seite 19.

2. Schwarze Welle – Roter Schirm: Auf dem Weg zum Proporzrundfunk:

Mit dem Ende der Besatzungszeit begann die Ära des sogenannten Proporzrundfunks. Die mehr oder weniger oppositionslose Koalitionsregierung aus ÖVP und SPÖ teilte das Land und seine Institutionen unter sich auf. Kaum ein Bereich blieb von dieser neuen schwarz-roten Ordnung, die aus der Notsituation der Nachkriegszeit heraus entstanden war, ausgenommen – auch nicht die Medien im Allgemeinen und der Rundfunk im Besonderen.

„Bundeskanzler Julius Raab hat die politische Realität einem ausländischen Journalisten folgendermaßen erklärt: ‚Proporz ist, wenn Sie in den Rundfunk kommen und einem verantwortlichen Mann die Hand entgegenstrecken und sich dann wundern müssen, daß sie plötzlich zwei Hände drücken'."[30]

[31]

---

[30] Portisch, 1985. Seite 53.
[31] „Ironimus" Gustav Peichl in Die Presse. 4.10.1958.

Raab dürfte ganz bewusst den Rundfunk als Beispiel für das Proporzsystem gewählt haben. *„Denn hier gab es den Proporz in seiner schädlichsten Form"*[32] Helmut Zilk: *„In den 50er Jahren ist dann der Rundfunk (...) das geworden was er später war. Ein Koalitionsrundfunk, ein Rundfunk, indem sich die Parteien breit gemacht haben."*[33]

Die SPÖ war in der Verfolgung ihrer Ziele allerdings wesentlich konsequenter und durchsetzungsfähiger als die Volkspartei. Dies hatte einerseits historisch Ursachen, die in der Zeit des Austrofaschismus wurzeln, anderseits waren die Sozialisten der Ansicht, dass die unabhängigen Tageszeitungen, die es in Wien seit 1948 neben den Besatzungs- und Parteiblättern wieder gab, der verlängerte Arm der Volkspartei seien und die SPÖ von diesen deshalb feindlich bis ablehnend behandelt werden würde.[34]

In Westösterreich konnten sich unter den Amerikanern und Franzosen aus den ursprünglichen Besatzungsblättern durch die Lizenzvergabe an vertrauenswürdige Personen rasch erfolgreiche unabhängige Zeitungen entwickeln, die den regionalen Zeitungsmarkt bis heute beherrschen (Tiroler Tageszeitung, Vorarlberger Nachrichten, Salzburger Nachrichten, Oberösterreichische Nachrichten). Die Parteiblätter, die von den beiden Besatzungsmächten erst später zugelassen worden sind, spielten hingegen nie eine relevante Rolle.[35]

In der britischen Zone wurden zuerst die Parteiblätter lizensiert, erst zwei Jahre später kam die unabhängige Kleine Zeitung mit Ausgaben für die Steiermark und Kärnten auf den Markt, die sich aber rasch als regionaler Marktführer etablieren konnte. In der Sowjetzone stellte sich die Situation vollkommen anders dar. Hier gab es zunächst die Österreichische Zeitung von der russischen Besatzungsmacht und das Neue Österreich, ein überparteiliches Blatt, das im Besitz der drei von den Russen zugelassenen Parteien SPÖ, ÖVP und KPÖ, war. Jede der drei Parteien hatte noch zusätzlich ihr eigenes Organ: die SPÖ die Arbeiterzeitung, die ÖVP das Volksblatt und die KPÖ die Volksstimme.

---

[32] Ebenda.
[33] Hanreich. 2001. Seite 17.
[34] Siehe Hanreich. 2001. Seite 17.
[35] Siehe Vodopivec. 1975. Seite 296f.

All diese Zeitungstitel waren aber nur mäßig erfolgreich. Im Gegensatz zu dem von den Amerikanern etwas später herausgegebenen Wiener Kurier. Dieser erreichte Anfang der 50er-Jahre Auflagen von bis zu 300.000 Stück. 1948 entstand mit Der Presse die erste unabhängige Tageszeitung im Osten Österreichs[36]. Mit dem Ende der Besatzung und damit der Besatzungsblätter begann auch in Wien der rasche Aufstieg der unabhängigen Blätter wie etwa dem Neuen Kurier.

Die von Anfang an glücklosen Parteiblätter rutschten in den 50er Jahren noch tiefer in die Krise und in die Bedeutungslosigkeit und mussten durch Subventionen weiter künstlich am Leben erhalten werden.

Für die SPÖ war dies eine äußerst unbefriedigende Situation. Die reichweitenstarken unabhängigen Bundesländerzeitungen mit ihrer tendenziell bürgerlichen Blattlinie wurden von ihr als antisozialistisch, als Klassenfeind, eingestuft und gerne abwertend als „Kommerzpresse" bezeichnet, *„da hier die Interventionen von Parteifunktionären aller Ebenen sehr rasch auf Grenzen stießen"*[37]

Auch in Wien war die Situation für die Sozialisten nicht besser, hier dominierten die unabhängigen Blätter wie der Kurier, Die Presse oder der Bild-Telegraf den Zeitungsmarkt. Umso wichtiger war es für die SPÖ, den Rundfunkbereich zu kontrollieren und zu instrumentalisieren, *„um die Stabilisierung einer sozialistisch-gewerkschaftlichen Dauerherrschaft zu erreichen."*[38]

Unabhängige Medien und Journalisten wurden von den Sozialsten primär als Störfaktoren bei der Durchsetzung ihrer ideologischen Ziele und Machtinteressen empfunden. Der Pressefreiheit standen sie deshalb äußerst skeptisch gegenüber, wie etwa ein Brief des sozialistischen Staatskanzlers Karl Renner an den kommunistischen Chefredakteur des Neuen Österreich, Ernst Fischer, in eindeutiger Weise aufzeigt:

„Ich mache Sie nur noch auf einen Umstand aufmerksam. Das Berufsliteraten- und Publizistentum neigt sehr dazu, zwischen allen Parteien herumzuschaukeln

---

[36] Ab Jänner 1946 erscheint die von Fritz Molden gegründete Die Presse aufgrund von Papierknappheit nur wöchentlich, ab dem 19.10.1948 täglich.
[37] Vodopivec. 1975. Seite 300.
[38] Vodopivec. 1975. Seite 296.

und in dieser politischen Unbestimmtheit geradezu ein Merkmal geistiger Überlegenheit zu sehen. Niemand ist ein ärgerer Verächter des wirtschaftenden und sich um das allgemeine Wohl kümmernden Arbeitsmenschen als diese Klasse. Sie ist auch absolut unzuverlässig. Es ist viel klüger, sie zu wirklicher Parteiarbeit zu erziehen als zu hochmütiger Überheblichkeit."[39]

Genau in dieser Denkweise wurzeln die Bestrebungen der Sozialisten, einen zentral gesteuerten Staats- und Proporzfunk in Österreich zu installieren und zu etablieren. Verstärkt und befeuert wurden diese Anliegen noch durch die über die Jahre schwindende Bedeutung der sozialistischen Parteiblätter wie etwa der Arbeiterzeitung.[40]

„Unter diesen Umständen war es das Konzept der SPÖ und des Verkehrsministers Waldbrunner, den Rundfunk, und damit später auch das Fernsehen, nach dem Abzug der Besatzungsmächte so weit als möglich in die Hand zu bekommen, um sich damit eine möglichst umfassende Kontrolle und Einflussnahme auf das einzige zentrale Massenmedium zu verschaffen."[41]

Im Ringen um Einfluss und Macht im Rundfunkbereich beging die ÖVP einen fatalen Fehler, dessen Auswirkungen noch bis heute, Tag für Tag, Woche für Woche, im ORF-Fernsehen zu sehen sind.

---

[39] Hanreich. 2001. Seite 19.
[40] Siehe Hanreich. 2001. Seite 19f.
[41] Vodopivec. 1975. Seite 303 f.

3. Das Narrenkastl: Die grobe Fehleinschätzung der Volkspartei

Am 1. August 1955 um fünf Uhr nachmittags beginnt in Österreich die Fernsehära. Nach dem Titelinsert „Versuchsprogramm" begrüßt Franziska Kalmar, die Ehefrau von Schauspieler Fritz Muliar, das damals noch spärliche österreichische Fernsehpublikum. Die Wiener Philharmoniker unter Wilhelm Furtwängler leiten mit der Egmont Ouvertüre von Ludwig van Beethoven zur Chefredakteurs-Runde über. Zur Unterhaltung der TV-Zuschauer wird dann der US-Kurzfilm „Wie die Jungen singen" gezeigt. Kurz nach 18 Uhr ist der erste Sendetag zu Ende.[42]

[43]

Dass diese ersten Fernsehbilder nur wenige Menschen empfangen können, liegt vor allem daran, dass ein TV-Apparat damals rund 8.000 Schilling[44] – also

---

[42] Siehe Tozzer/Majnaric. 2005. Seite 13.
[43] Das Logo des Fernseh-Versuchsprogrammes. Quelle: Ergert. 1975.
[44] Siehe Tozzer/Majnaric. 2005. Seite 13

mehrere Monatsgehälter – kostet. Für die meisten im verarmten Nachkriegsösterreich eine unerschwingliche Investition.

Dies mag einer der Gründe sein, warum die ÖVP das neue Medium völlig unterschätzt. Die Volkspartei setzt auf den Hörfunk, vom Fernsehen hält sie nichts. *„Die federführenden Politiker der ÖVP, Raab und Drimmel, waren sich über die Bedeutung des Rundfunks nicht im Klaren, im Gegensatz zu den Sozialisten, die genau wussten, was sie wollten – ein Gegengewicht zu den unabhängigen Zeitungen schaffen. (...) Die ÖVP vertrat die irrige Auffassung, dass das Fernsehen in Zukunft das Exklusivvergnügen einer kleinen Schicht bleiben würde."*[45]

Diese Fehleinschätzung, die in weiterer Folge noch große Auswirkungen auf die politische Landschaft und die Meinungsbildung haben soll, gipfelt in dem legendären Ausspruch von ÖVP-Bundeskanzler Julius Raab: *„Das Kasperletheater hört sich eh bald auf; wer wird denn schon in das Narrenkastl hineinschauen."*[46]

Die Konsequenz: die ÖVP dominiert den Hörfunk, die Sozialisten das Fernsehen. Mit „Schwarze Welle – roter Schirm" beschreiben Journalisten damals die Zustände im heimischen Rundfunk.

„ Sie, die ÖVP, hat ganz wenige gehabt, die mit dem Medium [dem Fernsehen, A.d.V.] umgehen konnten. Nach dem Motto vom Raab: ‚Was brauch ma des Kastl?' Und das ist viel tiefer in der Partei gesessen, als es nur das Bonmot eines Herrschenden war."[47]

Dieses Fehlurteil, den für die SPÖ aufgelegten Elfmeter, verwandelten die Sozialisten zum historischen Sieg im Kampf um Macht und Einfluss auf das wichtigsten Massenmedium in der zweiten Hälfte des 20 Jahrhunderts: *„Interessant war auch, dass die SPÖ daraufhin weit rascher reagiert hat in dieser Situation. Sie war ungleich medienbewusster."*[48] *„Die schwarzen Häuptlinge haben das Radio, die roten das Fernsehen, als es kam, besetzt"*[49]

---

[45] Hanreich. 2001.Seite 21.
[46] Kunz. 1987. Seite 79.
[47] Kurt Tozzer zitiert nach Hanreich. 2001. Seite 21.
[48] Kurt Tozzer zitiert nach Hanreich. 2001. Seite 21.
[49] Kurt Tozzer zitiert nach Hanreich. 2001. Seite 21.

Thaddäus Podgorski, Generalintendant des ORF von 1986 bis 1990: *„Die Regierungspartei ÖVP (...) hat also dieses Baberlzeug[50] bagatellisiert und den „Roten" als Spielwiese überlassen."*[51]

Das staatliche Fernsehen war von nun an fest in roter Hand, daran sollte sich, von wenigen Intermezzi abgesehen, bis zum heutigen Tage nichts mehr ändern.

Dem Proporzdenken folgend wurden im Österreichischen Rundfunk alle Posten doppelt besetzt. Gibt es einen roten Abteilungsleiter, dann ist der Stellvertreter (oder besser der Aufpasser) schwarz und umgekehrt, so wie in allen anderen Bereichen der jungen zweiten Republik auch. Franz Olah (in den 50ern Chef der Gewerkschaft der Bau- und Holzarbeiter): *„(...)wie die Koalition ist auch der Proporz das Mittel zur Überwindung eines Notstandes – ein Provisorium also."*[52]

Und bekanntermaßen zeichnen sich Provisorien vor allem durch ihre Langlebigkeit aus. Das Anfang der 50er entstandene Proporzsystem prägte und prägt dieses Land bis zum heutigen Tag.

„Die Rundfunkvorschläge der SPÖ (und nicht nur ihre Rundfunkvorschläge) beruhen auf der These, daß Partei und Staat identisch sind, und daß die Politik daher das Recht hat, alle Bereiche des öffentlichen Lebens zu durchdringen. Angestrebt wird die 100%ige Durchdringung, wo dies nicht möglich ist, will man zumindest die 50%ige Durchdringung, d.h. die Teilung des Einflusses mit der ÖVP; für die dritte Möglichkeit, daß es einen politiklosen Raum gibt, in dem weder ÖVP noch SPÖ präsent sind, ist in der sozialistischen Vorstellungswelt kein Platz."[53]

Da der Rundfunk nach dem Ende der Besatzungszeit ohnehin auf neue organisatorische Beine gestellt werden musste, schlug SPÖ-Minister Karl Waldbrunner, ganz im Sinne seiner medienpolitischen Ziele vor, der Österreichische Rundfunk solle eine Körperschaft des öffentlichen Rechts werden und weiter-

---

[50] Bundeskanzler Julius Raab kommentierte den Beginn des Fernsehens mit: „Das ist doch alles Baberlzeug".
[51] Podgorski. 2005. Seite 29.
[52] Franz Olah zitiert nach Hanreich. 2001. Seite 5.
[53] Wolfgang Pensold: Vom Staatskanzler zum Medienkanzler - Drei Dogmen im medienpolitischen Diskurs der SPÖ nach 1945. In: Medien & Zeit Heft 3/1999.

hin seinem Verkehrsministerium unterstellt bleiben. Die Leitung sollte eine 26-köpfige Rundfunkkommission übernehmen, 24 Mitglieder würden nach dem Nationalratsproporz zusammengesetzt werden, ergänzt von zwei Rundfunkbetriebsräten.[54]

Die Volkspartei präferierte hingegen eine privatrechtliche Anstalt, eine Gesellschaft mit beschränkter Haftung unter Beteiligung des Bundes, der Länder, der Kammern, frei vom Weisungsrecht der Ministerien und Landesregierungen[55]

Am 12.12. 1957, im Zuge der Koalitionsverhandlungen, wird schließlich die Österreichische Rundfunk GmbH nach langem Streit zwischen ÖVP und SPÖ gegründet. Die neue Rundfunkgesellschaft war allerdings alles andere als unabhängig. *„Rechtlich entsprach der neu konstituierte Rundfunk zwar den Vorstellungen der ÖVP, die SPÖ bekam jedoch die Möglichkeit, die bisher eroberten Machtpositionen zu festigen und teilweise sogar auszubauen."*[56]

Der Rundfunk mit beschränkter Haftung hatte einen vierköpfigen Vorstand, dieser bestand aus dem Generaldirektor, einem Programmdirektor für Hörfunk, einem Fernsehdirektor und einem technischen Direktor. Ganz im Sinne des Proporzes waren zwei Positionen mit SPÖ- und zwei mit ÖVP-Männern besetzt. Im Rahmen des Vetorechts, welches sich primär auf den Hörfunk und die Geschäftsgebarung erstreckte, konnten sich die Sozialisten das Fernsehen sozusagen freikämpfen. Es blieb damit weitgehend, sowohl was die Programmgestaltung als auch die finanzielle Gebarung betraf, dem Einfluss des Gesamtvorstandes und damit des – von der ÖVP nominierten – Generaldirektors entzogen.[57] Der Rundfunk war für SPÖ und ÖVP damals laut Helmut Zilk *„ein Bauchladen zur medialen Selbstbedienung"*[58], wobei die Sozialisten die medienpolitische Unbedarftheit der Volkspartei für ihre Zwecke geschickt ausnutzen konnte.

---

[54] Siehe Sandner. 1969. Seite 8.
[55] Ebenda.
[56] Vodopivec. 1970. Seite 234.
[57] Siehe Vodopivec. 1975. Seite 304.
[58] Hanreich. 2001. Seite 30.

Besonders deutlich wird dies in der Frage der Finanzierung des Rundfunks. Weil die ÖVP das Medium Fernsehen völlig unterschätzt, stimmt sie einem monatlichen Programmentgelt von 50 Schilling zu, während sie gleichzeitig eine faktische Blockierung der Hörfunkgebühren bei sieben Schilling pro Monat zulässt.[59]

Eine Entscheidung, die in den kommenden Jahren noch folgenreiche Auswirkungen haben wird. Die Aufteilung der Macht und Einflusssphären zwischen Rot und Schwarz liefen weder innerhalb noch außerhalb des Rundfunks harmonisch oder friktionsfrei. Vor allem als sich Anfang der 60er Jahre immer mehr herauskristallisierte, dass sich das Fernsehen zum neuen Leitmedium entwickelt und die ÖVP erkennt, dass sie auf das falsche Pferd gesetzt hat, nehmen die Spannungen zwischen den Koalitionspartnern zu. Schließlich herrscht im Fernsehbereich nicht der Proporz, sondern die SPÖ, da es sich „*unter der Leitung des Fernsehdirektors Freund zu einem weitgehend ‚SPÖ-autonomen' Imperium entwickelt hatte.*"[60]

Vorerst allerdings findet der Machtkampf zwischen Rot und Schwarz um die parteipolitische Einflussnahme auf den Rundfunk unter Ausschluss der Öffentlichkeit satt. „*Da sich diese Auseinandersetzungen im wesentlichen hinter den Kulissen abspielten ahnte in der Öffentlichkeit kaum jemand etwas.*"[61]

Erst im Lauf der 60er Jahre machen die parteiunabhängigen Zeitungen, die Kommerzblätter, wie sie die Sozialisten wenig charmant nennen, auf die intensive parteipolitische Einflussnahme auf den ORF aufmerksam. Nicht zuletzt deshalb, weil auch die Qualität des Programms zusehends schlechter wurde. Das deutsche Nachrichtenmagazin Der Spiegel schreibt damals über das österreichische Rundfunkprogramm: „*Die Wiener Wellen waren Tiraden von Gewerkschaften und Unternehmern, Arbeiter- und Bauernkammer, Kanzler und Vizekanzler. Die Nachrichten begannen – auch wenn anderswo Geschütze donnerten – stets mit heimatlichen Ordensverleihungen oder Hofratsernennungen.*"[62]

---

[59] Siehe Vodopivec. 1975. Seite 305.
[60] Vodopivec. 1970. Seite 237.
[61] Sandner. 1969. Seite 20.
[62] Der Spiegel Nr. 3/1968. Seite 87.

Selbst das ohnehin genügsame heimische Fernseh- und Radiopublikum begann angesichts dieses Programmes zusehends zu murren. *„Es kam dieser Strom der Unzufriedenheit, der nur daher kam, weil das Programm immer politischer wurde, aber immer einbahnig politisch war. Nämlich von der Gestaltung her immer einfallslos politischer wurde und auch das Programm wurde immer eintöniger."*[63]

Zu diesen eintönigen Programmteilen gehören auch die sogenannten Belangsendungen. Diese drögen Werbesendungen für die Parteien stießen zunehmend auf Kritik und Missfallen bei den Sehern und Hörern. Trotzdem, der spürbare Unmut der Rundfunkkonsumenten kommt bei den Sozialisten nicht an. Nicht die Inhalte oder die Machart dieser Programmteile, sondern die „Kommerzpresse", die sie schlecht schreibe, sei schuld am negativen Image der Belangsendungen, mutmaßt etwa Edmund Reichard von der Arbeiterkammer:

„Die Kritik an den sogenannten ‚Belangsendungen' kommt nicht so sehr aus den Kreisen der Hörer, sondern von einigen Zeitungen, die auf sachliche Berichterstattung wenig Wert legen. Die breite Masse ist nicht gegen die Sendungen (...). Das zeigen jedenfalls zahlreiche Zuschriften. (...) Könnte man auf die Belangsendungen verzichten? Nein!"[64]

Der Rundfunk ist damals fest in der Umklammerung der Parteien, das immer bedeutender werdende Fernsehen ist aber fast ausschließlich unter sozialistischer Kontrolle. Der langjähriger Herausgeber der Kleinen Zeitung, Fritz Csoklich über diese Zeit: *„Im Vergleich zum Nationalsozialismus war er [der Rundfunkjournalismus; A.d.V.] relativ frei. Aber wirklich frei war er nicht. Ein Fortschritt gegenüber dem Nationalsozialismus. Kein Vergleich zu den kommunistischen Nachbarländern (...). Aber bei uns gab es keine freie Publizistik im heutigen Sinn."*[65]

Wie das in der Praxis ausgesehen hat, beschreibt Helmut Zilk: *„Der damalige Justizminister Broda, der hat da gar nichts gekannt. Ich kann mich ganz genau erinnern. Der kam mit einem Speisezettel, den ihm irgendein Referent ausge-*

---

[63] Helmut Zilk zitiert nach Hanreich. 2001. Seite 34.
[64] Hanreich. 2001. Seite 37.
[65] Fritz Csoklich zitiert nach Hanreich. 2001. Seite 38.

stellt hat mit vier Fragen, und den Zettel hat der Journalist bekommen, der dann diese vier Fragen stellen durfte. Damit war das Interview erledigt. Die Unsitte des ‚russischen Interviews' sozusagen, die hat – gerechterweise zu sagen – nicht nur der Broda angewandt."[66]

Anfang der 60er Jahre wird der Streit zwischen den beiden Großkoalitionären wieder besonders heftig geführt. Es geht ums Fernsehen, es geht um Macht und es geht um Geld. Die Auseinandersetzungen führen zur sogenannten „Rundfunkkrise". Weil die Zahl der Fernsehzuseher stetig steigt, werden auch immer mehr Fernsehgebühren in die Kassen des SPÖ-dominierten Mediums gespült. Damit kann das Fernsehprogramm stetig ausgeweitet werden. Die Zahl der Hörfunkteilnehmer und damit die Gebühreneinnahmen stagnieren hingegen. Mit rund zwei Millionen zahlenden Teilnehmern ist für den Hörfunk 1961 der Zenit erreicht, während beim Fernsehen die Zahlen steil nach oben gehen: Gab es 1959 gerade einmal 50.000 Teilnehmer, waren es 1966 bereits rund 750.000.

Der Volkspartei wird nun schmerzlich bewusst, dass man das Fernsehen, das man lange Zeit als bloße technische Spielerei betrachtet hat, an die SPÖ verloren hatte. Die Sozialisten wiederum sahen keinerlei Grund, dem finanzschwachen Hörfunk mit einer Gebührenerhöhung unter die Arme zu greifen.

Eine Anhebung der Hörfunk- und Fernsehgebühren konnte nur der Rundfunk-Aufsichtsrat beschließen. Dazu war eine Dreiviertelmehrheit nötig, sprich beide Koalitionspartner mussten sich einig sein. Durch diese Blockade gerät der aufgeblähte und ineffiziente Rundfunk zusehends in Geldnot. Die Presse berichtet am 2.2.1962:

„Aus der Rundfunkmisere ist ein richtiges Debakel geworden, so sehr, daß die Sender sogar nur mehr mit halber Kraft arbeiten dürfen (…) Von Seiten der Regierung liegen verbindliche Zusagen vor. Man will nicht mehr mit einem Notbudget arbeiten, sondern will das Unternehmen auf eine feste Basis stellen,

---

[66] Helmut Zilk zitiert nach Hanreich. 2001. Seite 39.

man scheint überhaupt in Sachen Rundfunk zu einem Kompromiss bereit zu sein."[67]

Doch diese Kompromissbereitschaft und der Reformwille beider Parteien sind nicht viel mehr als Wahlkampfgeplänkel. Am 18. November 1962 finden die Nationalratswahlen statt, SPÖ und ÖVP liegen Kopf an Kopf. Die Kritik der unabhängigen Zeitungen an den lediglich vorgetäuschten Reformbemühungen wird immer lauter. Am 18. 8.1962 schreibt Die Presse:

„Mit Verlaub: Die Sanierungsbemühungen sind total eingeschlafen. Es ist Sommer geworden, es wird bald Herbst sein, aber man hört weit und breit keinen Parteifunktionär unter der Last der Verantwortung in Sachen Rundfunk stöhnen. (...) Der Rundfunk ist also zum Krieg aller gegen alle geworden. Die ÖVP hat die SPÖ in Verdacht, sie wolle sie mit ihrer Aushungerungstaktiken beim Rundfunk ganz an die Kette des Staates legen (...) Am Beispiel des Rundfunks wird die Lähmung durch das Proporzsystem in geradezu alarmierender Weise deutlich."[68]

Nun wird auch die Gewerkschaft für Kunst, Medien und freie Berufe munter, da sich immer mehr Rundfunkmitarbeiter über politische Einflussnahmen beschweren. Am fünften Gewerkschaftstag der Gewerkschaft Kunst, Medien und freie Berufe wird deshalb die Reorganisation des Rundfunks zur „dringlichen Gewerkschaftsangelegenheit" erklärt.[69]

Den Gewerkschaftern schwebt ein österreichischer Rundfunk nach dem Vorbild der BBC in Großbritannien vor. Nach den Nationalratswahlen, die die ÖVP mit 45,4% knapp gewinnt, die SPÖ kommt auf 44%, vereinbaren beide Parteien 1963 im Zuge eines Koalitionsabkommens einen Geheimpakt:

„Der Hörfunk war schwarz, das Fernsehen rot. Das Fernsehen bekam mit der Zeit Übergewicht und beide Parteien haben sich gegenseitig blockiert. Die haben das Geld nicht hergegeben, weder für das eine noch für das andere Instrument. Jetzt wollten sie das also bereinigen. (...) Also ein geheimes Abkommen,

---
[67] Die Presse. 2.2.1962.
[68] Die Presse. 18.8.1962.
[69] Siehe Hanreich. 2001. Seite 51.

das besagte, alle Positionen im Hörfunk und im Fernsehen werden in jeder Abteilung parteipolitisch besetzt (...) und so könne man sich gegenseitig kontrollieren."[70]

Das Proporzsystem sollte durch dieses Abkommen sozusagen vervollkommnet werden. Zudem hatten beide Parteien vereinbart, dass nur noch Inhalte gesendet werden durften, die parteioffiziell zur Sendung freigegeben wurden. Was nichts anderes bedeutet, als das Ende jeglicher auch nur halbwegs objektiver Berichterstattung. *„Man hatte die Einsetzung von regelrechten Politkommissaren beschlossen."*[71]

Das Koalitionsabkommen und der Geheimpakt bedeuten einen deutlichen Rückschritt und eine Absage an die von den Zeitungen geforderten Reformbestrebungen. Hugo Portisch, Chefredakteur des Kuriers und der spätere Initiator des Rundfunkvolksbegehrens: *„Also es war ein totales Proporzabkommen, meiner Ansicht nach eine Knebelung der Meinungsfreiheit in Hörfunk und im Fernsehen, also totale Kontrolle."*[72]

---

[70] Hugo Portisch: Über das Rundfunkvolksbegehren. www.demokratiezentrum.org (18.6.2011).
[71] Portisch. 1985. Seite 54.
[72] Hugo Portisch: Über das Rundfunkvolksbegehren. www.demokratiezentrum.org (18.6.2011).

4. Geheimpakt Staatsfunk: Die Presse macht mobil

Das Geheimabkommen, der rundfunkpolitische Sideletter zum Koalitionsvertrag, wird dem Kurier zugespielt, damals die einflussreichste Zeitung des Landes. Chefredakteur Hugo Portisch ist über den Inhalt entsetzt: *„Da schimpfen wir über den Ostblock, über Zensur in den Diktaturen und da machen die hier solches! Das geht nicht, das ist demokratiegefährdend, echt demokratiegefährdend und infolgedessen werden wir etwas dagegen tun."*[73]

Kurier/Kleine Zeitung 20.3.1963

Der Leitartikel im Kurier zum Koalitionsgeheimpapier löst in der Öffentlichkeit Empörung aus. Portisch legte noch nach, er will die Öffentlichkeit gegen den Proporz und die Parteien im Rundfunk mobilisieren. Obwohl in der österreichi-

---

[73] Hugo Portisch: Über das Rundfunkvolksbegehren. www.demokratiezentrum.org (18.6.2011).

schen Verfassung Volksbegehren bzw. Volksabstimmungen vorgesehen sind, können diese damals nicht umgesetzt werden, weil die dazu nötigen Durchführungsbestimmungen vom Parlament nie beschlossen wurden.

Mittels einer Unterschriftenaktion will Portisch SPÖ und ÖVP unter Zugzwang bringen. Die Regierungsparteien sollen die notwendigen Bestimmungen für Volksbegehren im Parlament absegnen. Am 23. März 1963 ruft der Kurier deshalb die Bevölkerung auf:

„Wir, die unterzeichnenden österreichischen Staatsbürger und Wähler, sprechen uns entschieden dagegen aus, daß Rundfunk und Fernsehen der geplanten parteipolitischen Kontrolle unterworfen werden. Wir stellen an die gewählten Vertreter des Volkes, an die politischen Parteien und ihre Funktionäre das Begehren, durch geeignete Maßnahmen für einen Rundfunk- und Fernsehbetrieb zu sorgen, der der österreichischen Bevölkerung mit freier, überparteilicher Information sowie guter Unterhaltung dient und seine kulturelle Mission ungehindert von parteipolitischen Einflüssen erfüllt."[74]

Das Echo auf diesen Aufruf ist enorm. Bereits am nächsten Tag langen tausende unterschriebene Kupons beim Kurier ein, zudem schließen sich die Kleine Zeitung und die Wochenpresse der Aktion an. Am 28. März, also fünf Tage nach dem Aufruf, hat der Kurier knapp 130.000 Unterschriften gesammelt.[75]

Zahlen, die nicht einmal - so scheint es zumindest vorerst - SPÖ und ÖVP ignorieren können. Die Salzburger Nachrichten berichten am 5. April 1963:

„Bundeskanzler Gorbach und Vizekanzler Pittermann haben den Erfolg der von den Zeitungen ‚Kurier', ‚Wochenpresse' und ‚Kleine Zeitung' gemeinsam durchgeführten Protestaktion gegen das totale Proporzsystem im Österreichischen Rundfunk als Ausdruck der politischen Willensbildung anerkannt und versichert, daß eine Gesamtreform von Rundfunk und Fernsehen nunmehr unverzüglich in Angriff genommen werden würde."[76]

---

[74] Kurier. 23.3.1963.
[75] Siehe Hanreich. 2001. Seite 60.
[76] Salzburger Nachrichten. 5.5.1963.

Die Sozialisten und die Volkspartei werden nervös. Hugo Portisch: *„Mich hat angerufen der Bundeskanzler Gorbach (ÖVP) und zehn Minuten später der Vizekanzler Pittermann (SPÖ): ‚Kommen Sie bitte ins Parlament, ich möchte mit Ihnen sprechen' (...) Im Parlament haben sie mich einzeln empfangen, nicht gemeinsam, zuerst der Bundeskanzler Gorbach, aber beide haben die selbe Frage gestellt: „Was müssen wir tun, damit ihr aufhört mit der Kampagne?" Das war die Geburtsstunde aller Volksbegehren, die nachher gekommen sind."*[77]

SPÖ und ÖVP wollten die für sie so unangenehme Aktion der unabhängigen Presse unbedingt stoppen. Sie machten deshalb verschiedene Zugeständnisse an die Chefredakteure der beteiligten Blätter. Am 3. April 1963 kommt es zu einer Aussprache im Parlament. Bundeskanzler Gorbach und Vizekanzler Pittermann machten dabei vier Zusagen:

- Die beiden Regierungsparteien anerkennen die Protestaktion als Willensäußerung des Volkes;
- Man wird nicht mehr, so wie in der Koalitionsvereinbarung (bzw. im Geheimpakt) vorgesehen, politische Überwacher im Rundfunk einsetzen;
- Man verspricht die rasche Verabschiedung der gesetzlich vorgesehenen Bestimmungen für die Durchführung von Volksbegehren und Volksabstimmungen;
- Bis 30.Juni 1964 soll ein von der Regierung eingesetztes Ministerkomitee die geforderte Generalreform von Rundfunk und Fernsehen durchführen. Ziel der Reform ist die Entpolitisierung des Rundfunks.[78]

Zumindest einen Teil dieser Versprechungen hielten die beiden Großparteien ein. So wurde tatsächlich der Weg für künftige Volksbegehren und Volksbefragungen frei gemacht. Auch die SPÖ stimmte – wenn auch widerwillig – für das Volksbegehrendurchführungsgesetz, in der Hoffnung, dass man noch genügend

---

[77] Hugo Portisch: Über das Rundfunkvolksbegehren. www.demokratiezentrum.org (20.6.2011)
[78] Siehe Hanreich. 2001. Seite 61.

juristische und bürokratische Hindernisse finden könnte, um den Volksbegehren von vorneherein ihre Wirkung nehmen zu können.[79] Der spätere Bundespräsident Heinz Fischer schreibt in einem Aufsatz in der sozialistischen Zeitschrift Zukunft:

„Eine große Zahl „unabhängiger" Zeitungen machte den Versuch, die Einrichtung des Volksbegehrens als Instrument zu Lösung der Rundfunkkrise zu verwenden."[80]

Fischers Reaktion ist typisch für die Sozialisten, wenn sie im Kampf um Macht und Einfluss auf den Rundfunk eine kleine Niederlage einstecken müssen. Diesem Zynismus, gepaart mit etwas Wehleidigkeit begegnet man in dem jahrzehntelangen Kampf um das Monopol noch recht häufig. Was der stets so diplomatische Fischer eigentlich ausdrücken will, ist, dass die ÖVP-Kommerzpresse (man beachte das von Fischer in Anführungsstrichen gesetzte Wort „unabhängig") das Volksbegehren als direktes Mittel einer Demokratie dafür missbraucht möchte, um so etwas Banales wie einen parteienunabhängigen Rundfunk durchzusetzen.

Selbst deutsche Medien berichten über die Probleme, die die SPÖ offenkundig mit der Rundfunkreform und der Möglichkeit, dass in Österreich künftig Volksbegehren durchgeführt werden dürfen, hat. Die Welt schreibt unter dem Titel: „Der Aufruhr der Presse gegen den Proporz":

„Die Sozialisten, die in der Habsburgfrage immer wieder ein Volksbegehren verlangt haben, sprechen nun von ‚unzulässigem Druck'."[81]

Das von ÖVP und SPÖ versprochene Rundfunkkomitee nahm – zumindest offiziell – seine Arbeit auf, um den Rundfunk zu reformieren. In Wahrheit hatte aber weder die SPÖ noch die ÖVP großes Interesse daran, den Rundfunk zu entpolitisieren.

„Nach außen hin waren die Parteien natürlich für Unabhängigkeit, für ein wirtschaftliches Unternehmen und für Gesundung, aber im Inneren waren alle Par-

---

[79] Siehe Vodopivec. 1970. Seite 241.
[80] Zukunft Heft 5/1965. Seite 19.
[81] Die Welt. 10.6.1964.

teien eigentlich dagegen, weil sie um ihren Einfluß gefürchtet haben. Das ist ja ganz klar."[82]

Auch die Journalistengewerkschaft unter Günter Nenning brachte Reformvorschläge ein, da der rote Gewerkschaftsbund aber auf Distanz zu Nenning und seinen Aktivitäten ging, hatten sie keinen Einfluss auf die Arbeit des Rundfunkkomitees. Und so kommt es, wie es kommen muss. Die von der Regierung selbst gesetzte Deadline rückt immer näher, ohne dass das Komitee nennenswerte Fortschritte vorweisen kann.

Die unabhängigen Zeitungen ahnen bereits, dass die Frist ergebnislos verstreichen wird. Am 20. Mai schreibt der Kurier:

"Der Kurier, die Kleine Zeitung (Graz) und die Wochenpresse, jene drei Zeitungen, die im Vorjahr eine große Abstimmung über Rundfunk und Fernsehen durchgeführt haben, sind entschlossen, diese Aktion auf gesetzlicher Basis energisch weiterzuführen, falls es dem Ministerkomitee nicht gelingen sollte, sich bis zum 30. Juni über ein neues Rundfunk- und Fernsehkonzept zu einigen."[83]

Mit dem Näherrücken der Deadline werden vor allem die Sozialisten unruhiger. Sie lehnen den „Druck", den das unabhängige Verhandlungskomitee ausübt, ab.[84] Dass sich SPÖ und ÖVP diese Frist selbst gesetzt hatten, lässt man dabei lieber unerwähnt. Trotz der allgemeinen Stimmungslage und den öffentlichen Diskussionen scheinen die Sozialisten niemals wirklich über eine Entpolitisierung des Rundfunks ernsthaft nachzudenken. Es geht lediglich darum, das Rundfunkmonopol und den politischen Einfluss auf ebendieses mit Zähnen und Klauen zu verteidigen und, wenn es aufgrund des öffentlichen Drucks, der gesetzlichen Bestimmungen oder andern Sachzwängen nicht mehr anders geht, immer nur so wenig als möglich nach- und preiszugeben, also nur das absolut notwendige Minimum umzusetzen. Um von dieser Strategie, dieser Haltung abzulenken, ruft man gerne: „Haltet den Dieb". So wie SPÖ-Chef Pittermann im Juni 1964 in der Zeitschrift Zukunft:

---

[82] Kurt Tozzer zitiert nach Hanreich. 2001. Seite 63.
[83] Kurier. 20.5.1964.
[84] Siehe Kurier. 5.6.1964.

„Der Stil wird von jenen ehemaligen und unverbesserlichen Nationalsozialisten geliefert, die einmal ‚Schriftleiter' der NSDAP-Presse waren und heute Redakteure in Zeitungen von ÖVP-Verlagen sind wie in solchen der „parteifreien" Presse."[85]

Es ist schon einigermaßen perfide, die Forderung nach einem parteiunabhängigen Rundfunk ins Nazi-Eck zu rücken. Aber auch diese Argumentationslinie wird die SPÖ über die Jahre hinweg beibehalten und kultivieren. Auch für Wilhelm „Willi" Liwanec, Zentralsekretär der Wiener SPÖ, war eine Entpolitisierung des Rundfunks eigentlich gar nicht notwendig, schließlich werde dort ohnehin überwiegend gute Arbeit geleistet:

„Zur Unterstützung des eigenen Konzepts, eines Gesetzesantrags, der via Volksbegehren eingebracht werden sollte, nahm man es mit der Wahrheit so ‚genau', daß man jahrelang alle positiven Ergebnisse, die in der Österreichischen Rundfunk Ges.m.b.H. erbracht wurden, unter den Tisch fallen ließ, einfach verschwieg. Dafür aber bauschte man die Mißstände, die es natürlich auch dort gab und gibt, maßlos auf, immer bedacht darauf, auch hier nur jene Mißstände aufzubauschen, die den Unabhängigen in den Kram paßten."[86]

In solchen Aussagen spiegelt sich die Einstellung der SPÖ zu einem unabhängigen Rundfunk eindeutig wider: Eine Rundfunkreform bzw. ein Volksbegehren, das eine solche erzwingen soll, wird von den Sozialisten lediglich als ein von der ÖVP angezettelte Ärgernis empfunden. Die totale Vereinnahmung des Rundfunks und die damit verbundene Einschränkung der Meinungs- und Pressefreiheit war für die SPÖ ein notwendiges Mittel zur Durchsetzung ihrer Interessen, eine politische Notwendigkeit, die es nicht zu hinterfragen galt.

Auch innerhalb der ÖVP waren nicht alle Funktionäre für die Einführung von Volksbegehren. Trotzdem ist die Volkspartei für das Rundfunkvolksbegehren eingetreten und hat versprochen, im Falle eines klaren Ergebnisses sich für dessen Umsetzung einzusetzen. 1964 löst der Reformer Josef Klaus Alfons Gorbach an der Parteispitze und als Bundeskanzler ab. Klaus und seine neu installierten

---

[85] Siehe Zukunft Heft 1/1964. Seite 5.
[86] Siehe Hanreich. 2001. Seite 86.

Minister waren im Gegensatz zur alten Garde eindeutig pro Rundfunkvolksbegehren.

Kurz vor Ablauf jener Frist, die sich die Regierung zur Umsetzung ihrer großen Rundfunkreform gesetzt hat, bekunden die unabhängigen Zeitungen noch einmal ihren Willen, das Rundfunkvolksbegehren durchzuziehen, wenn nicht endlich entsprechende Schritte gesetzt werden. Insgesamt 38 Blätter unterzeichnen diese Erklärung:

Kurier, Die Presse, Neues Österreich, Salzburger Nachrichten, Kleine Zeitung (Graz), Kleine Zeitung (Klagenfurt), Illustrierte Kronenzeitung, Oberösterreichische Nachrichten, Linzer Volksblatt, Salzburger Volksblatt, Tiroler Tageszeitung, Vorarlberger Nachrichten, Wochenpresse, Die Furche, Forum, Wiener Montag, Grazer Montag, Der Volksbote, Die Wende, Agrarpost, Amstettner Zeitung, Eggenburger Zeitung, Erlauftal Zeitung, Gmuender Zeitung, Horner Zeitung, Kremser Zeitung, Lilienfelder Bezirkszeitung, Melker Zeitung, St. Pöltner Zeitung, Waidhofner Zeitung, Ybbstal Zeitung, Zwettler Zeitung, Mühlviertler Nachrichten, Rieder Volkszeitung, Vöcklabrucker Wochenspiegel, Welser Zeitung, Murtaler Zeitung, Der österreichische Jungarbeiter.[87]

Die Zeitungen hatten ein Aktionskomitee gegründet, um im Falle des Falles das Rundfunkvolksbegehren zum frühestmöglichen Termin einleiten zu können. Ebenfalls Mitglied in diesem Komitee war Günter Nenning, Chef der Journalistengewerkschaft und ein Sozialist, der aber in dieser Frage gegen die Parteilinie handelte.

Nicht mit im Boot war die Parteipresse. Günter Nenning in einem Interview: *„Jedenfalls, die Parteiblätter, die es damals noch gab, waren dagegen. Die wollten haben, dass der Rundfunk, so wie sie als Redaktion eines Zeitungsunternehmens in den Händen einer Partei ist, wollte sie auch den Rundfunk so haben."*[88]

---

[87] Siehe Hanreich. 2001. Seite 72.
[88] Günter Nenning zitiert nach Hanreich. 2001. Seite 73.

Die Arbeiterzeitung beschäftigt in diesen Tagen zudem ein ganz anderes Problem. Fast täglich wird über die für die SPÖ extrem wichtige Causa Habsburg[89] berichtet. Trotz der intensiv geführten Anti-Habsburg-Kampagne findet Chefredakteur Franz Kreuzer - der spätere Intendant des ORF-Senders FS2 - doch noch Zeit, wütende Attacken gegen das Rundfunkvolksbegehren und die unabhängige Zeitungen zu reiten. Die Mitarbeiter des Österreichischen Rundfunks wiederum hatten von ihren Direktoren den strikten Auftrag bekommen, das Volksbegehren nicht zu erwähnen.[90] Das geht so weit, dass der zuständige Leiter einer wöchentlichen Hörfunk-Diskussionssendung von Zeitungsredakteuren den Teilnehmern droht: *„wenn nur einer das Thema Volksbegehren sagt, dann breche ich die Sendung ab".*[91]

Die von den Sozialisten gescholtenen Zeitungen haben jedenfalls fünf Tage vor Ablauf der Frist alles, was für die Vorbereitung eines Volksbegehrens notwendig ist, organsiert. Von den nicht unbeträchtlichen finanziellen Mitteln, die der Staat für ein Volksbegehren verlangt (ca. 200.000 Schilling), bis hin zu einem Gesetzesentwurf, den namhafte Universitätsprofessoren ausgearbeitet haben.

---

[89] Die SPÖ versuchte damals die Rückkehr Otto Habsburgs nach Österreich zu verhindern. Die Sozialisten beriefen sich dabei auf das Habsburger-Gesetz vom 3. April 1919.
[90] Siehe Hugo Portisch www.demokratiezentrum.org (20.6.2011).
[91] Siehe Hugo Portisch www.demokratiezentrum.org (20.6.2011).

5. Das Rundfunkvolksbegehren: Der Aufstand der Österreicher

Die Regierung ließ, da man sich im Rundfunkkomitee nicht einigen konnte, den 30. Juni 1964 verstreichen. Am 1.Juli titelte die Presse: *"Keine Einigung bei Rundfunkreform".*[92]

Noch am selben Tag wurde der Gesetzesentwurf der parteiunabhängigen Presse der Öffentlichkeit präsentiert. Gefordert wurden unter anderem drei Hörfunk- und zwei Fernsehprogramme, wobei jeweils ein Hörfunk- und ein Fernsehprogramm werbefrei sein sollten. Der elfköpfige Aufsichtsrat sollte sich aus fünf Parteienvertretern, drei Ländervertretern und drei Sprechern der Rundfunkteilnehmer zusammensetzen. Die Aufsichtsratsmitglieder und der Generalintendant sollten von der Generalversammlung bestellt und abberufen werden können. Die sogenannte Politikerklausel sah vor, dass der Generalintendant die letzten fünf Jahre keine politische Funktion bekleidet haben durfte. Zudem wurde eine öffentliche Ausschreibung aller wichtigen Posten im Rundfunk verlangt.

Zunächst mussten die unabhängigen Zeitungen die vielen komplizierten Hürden nehmen, die SPÖ und ÖVP errichtet hatten, um die Einleitung eines Volksbegehrens möglichst umständlich und langwierig zu machen. Unter anderem sind mindestens 30.000 Unterschriften für das Einleitungsverfahren eines Volksbegehrens notwendig: Die Zeitungen veröffentlichen deshalb folgenden Aufruf:

---

[92] Siehe Hanreich. 2001. Seite 90.

Verehrter Leser!

Helfen auch Sie uns, das Volksbegehren für eine Rundfunkreform durchzusetzen. Zur Einleitung des Volksbegehrens brauchen wir so rasch wie möglich 30.000 Unterschriften. Die Prozedur eines Volksbegehrens ist, wie wir unten erläutern, mehr als umständlich. Leider ist aber der komplizierte Papierkrieg gesetzliche Vorschrift. Nicht die Presse ist an diesen bürokratischen Auswüchsen schuld, sondern der Gesetzgeber. Wir bitten Sie im vorhinein um Verständnis und Geduld.

Was haben Sie nun zu tun?

1. Nehmen Sie die Seiten 11 und 12 dieser Zeitung heraus und falten Sie sie einmal so, daß die erste Seite der „Antrag auf Einleitung eines Volksbegehrens" ist.
2. Auf diesem Antrag tragen Sie im Abschnitt C (auf der zweiten Seite) in den entsprechenden Rubriken in Blockschrift oder mit der Schreibmaschine ein:
   a) Familienname (zuerst) und Vorname;
   b) das genaue Geburtsdatum;
   c) die Adresse ihres s t ä n d i g e n Wohnsitzes (k e i n e s f a l l s die Urlaubsadresse, auch wenn Sie zur Zeit auf Urlaub sind);
   d) dann setzen Sie Ihre Unterschrift in die entsprechende Rubrik.
3. Auf der dritten Seite finden Sie vier „Stimmrechtsscheine für Volksbegehren". Davon füllen Sie e i n e n aus – und zwar n u r im Abschnitt A. Unter „Gemeinde" geben Sie Ihre Heimatgemeinde an, also jene Stadt oder Gemeinde, in der Sie ständig wohnen. In den nächsten beiden Zeilen schreiben Sie in Blockschrift wieder Zu- und Vornamen, Geburtsdatum und Ihre ständige Wohnadresse (n i c h t die Urlaubsanschrift).
4. Dann unterschreiben Sie auf diesem Schein im Abschnitt A („eigenhändige Unterschrift"). Verwechseln Sie, bitte, beim Unterschreiben nicht den Abschnitt A mit dem darunterstehenden Abschnitt B, der für die Bestätigung der Gemeinde leerbleiben muß.
5. Nun haben Sie nichts weiter zu tun, als die gesamte Zeitungsseite (mit Gesetz, Unterschriftenliste und „Stimmrechtsschein" gemeinsam – ohne „Stimmrechtsschein" wäre die Unterschriftenliste wertlos), als Brief frankiert (1,50 Schilling), an die Adresse „Neues Österreich", Wien VII, Seidengasse 3–11, zu senden (n i c h t an das Innenministerium).
Die Bestätigung des Stimmrechtsscheins durch Ihre Gemeinde wird bereits von uns besorgt, ebenso die Weiterleitung der Anträge an das Innenministerium.
6. Auf jeder Antragsliste können bis zu vier Personen unterschreiben – aber für jede Unterschrift ist gesondert einer der vier anhängenden Stimmrechtsscheine auszufüllen (deshalb drucken wir auch gleich vier Stimmrechtsscheine ab).
7. Auf e i n e r Antragsliste können nur Personen gemeinsam unterschreiben, die in der gleichen Gemeinde wohnen (Wien gilt als eine Gemeinde).
8. Sie können nur unterschreiben, wenn Sie bereits das Wahlrechtsalter erreicht haben, das heißt, wenn Sie Geburtsjahrgang 1943 oder älter sind.
9. Die Rubriken „Laufende Nummer", „Antragsliste Nr ...", „Fortlaufende Zahl" und „Vom Antragsteller des Volksbegehrens einzutragen", haben Sie nicht auszufüllen.
10. Unterschreiben Sie nur bei e i n e r Zeitung. Ihre Stimme gilt nur e i n m a l.

Trotz des komplizierten Verfahrens und der bürokratischen Hürden ist das Echo enorm, was zeigt, wie groß die Unzufriedenheit der Bevölkerung mit dem damaligen Rundfunk war.

„Das war deshalb so erstaunlich, weil fast jeder in diesem Land koalitionsabhängig war. 60% der Wirtschaft waren mehr oder weniger verstaatlicht jedenfalls unter der Einflußsphäre der Parteien. Selbst die Privatwirtschaft war von der Koalition in großem Maße abhängig, man konnte ja fast keine Position in

dem Land bekommen, ohne nicht bei einer Partei zu sein oder die Protektion einer der großen Parteien zu genießen. Und daß hier die Leute mit Namen und Adresse aufstehen, ganz gewiss 90% von denen waren von Parteien abhängig."[93]

Der ÖGB macht trotz oder wegen der Aktivitäten von Günter Nenning in einer Aussendung der Öffentlichkeit und seinen Mitgliedern noch einmal unmissverständlich klar: *„Der ÖGB unterstützt das Verlangen nach einem Volksbegehren nicht, weil seiner Meinung nach ernste Verhandlungen nicht durch propagandistischen Druck gestört werden sollten."*[94]

Die Arbeiterzeitung mokierte sich, dass man ein *„so großes Aufheben wegen der Rundfunkreform mache."*[95] Doch auch die Unken- und Zwischenrufe der roten Parteiblätter halfen nichts mehr, die Aktion der unabhängigen Zeitungen für das Einleitungsverfahren wurde ein überwältigender Erfolg. Innerhalb von drei Wochen wurden exakt 207.129 Unterschriften abgegeben, ein Vielfaches der benötigten 30.000. Damit war der Weg für das erste Volksbegehren in Österreich frei. Das Innenministerium setze den Termin für die Zeit vom 5. bis 12.10. fest.

Um es den Initiatoren und der Bevölkerung aber nicht allzu leicht zu machen, ließ man sich neben den ohnehin schon hohen bürokratischen Hürden auch noch allerlei Schikanen einfallen. In vielen Gemeinden wurden etwa die Eintragungszeiten für das Volksbegehren so gesetzt, dass es für die arbeitende Bevölkerung kaum möglich war, ihre Stimme abzugeben. Mehrere Gemeinden strichen ganz einfach den letzten Eintragungstag, den 12. Oktober, einen Montag und am Wochenende konnte man ohnehin in kaum einer Gemeinde das Volksbegehren unterschreiben und wenn, dann nur für sehr kurze Zeit. Die Stadt Wien stellte wiederum nur ihre 23 Bezirksämter zur Verfügung, was für eine Millionenstadt extrem wenig ist. Kurz, man machte alles, was möglich war, um das Volksbegehren zu behindern.

---

[93] Hugo Portisch. www.demokratiezentrum.org (20.6.2011).
[94] Sozialistische Korrespondenz. 3.7.1964.
[95] Siehe Hanreich. 2001. Seite 93.

Wer sich damals ausschließlich via Radio und Fernsehen informierte, bekam von alledem ohnehin nichts mit, denn im Rundfunk wurde nicht über das Volksbegehren berichtet, absolut nichts.

„Die Direktoren von Hörfunk und Fernsehen gaben Weisung, dass das Volksbegehren in keiner Nachrichtensendung gemeldet werden dürfe. Mehr noch: Es dürfe in keiner einzigen Sendung erwähnt werden, und wer es erwähne, müsse mit seiner sofortigen Entlassung rechnen."[96]

Dass diese Drohung ernst gemeint war, bekam der Rundfunkreporter Max Eisler zu spüren. Er sprach in der Sendung „Reporter unterwegs" über das Volksbegehren. Am nächsten Tag wurde er gefeuert. Für den Erhalt genau dieser Art von Rundfunk setzte sich die SPÖ damals massiv ein.

Sieht man von dem groben Vergehen des Herrn Eisler ab, wurde das Volksbegehren im Rundfunk erstmals am 11.Oktober in den Nachrichten erwähnt, also einen Tag vor dem Ende der Eintragungsfrist[97]

Das sozialistische Zentralorgan, die Arbeiterzeitung, warnte wiederum seine schwindende Leserschaft eindrücklich, ja nicht zu unterschreiben. Sie titelt: *„Achtung! Bauernfang mit Volksbegehren."*[98] Da der Rundfunk das Volksbegehren totschweigt und die sozialistischen Parteiblätter mit regelrechten Horrorschlagzeilen dagegen wettern, trommeln die unabhängigen Zeitungen um so lauter. Etwa durch folgenden Aufruf:

---

[96] Portisch. 2004. Seite 68.
[97] Siehe Hanreich. 2001. Seite 104
[98] Arbeiterzeitung 4.7.1964. Seite 1.

> ## Österreicher und Österreicherinnen!
>
> Es ist so weit.
> Zum erstenmal in der 46jährigen Geschichte der Republik Österreich findet, vom 5. bis 12. Oktober, ein Volksbegehren statt. Alle Staatsbürger, gleich welcher politischen Richtung, sind dazu aufgerufen.
> Ziel des Volksbegehrens ist die Beendigung der Rundfunkmisere, die Generalreform von Hörfunk und Fernsehen. Die Regierungsparteien hatten sich verpflichtet, dieses Problem zu lösen. Sie haben ihr Versprechen nicht gehalten.
> Daher legen wir, unterstützt von den besten in- und ausländischen Fachleuten, ein modernes Rundfunkgesetz vor. Dieses Gesetz entzieht den Rundfunk dem Streit der Parteien und stellt ihn in den Dienst des ganzen Volkes.
> Es geht aber um mehr. Das Volksbegehren wird dafür sorgen, daß in Zukunft auch in Österreich brennende Probleme der Allgemeinheit sachlich gelöst und nicht aus Parteiegoismus verschleppt werden.
> Die verfassungsmäßige direkte Demokratie ist kein Ersatz, wohl aber weise Ergänzung der Parteiendemokratie.
> Wir wenden uns nicht gegen die in einer Demokratie unentbehrlichen Parteien, erst recht nicht gegen eine einzelne Partei. Wir wenden uns aber gegen unzulässige Herrschaftsansprüche der Parteizentralen. Die Republik soll Eigentum ihrer Bürger sein, nicht Beute von Parteifunktionären.
>
> Österreicher und Österreicherinnen!
> Wir können und wollen keinen „Wahlkampf" führen, der Millionen und Abermillionen verschlingt. Wir haben keinen Apparat, kein Heer beamteter Funktionäre. Wir haben nur den Glauben an Eure demokratische Reife.
> Gebt uns Eure Unterschrift in den Eintragungslisten, die vom 5. bis 12. Oktober in allen Gemeinden Österreichs aufliegen.
> Fordert auch Eure Verwandten, Freunde, Betriebskollegen zum Unterschreiben auf! Es kommt auf jede Unterschrift an! Keiner ist machtlos! Jeder kann mitentscheiden!
> Die Woche des Volksbegehrens wird eine Feuerprobe unserer Demokratie sein. Die Parteipolitik hat in einer für den Kulturstaat Österreich entscheidenden Frage versagt — das Volk wird nicht versagen.
>
> ## Unterschreibe! Entscheide!
>
> Das Aktionskomitee
> der parteiunabhängigen Zeitungen
> und Zeitschriften Österreichs

Die Aufrufe der Presse sind von Erfolg gekrönt. Nach Ende der Eintragungsfrist zeichnet sich nach und nach ein überwältigendes Ergebnis ab. Da man sich mit der Zählung der Stimmen sehr lange Zeit lässt - das offizielle Ergebnis wird erst am 28. Oktober verkündet - ist anfänglich noch nicht klar, wie viele Menschen unterschrieben haben. Aber bereits einen Tag nach der Frist steht fest, dass das Volksbegehren alle Erwartungen übertroffen hat. Die Sozialisten erweisen sich einmal mehr als schlechte Verlierer. Franz Kreuzer darf sich in der Arbeiter Zeitung am 14. Oktober in einem Leitartikel mit dem Titel *„Der zerbrochene Spie-*

gel" so richtig auskotzen: Von Selbstkritik keine Spur, stattdessen versucht Kreuzer, den Erfolg des Rundfunkvolksbegehrens kleinzuschreiben und die Anliegen der Bevölkerung ins Lächerliche zu ziehen.

Der Artikel ist geradezu ein medienpolitischer Offenbarungseid der Sozialisten und damit ein historisches Dokument. Hier zeigt sich diese typische Mischung aus Zynismus, Verachtung des politischen Gegners und des Volkes gepaart mit der Unfähigkeit bzw. dem Unwillen zur Selbstkritik, die die Sozialisten in der medienpolitischen Auseinandersetzung immer wieder an den Tag legten und legen.

„Die Erleichterung die aus dem Triumphgeschrei der Kommerzpresse über das vorläufige absehbare Ergebnis des Rundfunkvolksbegehrens spricht – es dürften sich mehr als eine halbe Million Österreicher in die Listen eingetragen haben – ist verständlich: Man hat in der letzen Woche an dem sich geradezu überschlagenden Propagandawirbel und an der rücksichtslosen Aufopferung des redaktionellen Teiles der engagierten Blätter erkennen können wie groß die Angst vor einem Debakel war.

Das ändert freilich nichts an den Proportionen: Es gibt in Österreich zurzeit an die fünf Millionen Wahlberechtigte. Ein Zehntel oder Achtel von ihnen hat sich für die Vorlage, die Gegenstand des Volksbegehrens war, ausgesprochen. Das ist durchaus bemerkenswert, aber keinesfalls aufregend. Eine ähnliche oder größere Zahl von Österreichern könnte man für unzählige politische Parolen in Bewegung setzen: Für Rentenerhöhung etwa, für höhere Dotierung des grünen Plans, für Verstärkung des Wohnungsbaues, für Steuersenkung und so fort.

Dabei ist zu berücksichtigen, daß die Parole des Rundfunkvolksbegehrens – die kleingedruckten Pferdefüße wurden ja kaum wahrgenommen – keinerlei echte politische Stellungnahme notwendig machte. Insofern ist das Entschuldigungsargument, daß beim Volksbegehren die namentliche Eintragung notwendig sei, hinfällig: Für ein besseres Rundfunkprogramm kann jeder eintreten so wie für besseres Wetter. Alles was zu diesem Thema zu sagen ist, wird im neuen Programm des Bronner-Theaters gesagt: Zwei Unzufriedene , von denen einer weniger Löwinger und mehr Salzburger Festspiele , der andere mehr Löwinger und weniger Salzburger Festspiele im Programm haben möchte, gehen gemeinsam zum Volksbegehren.

Es ist also klar, was dieses Volksbegehren nicht war. Eine politische Manifestation von bestimmendem Gewicht, die die Parteien im Parlament bindet. Das ist weder verfassungsmäßig - ein Volksbegehren das von mehr als 200.000 Österreichern gebilligt wird, hat den Rang eines parlamentarischen Antrags über den die Abgeordneten wie über die vielen anderen Anträge zu beraten und zu beschließen haben – noch ist es das politisch. Soviel demokratischer Druck wie hinter diesem Gesetzesentwurf steht, steht hinter jedem Anliegen eines größeren Berufsverbandes. Dennoch hat dieses Volksbegehren einige wichtige politische Tatsachen klargemacht. Zum ersten Mal sind die Kommerzzeitungen, die sich gerne die „unabhängigen" oder die „parteifreien" nennen selbst als Organe einer politischen Aktionsgemeinschaft einer Quasipartei, einer Ad-hoc-Partei in Erscheinung getreten. Die Kollegen dieses Lagers hören das nicht gern. Aber es ist deshalb nicht weniger wahr. Natürlich mangeln dem politischen Gebilde, das da agiert hat, viele Kennzeichen einer echten politischen Partei. Es war – zumindest vorerst – zweckgebunden und zeitlich begrenzt, es war diffus und von den existierenden Parteien nicht säuberlich geschieden, zur ÖVP sogar demonstrativ geöffnet. Aber es verfügte doch über das wesentlichste Kriterium, das eine politische Partei ausmacht: über die organisatorische Bindung zum Zweck politischer Willensbildung.

Diese Kommerzzeitungspartei hat nun, was sie wollte: eine klare Dokumentation ihrer demokratischen Einflußmöglichkeit. Bis jetzt trat die Presse, indem sie ihre Gesamtauflagenzahl von anderthalb Millionen Exemplaren mit einem unbeweisbaren und unwiderlegbaren „Leser-Faktor" multiplizierte, als Vertreterin einer „Majorität" der politischen Österreicher auf, „des Volkes" schlechthin. Das war zwar niemals ernst zu nehmen, nun aber sieht alle Welt, wie viel im Ernstfall wirklich hinter dieser „dritten Gewalt" steht: nicht mehr und nicht weniger, als die verschiedenen anderen „dritten" Gruppierungen jeweils für sich mobilisieren können.

Der Vergrößerungsspiegel, in dem sich die Wortführer des ‚parteifreien' Journalismus gerne betrachtet haben, liegt in Scherben – von ihnen selber mit großem Geldaufwand zerschlagen.

Dies, die Aufhebung der ‚Unabhängigkeits'fikton und die säuberliche Abmessung der realen politischen Größen, ist der eigentliche Gewinn des Volksbegehrens und vielleicht ist das überhaupt der beste Zweck den diese demokratische Institution haben kann: Interessensgemeinschaften, die mit einem verwaschenen Totalitätsanspruch auftreten, zum Einbekennen ihrer echten Stärke zu zwingen.

In der Sache selbst ist eine Verhandlungspause mit teilweise anregenden Diskussionen gefüllt worden: Die Notwendigkeit einer Rundfunkreform, die Notwendigkeit der Brechung des ÖVP-Monopols im Hörfunk und der Beseitigung von Fäulnisherden, die sich als ‚Proporz' tarnen, steht nach wie vor außer Zweifel. Die Sozialisten werden bei den folgenden Verhandlungen nicht noch einmal durch die Übernahme von sinnlosen Schweigeverpflichtungen an der Vernebelung des Grenzproblems mitschuldig werden."[99]

Kreuzers Pamphlet macht deutlich, wie die SPÖ auf den sich abzeichnenden Erfolg des Volksbegehrens reagierte: kleinreden, den Unterzeichnern Ahnungslosigkeit respektive Verblendung und den Initiatoren unredliche Absichten unterstellen. Zudem wird versucht, durch verschiedene Verzögerungstaktiken die Anliegen der Bevölkerung im Sand verlaufen zu lassen. Und Kreuzer zeigt in seinem Leitartikel, dass das Eintreten der Sozialisten für einen parteifreien Rundfunk nie mehr war, als ein Lippenbekenntnis. Man sei für einen unabhängigen Rundfunk, **aber** ... wurde über die Jahrzehnte zum Mantra sozialistischer Medienpolitik.

Eine Variante dieses SPÖ-Mantras liefert Heinz Fischer, der spätere Bundespräsident, in der sozialistischen Zeitschrift Zukunft:

„Die Forderung der österreichischen Bevölkerung nach einem besseren Rundfunk ist eine echte und berechtigte. Der Gesetzgeber hat daher die Aufgabe, diesem Anliegen nachzukommen und ein gutes Rundfunkrecht zu schaffen; ge-

---

[99] Arbeiter Zeitung. 14.10.1964. Seite 2.

rade deshalb könne es nicht verantwortet werden, den verfassungswidrigen, unbrauchbaren Gesetzestext, der dem Volksbegehren zugrunde liegt, zu beschließen."[100]

Am 16. Oktober wird das vorläufige Ergebnis bekanntgegeben: 833.389 Unterschriften für das Rundfunkvolksbegehren. Die Erwartungen der Initiatoren wurden weit übertroffen. Während die unabhängigen Zeitungen das Ergebnis bejubeln, schmollt und schweigt die Arbeiterzeitung. Die Neue Zürcher Zeitung stellt trocken fest: Die Sozialisten seien mit ihren *„sauren Kommentaren erstaunlich schlechte Verlierer"*[101]

Dass die SPÖ mit dem Ergebnis nicht gerade glücklich ist, ist verständlich, immerhin hatten 18% der wahlberechtigten Österreicher - trotz aller sozialistischer Störaktionen und Gegenpropaganda - das Volksbegehren unterzeichnet. Es ist damit das bisher erfolgreichste Volksbegehren Österreichs, das nicht von Parteien unterstützt worden ist.[102]

Während die SPÖ ihre Wunden leckt, reagiert die ÖVP sehr schnell. Generalsekretär Dr. Hermann Withalm in einer Aussendung des ÖVP-Pressedienstes:

„Die bisherigen Ergebnisse lassen einen vollen Erfolg dieser Aktion erwarten. Die Österreichische Volkspartei hat das Volksbegehren als eines der Mittel zur Verwirklichung der direkten Demokratie im Grundsatz immer bejaht. Sie stand auch dieser Aktion mit Sympathie gegenüber. (...) Für die Österreichische Volkspartei ist es keine Frage, daß sich nun die im Parlament vertretenen politischen Parteien mit dem so unmissverständlich bekundeten Willen eines beachtlichen Teils unserer Bevölkerung auseinandersetzen müssen."[103]

Auch die FPÖ begrüßte das Ergebnis des Volksbegehrens, während die KPÖ, so wie die SPÖ, versuchte, das Ergebnis zu bagatellisieren. Am 28. Oktober wurde das offizielle Ergebnis verkündet: 832.353 Unterschriften. Am 18. November fasste das Parlament den Beschluss, einen Ausschuss einzuberufen, der sich mit dem Gesetzesentwurf des Volksbegehrens auseinandersetzen sollte. Dieser

---
[100] Heinz Fischer in Zukunft. Heft 5/1965.
[101] Siehe Hanreich. 2001. Seite 108.
[102] Siehe http://de.wikipedia.org/wiki/Volksbegehren_(%C3%96sterreich) (21.6.2011).
[103] Siehe Hanreich. 2001. Seite 109.

Ausschuss (mit jeweils vier Vertretern von SPÖ und ÖVP und einem von der FPÖ) trat am 15. Dezember das erste Mal zusammen.

Schon damals zeichnete sich ab, dass die Politiker keine besondere Eile mit der Behandlung des Themas hatten. Vor allem die SPÖ demonstrierte immer wieder ihre Abneigung gegen das Instrument des Volksbegehrens. Nach den Weihnachtsfeiertagen nahm der Ausschuss aber schließlich doch seine Arbeit auf.

Im Zuge der Diskussionen verlangten die Sozialisten sogar die Verwirklichung des Arbeitsübereinkommens aus dem Jahr 1963, das dem Geist des Volksbegehrens diametral entgegenstand, es sah nämlich die proporzmäßige Besetzung aller wichtigen Posten im Rundfunk vor. Der Vorschlag wurde von der ÖVP abgelehnt.

Am 15. Juli wurde das Volksbegehren dann im Nationalrat behandelt. Aber selbst das wollte die SPÖ verhindern, sie beantragte den geplanten Bericht des Ausschusses von der Tagesordnung streichen zu lassen. ÖVP, FPÖ und der mittlerweile aus der SPÖ ausgeschlossene Franz Olah stimmten dagegen. Aus dem Bericht ging schließlich wenig überraschend hervor, dass man sich in den wesentlichen Punkten nicht geeinigt hatte, weshalb man den Ausschuss mit der Fortsetzung seiner Tätigkeit beauftragte. In dieser Sitzung demonstriert die SPÖ einmal mehr eindrucksvoll ihre zynische Haltung gegenüber der Willensbekundung von über 800.000 Österreichern. SPÖ-Abgeordneter Otto Winter, der Vorsitzende des Volksbegehrensausschusses:

„Manchen ÖVP-Politikern ist viel gelegen am Scharwenzeln um das Lob jener Journalisten, die sich gerne anmaßen, die vom Volk gewählten Abgeordneten zur Sau zu machen. Es hat immer Menschen gegeben und es wird sie wahrscheinlich immer geben, die den Fuß küssen, der sie in den Hintern tritt. Wir Sozialisten haben nicht die Absicht, uns zu Stiefelputzern einer gewissen präpotenten Journaille degradieren zu lassen."[104]

Die Strategie war klar, vor allem die SPÖ wollte das Volksbegehren in einer Schublade verschwinden lassen, um so ihren Machtverlust im Rundfunk zu verhindern. An einer Reform hatte sie trotz zahlreicher Lippenbekenntnisse durch

---

[104] Vodopivec. 1975. Seite 314.

sozialistische Spitzenfunktionäre wie etwa Heinz Fischer nie ein echtes Interesse.

Im Gegensatz zur ÖVP. Obwohl es auch hier Funktionäre auf allen Ebenen gab, die eine Entpolitisierung des Rundfunks – vor allem aus persönlichen und monetären Interessen – ablehnten, war die Grundstimmung und Grundströmung gegenüber einer echten Rundfunkreform grundsätzlich positiv. Diese Haltung kommt unter anderem in einer Rede des ÖVP-Nationalratsabgeordneten Adolf Harwalik im Parlament zum Ausdruck: *„Das Volksbegehren stellt eine Art Radikalkur der Proporz-Demokratie dar. Die Initiatoren wissen sehr genau, daß die Entsprechung durch den Gesetzgeber eine innere Wandlungskraft voraussetzt. (...) Das Volksbegehren mag vielen Staatsbürgern als eine einfache Sache erscheinen. In Wahrheit ist es ein haarscharfes Operationsmesser, das sich schmerzend in den Leib der Koalition senkt."*[105]

---

[105] Harwalik zitiert nach Hugo Portisch. 1985. Seite 56f.

6. Der Entpolitisierungsversuch: Die Rundfunkreform unter Josef Klaus

Die Geburtsstunde der großen Rundfunkreform, in der die Ziele des Volksbegehrens weitgehend umgesetzt worden sind, ist das Debakel der Sozialisten bei der Nationalratswahl am 6. März 1966. Die ÖVP unter Dr. Josef Klaus erringt mit 48,35 % die absolute Mandatsmehrheit. Die SPÖ kommt auf lediglich 42,56 %. Nicht zuletzt deshalb, weil sie das Rundfunkvolksbegehren - wie es auf gut österreichisch heißt - nicht einmal ignoriert und damit die eindeutige Willensbekundung von über 800.000 Österreichern schlicht missachtet hatte.

Der Chef der niederösterreichischen Sozialisten Dr. Otto Tschadek: *„(...)Dazu kam noch, daß es sich diesmal um das erste Volksbegehren nach Einführung der gesetzlichen Bestimmungen über das Volksbegehren handelt, sodaß schon aus diesem Grunde eine andere Taktik zu empfehlen war. Im Endergebnis ist auch diese Aktion zu einer Belastung für die Partei geworden, die das Wahlresultat vom März 1966 mit beeinflusst hat."*[106]

Tschadek stößt sich also nicht so sehr daran, dass seine Partei den Rundfunk nicht entpolitisieren wollte, er kritisiert vielmehr die falsche Taktik, also die Kommunikationsstrategie, mit der es offensichtlich nicht gelungen war, die Bevölkerung über die wahren medienpolitischen Absichten der SPÖ zu täuschen.

Mit welcher Härte und mit welchen Mitteln die Sozialisten ihre Interessen im Medienbereich durchsetzen wollten und welches Verhältnis sie zu den unabhängigen Medien hatten, hat der Wahlkampf 1965/66 eindrucksvoll aufgezeigt. Nach dem Parteiausschluss von Franz Olah startete die Kronen Zeitung publizistische Angriffe gegen die SPÖ, insbesondere gegen Christian Broda, Bruno Pittermann und ÖGB-Präsident Anton Benya. Knapp vor den Wahlen ließ der ÖGB mittels einstweiliger Verfügung die Redaktion und die Verwaltung der Kronenzeitung polizeilich besetzen und vorübergehend unter kommissarische Verwal-

---

[106] Siehe Stenographisches Protokoll der 71. Sitzung des Nationalrats der Republik Österreich 27/28.11.1967. Seite 5778.

tung stellen. Anlass waren Gewerkschaftsgelder die via Olah an die Kronenzeitung geflossen sind. Die Besetzung wurde kurz darauf von der nächsten Instanz wieder aufgehoben, das *„ändert jedoch nichts an der Tatsache, daß hier in der demokratischen Geschichte Österreichs seit 1918 der erst- und einmalige Versuch unternommen wurde, wenige Wochen vor den Parlamentswahlen ein missliebiges Blatt mit Hilfe der Gerichte und der Polizei zum Schweigen zu bringen."*[107]

Auch diese Affaire hatte zur Wahlniederlage der SPÖ beigetragen. Die Verhandlungen für eine Neuauflage der großen Koalition scheitern jedenfalls. Josef Klaus bildet die erste ÖVP-Alleinregierung der 2. Republik. Damit beginnt nicht nur für Österreich, sondern auch für den heimischen Rundfunk eine neue Ära.

„Mit unglaublichem Elan ging der 53jährige Salzburger in Wien ans Werk. Die immer wiederkehrende Formel vom „Reformkanzler Kreisky" stimmt nur halb. Der erst große Reformer hieß Josef Klaus. Dennoch sind seine Verdienste heute weitgehend unbekannt"[108], so Die Presse.

Klaus ist kein Medienpolitiker, kein begnadeter Kommunikator, der sich in Hörfunk und TV öffentlichkeitswirksam zu inszenieren weiß. Ganz im Gegenteil: er gesteht sogar ein, vor Journalisten und den Medien eine „lähmende Scheu" zu haben.[109] Ein Manko, das er mit vielen seiner Parteikollegen teilt: *„(…) gerade dieser Bereich [die Öffentlichkeitsarbeit A.d.V.] kristallisierte sich als wunder Punkt der Volkspartei heraus. Josef Klaus spricht davon, daß es hier bei der ÖVP gewaltig hapere und ihm selbst die Scheu vor Massenmedien zu schaffen mache."*[110]

Es ist vielleicht diese Distanz bzw. das fehlende Wissen über die enormen Möglichkeiten, die ein von der Regierung oder den Parteien kontrollierter Monopolrundfunk bietet, warum die Volkspartei nicht nach der Macht im ORF greift. Oder aber, der konservative Reformer Klaus ist ganz einfach ein echter und aufrechter Demokrat, für den Presse- und Meinungsfreiheit mehr sind als nur

---

[107] Vodopivec. 1975. Seite 316.
[108] Josef Klaus, frommer Reformer vor Kreisky. In: Die Presse. 13.08.2010.
[109] Siehe Berka. 1995. Seite 237.
[110] Weinmann. 2000. Seite 279.

Schlagworte in einer Sonntagsrede. Jedenfalls hält er sein Wahlversprechen und nutzt die Chance, mit der ÖVP-Mehrheit im Nationalrat dem Partei- und Proporzrundfunk in seiner damals extremen Ausprägung ein Ende zu setzen.

"Die Konsequenzen eines unabhängigen Rundfunks für die politische Kultur des Landes wurden von den politischen Akteuren, die im Getriebe der parteipolitischen Auseinandersetzungen verfangen waren, kaum erkannt."[111]

Bereits am 8.Juli wird im Parlament das Rundfunkgesetz beschlossen. Es ist eine der wichtigsten Reformen, die die ÖVP-Alleinregierung damals umsetzt. Selbstverständlich ohne die Stimmen der Sozialisten. Diese setzen sich – kaum auf der Oppositionsbank gelandet – plötzlich für einen „entpolitisierten" Rundfunk ein und bringen – im Wissen, dass sie ohnehin keine Mehrheit finden – via Initiativantrag einen eigenen Reformvorschlag ein.

Der ÖVP-Vorschlag wird hingegen rundweg abgelehnt. SPÖ Abgeordneter Ing. Heinrich Scheibengraf: *„Dieser Beschluss und der Antrag des Sonderausschusses stellt (sic) nach Auffassung der sozialistischen Abgeordneten weder die Erfüllung der Grundsätze des Volksbegehrens in den Hauptpunkten noch die Unabhängigkeit von Rundfunk und Fernsehen von der Regierungsgewalt noch die geforderte Überparteilichkeit dar."*[112]

Es bedarf schon sehr viel politischer Chuzpe, um sich als SPÖ-Abgeordneter auf die Inhalte des Volksbegehrens zu berufen, welches die Sozialisten noch vor wenigen Monaten ignoriert, behindert und deren Betreiber sie als *„präpotente Journaille"* diffamiert hatten. In der sicheren Gewissheit, dass sie mit ihren eigenen plötzlich so ambitionierten Reformvorschlägen im Parlament abblitzen, kann die SPÖ ihre Umsetzung um so lauter und vehementer fordern. Der „Sinneswandel", die plötzlich entdeckte Liebe zu einem entpolitisierten und unabhängigen Rundfunk war auch in diesem Fall nicht mehr als eine politische Taschenspielerei, um guten Willen und Reformeifer vorzutäuschen, was sich nur wenige Jahre später gleich mehrfach unter Beweis stellen sollte. Denn eines

---

[111] Berka. 1995. Seite 243
[112] Stenographisches Protokoll 20. Sitzung des Nationalrates der Republik Österreich, XI Gesetzgebungsperiode; 8.juli 1966. Seite 1535.

darf nicht vergessen werden: Rundfunkpolitik war damals vor allem Machtpolitik.

Dass die SPÖ zu ihrer Medienpolitik der vergangenen Jahre und zum roten Politrundfunk eisern steht, demonstrieren nicht nur sozialistische Hinterbänkler wie Ing. Scheibengraf, sondern auch Dr. Broda. Er meint: *„wenn sich die SPÖ in der Angelegenheit Österreichischer Rundfunk einen Vorwurf machen könnte, so den, daß sie den Personalwünschen der Volkspartei zu weit entgegengekommen sei."*[113]

Die SPÖ präsentiert sich im Nationalrat am 8.Juli trotz solcher Aussagen – wenn auch wenig glaubwürdig – als jene Kraft, die sich stets für einen parteiunabhängigen Rundfunk eingesetzt hat und ruft „Haltet den Dieb". Ing. Heinrich Scheibengraf: *„Die ÖVP glaubt nun, ihr Ziel, die völlige Kontrolle der Massenmedien Rundfunk und Fernsehen, endlich erreicht zu haben. Deshalb war auch alles Bemühen um eine allgemein befriedigende Lösung zum Scheitern verurteilt."*[114]

Das sozialistische Zentralorgan, die Arbeiterzeitung, legt noch eines drauf und verkündet: *„Die ÖVP hat im Nationalrat am Freitag eine große Chance vergeben, sich zur Demokratie und zum Gesamtinteresse des österreichischen Volkes zu bekennen."*[115]

Die SPÖ will trotz all ihrer rhetorischen Vernebelungstaktiken den für sie genehmen Status quo im Monopolrundfunk (vor allem im wichtigen Fernsehbereich) prolongieren und weigert sich hartnäckig anzuerkennen, dass mit dem Rundfunkvolksbegehren die Bürger dem Staats- und Parteienrundfunk die Legitimation entzogen hatten.

Mit den Stimmen von ÖVP und FPÖ wird am 8. Juli schließlich das neue Rundfunkgesetz beschlossen. Das Gesetz unterscheidet sich allerdings in einigen Punkten vom ursprünglichen Text des Volksbegehrens:

---

[113] Siehe Arbeiterzeitung. 9.7.1966.
[114] Stenographisches Protokoll 20. Sitzung des Nationalrates der Republik Österreich, XI Gesetzgebungsperioden 8.Juli 1966. Seite 1536.
[115] Arbeiterzeitung. 9.7.1966. Seite 1.

§ 6: Der Bund hält mindestens 51% der Geschäftsanteile, den Rest teilen sich die Länder

§ 7: Die Generalversammlung bestellt nur den Aufsichtsrat

§ 8: Der Aufsichtsrat hat 22 Mitglieder, neun aus den Bundesländern, sechs aus politischen Parteien, und fünf aus den Bereichen Religion, Wissenschaft, Kunst, Volksbildung und Sport. Der Aufsichtsrat bestellt den Generalintendanten, die Direktoren und die Intendanten und genehmigt langfristige Unternehmenspläne. Er setzt das Programmentgelt fest, das nun zusätzlich zu den Teilnehmergebühren eingehoben wird.

§ 9: Der Generalintendant ist an die Beschlüsse der Generalversammlung und des Aufsichtsrats gebunden. Für ihn gelten ebenfalls die Unabhängigkeitsbestimmungen. Er erstattet (nach öffentlicher Ausschreibung) Vorschläge für die Bestellung von Direktoren und Intendanten, „bei letzteren nach Fühlungnahme mit dem jeweiligen Gesellschafter."

§ 11: Die Direktoren und Intendanten sind an die Weisungen des Generalintendanten gebunden.

Das neue Gesetz lässt erstmals mit Hilfe der fünf Vertreter aus Religion, Wissenschaft, Kunst, Volksbildung und Sport auch Mehrheitsbildungen abseits der reinen Parteipolitik zu. Für Alexander Vodopivec brachte das neue Gesetz drei wesentliche positive Veränderungen:

„Die Konstruktion des Aufsichtsrates, die das Vetorecht einer Großgruppe ausschließt

Die Herauslösung der Gebührenhoheit aus der Entscheidungsbefugnis parlamentarisch politischer Instanzen und ihre Übertragung auf den Aufsichtsrat.

Die Schaffung eindeutiger Entscheidungs- und Verantwortungsstrukturen innerhalb des Rundfunks und die Beseitigung der hier installierten Veto- und Blockierungsmöglichkeiten"[116]

---

[116] Vodopivec 1975. Seite 319.

Das Rundfunkgesetz ist ein Quantensprung gegenüber dem bisherigen Proporzrundfunk. Dass die ÖVP unter Klaus das Gesetz, obwohl mit einer absoluten Mandatsmehrheit ausgestattet, nicht für ihre eigenen Interessen ausnutzen konnte oder, was wahrscheinlicher ist, wollte, belegen die Entwicklungen der folgenden Jahre. Das Rundfunkgesetz war jedenfalls die Grundlage, auf der Generalintendant Gerd Bacher den heimischen Rundfunk in den kommenden Jahren vollkommen umkrempeln konnte. *„Ich kann aus eigener Erfahrung und an Eides statt sagen, dass die einzigen zwei Politiker, die den Rundfunk für die Grundausstattung einer funktionierenden Demokratie hielten und denen der Rundfunk wichtiger war als ihr Einfluss darauf, das waren der damalige Bundeskanzler Klaus und der Vizekanzler Withalm. Kein andrer als die beiden hat eine ähnliche Haltung an den Tag gelegt."*[117], so Gerd Bacher in einem Interview im Jahr 2004.

---

[117] Treiber. 2004. Seite 192.

7. Der Rundfunktiger: Die Ära Bacher I

Nachdem ÖVP und FPÖ das Rundfunkgesetz beschlossen hatten, musste noch der geeignete Mann (Frauen standen damals nicht zur Debatte) gefunden werden. Er sollte als Generalintendant die Entpolitisierung der aufgeblähten und ineffizienten Rundfunkanstalt in die Tat umsetzen.

Der Posten wurde öffentlich ausgeschrieben. Gleich 45 Bewerber wollten Generalintendant des österreichischen Rundfunks werden.[118] Einer von Ihnen war Gerd Bacher, damals Leiter des Molden-Verlags. Bacher konnte auf die Unterstützung und Fürsprache der Initiatoren des Volksbegehrens, die Chefredakteure Csoklich, Portisch, Ritschel, Polz und Schulmeister zählen. *„Helmut Zilk und Kurt Tozzer servierten den Namen Bacher: früher beim ‚Express', inzwischen beim Molden-Verlag. Der Name wurde bald zum Selbstläufer"*[119]

Zilk wurde daraufhin zum ÖVP-Generalsekretär vorgeladen. Helmut Zilk: *„Der Hermann Withalm war misstrauisch. Auch der Kanzler Klaus. Dennoch haben sie ihn schließlich genommen: Mein Gott der ist wenigsten konservativ! So hamma den Bacher erfunden."*[120]

Der Aufsichtsrat der ORF GmbH wählt Gerd Bacher mit 13 zu 12 Stimmen zum neuen Generalintendanten. Und Bacher sorgt gleich zu Beginn seiner Tätigkeit für einen Schock, bei beiden Parteien: Er feuert die vier bisherigen Rundfunkdirektoren, allesamt Proponenten des Proporzsystems. Sie mussten auf Anweisung Bachers ihre Schreibtische sofort räumen.[121]

---

[118] Portisch. 1985. Seite 58.
[119] Hans Werner Scheidl: 1967 – Kulturrevolution: Die Krallen des Tigers. In: Die Presse. 30.4.2005.
[120] Ebenda.
[121] Portisch. 1985. Seite 61.

122

Auch Bacher, der allgemein als Konservativer, in den Augen der Sozialisten auch als „Rechter" galt, trägt den politischen Realitäten in Österreich Rechnung und besetzt das vierköpfige Direktorium erneut mit zwei Sozialisten und zwei Bürgerlichen: Mit Alfred Hartner als Hörfunkdirektor und Helmut Lenhardt als kaufmännischem Direktor wird die schwarze Reichshälfte bedient, mit Helmut Zilk als Fernsehdirektor und Georg Skalar als technischem Direktor die linke.

Dazu holt sich Bacher noch mit dem strammen Sozialisten und erbitterten Gegner des Rundfunkvolksbegehrens (und damit des Volkswillens), den Chefredakteur der Arbeiterzeitung Franz Kreuzer als Fernsehchefredakteur und den konservativen Alfons Dalma als zentralen Chefredakteur ins Boot. Bacher kaufte – wie das Nachrichtenmagazin Der Spiegel damals schrieb – *„neue Leute ein – paritätisch von der Linken und von der Rechten"*[123]

Das Proporzsystem hat also auch unter Bacher nicht wirklich ausgedient, auch wenn er bei seiner Antrittsrede vor den Rundfunkmitarbeitern vollmundig ver-

---

[122] „Ironimus" Gustav Peichl. Quelle: Schmolke. 2000.
[123] Der Spiegel. Nr.3/1968. Seite 87.

kündet: *„Das Parteibuch hat bei uns seine Funktion als karriereförderndes Wertpapier verloren."*[124]

Bacher transformiert den Rundfunk von einem drögen staatlichen Verkündigungsorgan in eine moderne und vor allem professionelle Rundfunkanstalt. Was natürlich nicht heißt, dass der ORF unter Bacher tatsächlich entpolitisiert worden wäre und die Parteien keinen Einfluss mehr gehabt hätten. Bacher unterbindet allerdings weitgehend den direkten unverschämten Zugriff der Parteien auf Personalfragen, das Programm und die Berichterstattung. Sehr zum Ärger der Sozialisten. Sie erklären ihn zu ihrem Lieblingsfeindbild.

„Die Betroffenen heulten auf, zuerst die oppositionellen Sozialisten. Sie ernannten den Generalintendanten zum ‚General-Dilettanten', schmähten ihn als Goldmacher Goldbacher".[125]

Als Aufhänger für ihre Attacken gegen den unliebsamen Bacher diente das Gehalt des Generalintendanten. Bacher hatte sich eine für damalige Verhältnisse äußerst großzügige Gage (etwa 40.000 Schilling monatlich) ausverhandelt.

„Als Bacher einen prominenten roten Fernseh-Mann feuerte, tobte SPÖ-Chef Bruno Kreisky im Parlament: „Das lassen wir uns nicht gefallen."[126]

Trotz dieser Anfeindungen und ausgestattet mit zahlreichen Vollmachten krempelt Bacher das ORF Programm vollkommen um. Die Rede ist damals von einer „Informationsexplosion". Dalma führte drei Hörfunkjournale pro Tag ein, Kreuzer die großen Nachrichtensendungen und Senderreihen im Fernsehen, die berüchtigten Belangsendungen wurden zeitlich eingeschränkt. Zudem startet Bacher ein neues bundesweites Radioprogramm, den Popsender Ö3.

Unter Bacher wurde aus dem mittelalterlichen Dorftrommler, der die Entscheidungen der Obrigkeit wortgetreu verkündete, eine Monopolanstalt, in der nun politische Einflussnahme und Interventionen nicht mehr bequem und direkt per Weisung, sondern diffiziler und mit mehr Geschick durchgeführt werden mussten. Der ORF war fortan nicht nur ein Machtinstrument der Parteien, er

---

[124] Schmolke. 2000. Seite 48.
[125] Der Spiegel. Nr.3/1968. Seite 87.
[126] Der Spiegel. Nr.3/1968. Seite 87.

war selbst zum Machtfaktor geworden und nicht mehr länger nur ein Bauer am medienpolitischen Schachbrett. Gerd Bacher, der sich selbst einmal als „heimatlosen Rechten" bezeichnete, hatte es geschafft, sich selbst in das politische Machtspiel einzubringen, er war nicht mehr, so wie die früheren Rundfunkchefs, einfacher Befehlsempfänger, sondern selbst wichtiger Akteur im Kampf um Macht und Einfluss in diesem Land. Die Politik und die Parteien mussten sich mit dem Generalintendanten arrangieren.

Das merkte auch die Volkspartei, die die Rundfunkreform umgesetzt und Bacher inthronisiert hatte. *„Auch die konservative ÖVP wollte sich die Bacheriaden nicht gefallen lassen."*[127] Rund zwei Jahre nach der Rundfunkreform sagte Bundeskanzler Josef Klaus zu Bacher: *„So war die Rundfunkreform eigentlich nicht gemeint."*[128]

Viele in der ÖVP bereuten, Bacher zum neuen starken Mann im ORF gemacht zu haben. Bacher zeigt nämlich wenig Dankbarkeit, das so wichtige Fernsehen blieb auch unter seiner Führung, mit Franz Kreuzer an der Spitze, fest in roter Hand. Heinrich Drimmel: *„Die Selbsttäuschung, der Führungskreise der ÖVP nach dem scheinbar fulminanten Sieg von 1966 unterlagen, steigerte sich noch einmal, als diesem Sieger auf dem Fuß jene Reform des Österreichischen Rundfunks folgte, bei der ein bisheriger sozialistischer Fernsehdirektor durch Gerd Bacher und sein System abgelöst wurde. Was damit wirklich geschah, hat niemand anderer mit derart zynischer Offenheit ausgedrückt als Franz Kreuzer, der damals vom Posten des Chefredakteurs des sozialistischen Zentralorgans Arbeiterzeitung in die erste Reihe der Meinungsmacher im ORF aufrückte.*

Nach den eigenen Worten Kreuzers hat die ÖVP mit ihrer Rundfunkreform von 1966 ein Opfer auf dem Altar des Vaterlandes gebracht. Wer weiß, was für einen Stellenwert die Begriffe Altar, Vaterland und Opfer für einen sozialistischen Chefredakteur haben, spürt den Hohn des erfolgreichen Gegners, der damit zum Ausdruck kommt. Um zu beweisen, was real geschah, fügte Kreuzer diesem Hohn auf den Verlierer gleich konkrete Hinweise darauf hinzu, worin die SPÖ bei der ÖVP-Rundfunkreform gesiegt hätte: Der so reformierte ORF hat demnach

---

[127] Ebenda.
[128] Siehe Die Presse. 30.4.2005.

bisherige Autoritäten, damals noch vorwiegend aus der ÖVP, abgebaut und er hat die SPÖ an potentielle SPÖ-Wählerschichten herangebracht, an die die Partei vorher nie herangekommen war."[129]

Deshalb glauben viele in der ÖVP - ob zu Recht oder nicht - dass die Nachrichtenpolitik Bachers Schuld an zwei für die Volkspartei verlorenen Landtagswahlen ist. Bacher wird zum *„meistgehaßten Mann der Alpen-Republik"*[130], schreibt der Spiegel.

Und weil man Bacher nicht mehr so einfach los wird und das mittlerweile auch noch besser gemachte Fernsehen zum immer wichtigeren Faktor zur Beeinflussung der öffentlichen Meinung wird, reagiert die SPÖ, die Medienpolitik stets als Machtpolitik und Medien stets als Machtinstrumente verstand, und arrangiert sich mit Gerd Bacher. SPÖ-Chef Kreisky lädt Bacher zu Naturschnitzel, Vogerlsalat und Kohlsprossen in seine Villa in Wien-Döbling. *„Dann verkündete der Chef-Sozialist, seine Partei werde künftig „mit dem Rundfunk leben". Als Dank erhofft sich Kreisky Äther-Begünstigung für die SPÖ – was ihr bei den nächsten Parlamentswahlen helfen könnte."*[131]

Ein gutes Verhältnis zum Rundfunk und zu Gerd Bacher war für die Parteien von enormer Wichtigkeit, denn damals galt das staatliche Rundfunkmonopol - wie auch immer dessen konkrete Ausformung aussah - in Österreich und in (fast) ganz Europa als alternativlos. Lediglich in Großbritannien und im kleinen Luxemburg gibt es Ende der 60er bereits private TV-Sender. Das Monopol wurde damals von keinem Politiker auch nur ansatzweise in Frage gestellt. Privater Rundfunk – obwohl in den USA seit Jahrzehnten Standard – war etwas geradezu Unvorstellbares. Trotzdem gibt es bereits Anfang der 70er, abseits der Politik, ganz leise und zaghafte Überlegungen in diese Richtung.

Bei einer vertraulichen Unterredung will der Chef des Kuriers, Ludwig Polsterer, erkunden, wie Bacher zu einem „privaten Werbefernsehen" steht. Bachers Antwort:

---

[129] Kriechbaumer. 1998, Seite 84.
[130] Der Spiegel. Nr.3/1968. Seite 87.
[131] Ebenda.

„Ich habe alles Verständnis für privatwirtschaftliche Erwägungen. Aber als Geschäftsführer des Österreichischen Rundfunks wird meine Loyalität unteilbar sein."[132]

Vorstöße in diese Richtung sind damals äußerst selten, wenig konkret und konsequent. Das Monopol ist Ende der 60er noch weitgehend sakrosankt. Das heißt, man braucht seine Existenz weder zu verteidigen noch mit Argumenten zu begründen.

---

[132] Der Spiegel. Nr.3/1968. Seite 87.

8. Die Repolitisierung des Rundfunks: Kreisky und die sozialistische Gegenreform

Am 1.Mai 1970 werden die Karten in Österreich neu gemischt. Die SPÖ gewinnt die Nationalratswahl. Sie ist mit 48,4% wieder die stärkste Kraft im Land. Die ÖVP unter Klaus sackt auf 44,7% ab. Klaus zieht die Konsequenzen und wirft das Handtuch. Bruno Kreisky wird Bundeskanzler und das bleibt er bis zum Jahr 1983. Den Grundstein zum Wahlsieg der Sozialisten und der Wahlniederlage der Volkspartei hatte die ÖVP mit der Rundfunkreform und der Installierung Bachers als Generalintendant selbst gelegt, so die verbreitete Meinung vieler politischer Kommentatoren. Das weiterhin von Sozialisten gelenkte Fernsehen hatte SPÖ-Chef Kreisky die ideale Bühne für seine Auftritte geboten. Die "Revolution" hat auch in diesem Fall ihre Kinder gefressen

„Durch den ORF wurde er [Kreisky A.d.V.] Kanzler und schließlich der Journalistenkanzler."[133], stellt auch der SPÖ-affine Rundfunkjournalist Hans Besenböck fest.

Kreisky bedankte sich sogar nach gewonnener Wahl bei Gerd Bacher für den fairen und objektiven Journalismus des öffentlichen Rundfunks.[134] Bacher antwortet darauf: *„Nichts zu danken. Ist ohnehin ungern geschehen."*[135]

Kreisky ist im Gegensatz zu Klaus ein für damalige Verhältnisse begnadeter Kommunikator und kennt den richtigen Umgang mit Journalisten. *„Mit Bruno Kreisky ist auch der Archetypus des Medienkanzlers verbunden. Wie kein anderer vor ihm schaffte es der ‚Sonnenkönig', die öffentliche Meinung im Diskurs mit Journalisten zu seinen Gunsten zu steuern und nutzte darüber hinaus das damals noch junge Medium Fernsehen als erster Berufspolitiker gekonnt"*[136]

---

[133] Extradienst. ED5 17.3.2000. Seite 33.
[134] Siehe Kleine Zeitung. 11.1.2011.
[135] Der Spiegel. Nr.18/1972. Seite 101.
[136] Kleine Zeitung. 11.1.2011.

Nach langwierigen Verhandlungen bildet die SPÖ mit Duldung der FPÖ, deren Chef damals der ehemalige SS-Obersturmführer Friedrich Peter ist, eine Minderheitsregierung. Politische Beobachter vermuten, dass die Gespräche mit der ÖVP aber ohnehin nur zum Schein geführt worden sind.

Kreisky muss vorerst mit Gerd Bacher leben. Das tut der frischgebackene Kanzler, trotz des Lobes nach der Wahl, aber nur sehr ungern. *„Kreiskys Meinung war, ein öffentlich-rechtlicher Rundfunk hat zwar eine gewisse Autorität und eine große Arbeitsfreiheit zu haben, aber in letzter Konsequenz ist er der Diener des Staates und der Regierung."*[137], so Gerd Bacher in einem Interview. Kreisky erwartet sich von Bacher folgerichtig Subordination. In einem ersten Protestanruf im Rundfunk warf Kreisky Bacher vor, er habe es verabsäumt, dem neuen Bundeskanzler einen Antrittsbesuch abzustatten.[138]

Was Kreisky an dem mächtigen Rundfunkchef wirklich stört ist, dass er mit der nun in der Opposition befindlichen ÖVP genauso verfährt wie zuvor mit der oppositionellen SPÖ: Er lässt sie zu Wort kommen.

Der Hass der SPÖ bzw. von Kreisky auf Bacher geht sogar soweit, dass der Bundeskanzler dem Generalintendanten am Telefon droht: *„Nehmen sie zur Kenntnis, Herr Bacher, daß unsere Auseinandersetzung bis zur letzten Konsequenz geführt wird."*[139]

Wie es sich für ein braves Parteiorgan gehört, startet die Arbeiterzeitung über Wochen eine Anti-Bacher-Kampagne. In dieser aufgeheizten Stimmung musste die SPÖ im Kampf um die Rückeroberung und die Repolitisierung des Rundfunks allerdings zwei schwere Niederlagen einstecken. Da bei der Neubestellung des Aufsichtsrates 1970 die Versuche der SPÖ misslingen, die Machtverhältnisse in ihre Richtung zu verschieben, wird Gerd Bacher im Frühjahr 1971 für weitere vier Jahre zum Generalintendanten bestellt. Das konnten und wollten Kreisky und die SPÖ nicht hinnehmen. Unermüdlich sammelte man Munition gegen Bacher. Die Sozialisten warfen Bacher im Laufe der Monate unter andrem vor: Korruption, Verletzung des Betriebsratgesetzes, Bruch von Einzel-

---

[137] Treiber. 2004. Seite 161.
[138] Siehe Der Spiegel. Nr.18/1972. Seite 101.
[139] Der Spiegel. Nr. 18/1972. Seite 101.

dienstverträgen und sogar die Verletzung der Menschenrechtskonvention in zumindest 11 Fällen.[140]

Nur ein Jahr später änderten sich die politischen Verhältnisse erneut. Nach dem Beschluss eines neuen Wahlrechts, welches den Freiheitlichen entgegenkam, lösten SPÖ und FPÖ den Nationalrat auf. Bei der darauffolgenden Nationalratswahl am 10.Oktober erreicht die SPÖ mit 50% die absolute Mehrheit. Die SPÖ bildet eine Alleinregierung und kann nun - ausgestattet mit der Mandatsmehrheit im Nationalrat - die Medien- und Rundfunkpolitik im Alleingang gestalten. Gerd Bacher, der erst kurz zuvor für weitere vier Jahre gewählt worden war, wurde die SPÖ, trotz der neuen Machtverhältnisse, zumindest vorerst aber nicht los.

Es ist ein Treppenwitz der Geschichte, dass ausgerechnet SPÖ-Chef Bruno Kreisky aus dieser Konstellation und Situation heraus, sozusagen als Trotzreaktion und als Gegengewicht zum Bacher-Rundfunk, ein privates Verlegerfernsehen vorschlägt. Kreisky wollte damit seinem Intimfeind Bacher, mit Hilfe einer geköderten Presse den Krieg erklären. Eine echte Liberalisierung des Rundfunks hatte Kreisky aber definitiv nicht im Sinn.

Am Parteitag der SPÖ am 18. April 1972 in Villach präsentiert Kreisky den erstaunten Parteigenossen seine Privatfernsehpläne. Die Delegierten waren regelrecht „narkotisiert", so die Salzburger Nachrichten.[141] Die heimischen Zeitungsherausgeber sollen nach den Vorstellungen Kreiskys eine Genossenschaft gründen, welche dann neben dem ORF eine zweite Rundfunkgesellschaft betreiben darf. *„Solch ein Privatfunk und –fernsehen könnte, laut Kreisky, durch Werbeeinschaltungen nicht nur die eigenen Betriebskosten decken, sondern mit dem Überschuss obendrein die defizitären Zeitungen erhalten."*[142] Kreiskys Vorschlag sorgte innerhalb und außerhalb der SPÖ für großen Wirbel.

Gerd Bacher nahm den Fehdehandschuh auf und präsentierte wenige Tage später ein mehrseitiges Papier, in dem er das Monopol verteidigt und Kreiskys Pläne attackiert. Unter anderem schreibt Bacher: *„Es existiert kein Meinungs-,*

---
[140] Siehe Der Spiegel. Nr. 18/1972. Seite 101.
[141] Siehe Der Spiegel. Nr. 18/1972. Seite 100.
[142] Der Spiegel. Nr. 18/1972. Seite 100.

sondern nur ein Sendemonopol des ORF. Der Mythos vom Meinungsmonopol ist eine gezielte Erfindung, sie ignoriert sowohl den Auftrag des Rundfunkgesetzes zur objektiven Wiedergabe aller gesellschaftlich relevanten Ereignisse als auch die Praxis in den ORF Redaktionen."[143]

Doch Kreiskys medienpolitischer Schnellschuss war ohnehin zu unausgegoren, als dass er hätte umgesetzt werden können. „Nicht nur weil die Verleger nicht gleich darauf einstiegen, sondern weil es ihm [Kreisky A.d.V.] wichtiger schien, den ORF mit zwei Kanälen in die Hand zu bekommen, als sich mit Experimenten zu verzetteln."[144] Somit ist der erste Vorstoß in Richtung Entmonopolisierung rasch wieder eingeschlafen, zumal die SPÖ dank ihrer absoluten Mehrheit, ihre eigentlichen Ziele, ein von ihr kontrolliertes Rundfunkmonopol, ohnehin mittelfristig durchsetzen konnte. Der ÖVP-Politiker Heribert Steinbauer analysiert in einem Aufsatz die sozialistische Medienpolitik der damaligen Zeit:

„(...) wenn man als Marxist weiß – weil man ja die richtigen Ziele hat – wohin sich die Gesellschaft entwickeln soll, dann leitet sich daraus ab, daß die Medien der Gesellschaft bei dieser Entwicklung dienstbar sein müssen. Sind sie es nicht, dann sind sie hinderlich, denn sie schaden ja der Gesamtgesellschaft bei der Erreichung ihrer Ziele."[145]

Genau nach dieser Maxime agiert damals die SPÖ, Medien sind nichts anderes als Instrumente zur Verwirklichung linker Utopien. Unabhängige oder gar (SPÖ)kritische Journalisten sind Kreisky ein Graus. Wer beim Bundeskanzler in Ungnade fällt, der musste mit ernsten Konsequenzen rechnen. Etwa jener Korrespondent einer Bundeslandzeitung, dem Kreisky wegen nicht genehmer Berichterstattung keine Interviews mehr gab.[146]

Kreisky startet deshalb die Reform der Rundfunkreform, die Repolitisierung des monopolistischen Rundfunks. Das ohnehin rotstichige ORF-Fernsehen soll wieder ganz zum ideologischen Machtinstrument, zum sozialistischen Propagan-

---

[143] „Ein Diskussionsbeitrag des ORF" vorgelegt von Generalintendant Gerd Bacher in der Pressekonferenz vom 27. April 1972.
[144] Dieman. 1978. Seite 42.
[145] Steinbauer. 1987. Seite 241f.
[146] Siehe Steinbauer. 1987. Seite 242f.

damedium umfunktioniert werden. Hugo Portisch: *„Kreisky drängte darauf, das auf dem Volksbegehren beruhende Rundfunkgesetz zu ändern. Man sagte Rundfunk, aber man meinte Bacher."*[147] Bacher hat, wie Kreisky ja selbst eingestanden hat, die SPÖ auch zu Zeiten, als sie in Opposition war, journalistisch fair behandelt, trotzdem will Kreisky nicht vom Goodwill des ungeliebten Bachers abhängig sein, er will den Rundfunk ganz direkt kontrollieren, beeinflussen und lenken. *„Während Klaus das Rundfunkvolksbegehren ernst nahm und den ORF unter Gerd Bacher in eine vorher ungeahnte Freiheit entließ, verkürzte Nachfolger Kreisky sehr rasch wieder die Zügel des Rundfunks auf ein parteigenehmes Maß."*[148]

Nachdem Kreisky noch zur Zeit seiner Minderheitsregierung und kurz nach der Wahl 1971 noch öfters betont hatte, den Rundfunk nicht reformieren zu wollen, gab am 2. Oktober 1972 ÖGB-Präsident Anton Benya den Startschuss zur ORF-Gegenreform. Er regte die Änderung des Rundfunkgesetzes an. Kreisky nahm den Ball von Benya an: *„Jetzt liegen die Dinge anders. Wenn der Präsident der größten Organisation Wünsche anmeldet, kann man das nicht ignorieren."*[149]

Und damit der Wunsch Benyas auch in Erfüllung geht, setzt Kreisky im Februar 1973 eine Rundfunkkommission aus verschiedensten Persönlichkeiten ein, die ein neues Rundfunkgesetz ausarbeiten soll. *„Eine große Eigenständigkeit hat es für diese Kommission jedoch nicht gegeben."*[150] Im November 1973 legt die SPÖ dann den Entwurf für ein neues Rundfunkgesetz vor. *„Zentrales Element dieser Reformbestrebungen war allerdings die Entmachtung des Generalintendanten."*[151]

*„Kanzler und SPÖ-Chef Bruno Kreisky hat seine (Bachers A.d.V.) Selbstständigkeit nicht ausgehalten, er hat das Rundfunkgesetz nur geändert, um Bacher

---

[147] Siehe Gerd Bacher zu Ehren. Seite 67.
[148] Andreas Unterberger: Der Fall Bruno Kreisky auf www.ortneronline.at (29.06.2011).
[149] ÖVP Parlamentsklub (Hg.). 1974. Seite 21.
[150] Steinbauer. 1987. Seite 242.
[151] Weinek. 2008. Seite 96.

abzusetzen."¹⁵² Der ÖVP-nahe Akademikerbund sieht seine Befürchtungen bestätigt, *„dass es sich bei dieser Gesetzesinitiative nicht um eine moderne Neuordnung des Rundfunk- und Fernsehwesens handelt, sondern um den Versuch der Regierungspartei, machtpolitische Vorstellungen durchzusetzen."*¹⁵³

Zu dieser Zeit spitzt sich auch der Konflikt zwischen Bacher und Kreisky immer weiter zu. Der Bundeskanzler wirft dem Generalintendanten in der Arbeiterzeitung vor: *„Herr Bacher hat offenbar völlig den Kopf verloren. Es gibt keine vernünftige Gesprächsbasis mehr."*¹⁵⁴ Bacher seinerseits bezeichnet Kreiskys Aussagen als „Psychoterror".

Neben der Beseitigung Bachers sind die Kernpunkte des geplanten Rundfunkgesetzes:

- Der ORF wird von einer GmbH in eine Anstalt öffentlichen Rechts umgewandelt
- Die Befugnisse und Rechte des Generalintendanten werden beschnitten
- Das bisher bestehende Rundfunkmonopol des ORF wird erstmals gesetzlich verankert
- Die verfassungsmäßige Verankerung der öffentlich-rechtlichen Aufgaben des Rundfunks

Die SPÖ drückt den Gesetzesentwurf im Eilzugstempo durch. Am 9.7.1974 wird das Gesetz im Nationalrat debattiert. Für ÖVP und FPÖ ist die Linie klar erkennbar: Der Rundfunk soll zum Machtinstrument der roten Alleinregierung und der von Kreisky so gehasste Gerd Bacher endlich entmachtet werden. FPÖ-Chef Friedrich Peter: *„Mit dem neuen Gesetz wird es einen roten Regierungsrundfunk als sozialistisches Machtinstrument geben. Der ORF wird das Korsett eines elektronischen Erfüllungsgehilfen der Regierung sein, letztlich ist es doch nur*

---

[152] Ex ORF-Generalsekretär Kurt Bergmann in einem Interview mit Standard-Journalist Harald Fidler. Siehe www.derstandard.at (23.2.2012).
[153] Austria Presse Agentur. 18.8.1973.
[154] Arbeiterzeitung zitiert nach ÖVP Parlamentsklub (Hg.).1974. Seite 33.

eine ‚Lex Bacher', weil sich der Generalintendant bisher weder dem Bundeskanzler noch dem ÖGB Präsidenten gebeugt hat."[155]

Die ÖVP lehnt den Kern des Gesetzes ebenfalls entschieden ab. ÖVP-Generalsekretär Herbert Kohlmaier:

„1. Die Ersetzung der unabhängigen Rundfunkgesellschaft durch eine staatliche Anstalt mit hohem Regierungseinfluss und mit einer gesicherten Mehrheit für die Regierungspartei.

2. Die Aushöhlung der Funktion des Generalintendanten, die diesen vom Garanten der Unabhängigkeit des Rundfunks zur Marionette der Regierungsmehrheit degradiert.

3. Die Schaffung zweier selbstständiger Fernsehintendanten, die dem Generalintendanten in Programmangelegenheiten nicht unterstehen. Es ist zu erwarten, dass damit ein Rückfall in den vor acht Jahren überwundenen Proporzrundfunk erfolgt."[156]

Dass sich die SPÖ in der Parlamentsdebatte immer wieder auf das Rundfunkvolksbegehren von 1964 beruft, zeigt einmal mehr, mit welchem Zynismus die Sozialisten die Repolitisierung des ORF und die Einzementierung des Rundfunkmonopols betreiben. Heinz Fischer, der spätere Bundespräsident, schwingt sich nach einer zehn Jahre andauernden Schrecksekunde sogar zum Anwalt jener 832.353 Österreicher auf, die 1964, das Rundfunkvolksbegehren unterzeichnet hatten: „Ich habe Ihnen kurz die politischen Veränderungen geschildert, die Sie, meine Damen und Herren von der ÖVP und von der FPÖ, 1966 am Volksbegehren vorgenommen haben, die Ihnen meiner Meinung nach den mo-

---

[155] Austria Presse Agentur. 9.7.1974.
[156] ÖVP Pressedienst. 9.7.1974.

ralischen und auch den rechtlichen Anspruch nehmen, sich auf dieses Volksbegehren zu berufen."[157]

Fischer, seinerzeit scharfer Gegner des Volksbegehrens und der „präpotenten Journaille", jetzt „Vorkämpfer" für die Ziele des Rundfunkvolksbegehrens, eine wundersame Metamorphose. Doch Fischers Wandlung zum Rundfunk-Paulus ist natürlich nicht mehr als Taktik, Camouflage und eine Verhöhnung jener hunderttausender Österreicher, die seinerzeit für einen unabhängigen Rundfunk eingetreten sind, zumal die *„Volksbegehrensveranstalter in einer Abschlußerklärung das bestehende Gesetz ausdrücklich als Erfüllung des Volksbegehrens bezeichneten."*[158]

Heinz Fischer und seinen Genossen geht es, wie auch 1964 und 1966 um nicht mehr und nicht weniger als um die Kontrolle des wichtigsten Massenmediums des Landes. Jetzt haben sich allerdings die Machtverhältnisse geändert und der relativ unabhängige Rundfunk soll wieder - so wie auch schon in der Nachkriegszeit von den Sozialisten propagiert - zum sozialistischen Volksfunk, zum Instrument des Klassenkampfes werden. Das lässt sich sehr gut an Karl Blechas Wortspende im Nationalrat ablesen, sofern man ihn von den vielen Allgemeinplätzen und Lippenbekenntnisse zu Pluralität und Meinungsfreiheit befreit.

So ist für Blecha das Rundfunkmonopol nach wie vor sakrosankt: *„Das in Österreich bestehende Sendemonopol, das nicht in Frage gestellt werden soll [warum eigentlich? A.d.V.], ist historisch begründet durch einen relativen Mangel zur Verfügung stehender Frequenzen."*[159] Dieser angebliche Frequenzmangel war allerdings nie mehr als eine billige Ausrede, um ein Monopol zu installieren und den Rundfunk zu kontrollieren, denn in den USA - wo es von Anfang an ein liberales Rundfunksystem mit vielen verschiedenen Sendern und Stationen gibt - gelten, nach allgemeiner Ansicht der Naturwissenschafter, dieselben physikalischen Gesetze wie in Österreich. Und obwohl (oder gerade weil) dieses Scheinargument Mitte der 70er angesichts des aufkommenden Kabel- und Satelliten-

---

[157] Stenographisches Protokoll der 111 Sitzung des Nationalrates der Republik Österreich XIII Gesetzgebungsperiode 9/10. 7.1974.
[158] ÖVP Parlamentsklub (Hg.). 1974. Seite 25.
[159] Stenographisches Protokoll der 111 Sitzung des Nationalrates der Republik Österreich XIII Gesetzgebungsperiode 9/10. 7.1974.

fernsehens nicht mehr aufrecht erhalten werden kann, soll das Monopol, quasi als Gewohnheitsrecht der Parteien, der Regierung und des Staates gesetzlich geschützt und weitergeführt werden. Karl Blecha: *„Hörfunk und Fernsehen werden überregional oder, wenn das Kabelfernsehen einmal hinzukommt, auch regional immer Monopolunternehmen sein (...) Um hier von allem Anfang an dem in der österreichischen Medienlandschaft herrschenden Faustrecht jener, die über Geld und Macht verfügen, einen Riegel vorzuschieben, werden wir heute als Hohes Haus ein eigenes Bundesverfassungsgesetz zur Sicherung der Rundfunkunabhängigkeit beschließen."*[160]

Soll im Klartext heißen: Bevor der technische Fortschritt neue Tatsachen schafft, wird das ORF-Monopol noch rasch – und mit sozialistischer Mehrheit – gesetzlich festgeschrieben. So sieht die neue „Rundfunkfreiheit", für die sich Kreisky, Fischer, Blecha und Genossen ganz im „Sinne" des Rundfunkvolksbegehrens einsetzen, also aus.

Einer der bedeutendsten Verfassungsrechtler Dr. Karl Korinek konstatiert: *„Das Rundfunkgesetz 1974 hat aus dem faktisch existierenden Rundfunkmonopol ein rechtliches Rundfunkmonopol gemacht und damit den ORF auch ausschließlich zur Verbreitung von Programmen über Kabel ermächtigt."*[161]

Auch die Zeitungen, die seinerzeit das Volksbegehren initiiert hatten, sind mit der roten Rundfunkreform alles andere als glücklich. Sie schreiben unter anderem in einer im Juli 1974 veröffentlichten Erklärung: *„Das im Parlament beschlossene neue Rundfunkgesetz ist geeignet einen elementaren Grundsatz des Volksbegehrens, die weitgehende Ausschließung direkten und indirekten parteipolitischen Einflusses auf Hörfunk und Fernsehen, unwirksam zu machen. (...) daß dieses Rundfunkgesetz als Ganzes den Rundfunk unausweichlich in größere Abhängigkeit vom Staat und der jeweiligen Regierung bringt."*[162]

Unterzeichnet haben diese Erklärung: Kleine Zeitung, Die Presse, Kurier, Oberösterreichische Nachrichten, Salzburger Nachrichten, Vorarlberger Nachrichten und die Wochenpresse.

---

[160] Ebenda.
[161] Austria Presse Agentur 6.5.1977.
[162] ÖVP Parlamentsklub (Hg.). 1974. Seite 102f.

Die wahren Absichten und Ziele der Sozialisten bleiben natürlich auch der Opposition nicht verborgen. Einen Tag nach dem Beschluss schreibt die ÖVP in einer Aussendung: *„Nach der Umwandlung des unabhängigen Rundfunks in einen Staatsrundfunk durch die knappe SP-Parlaments-Mehrheit wird ein Generalangriff der Sozialisten auf die unabhängigen Medien in Österreich befürchtet"*[163] Auch die Kleine Zeitung schlägt in dieselbe Kerbe: *„Die harte Welle der Sozialisten gegenüber dem Massenmedium ORF war gestern sicher kein Zufall (...) der Krieg der Sozialisten gegen die unabhängigen Massenmedien des Landes soll nach dem Willen von Kreiskys Zentralsekretär Fritz Marsch offenbar weitergehen."*[164]

Die SPÖ hat ihre medien- und machtpolitischen Ziele mit einer solchen Konsequenz und Unerbittlichkeit umgesetzt, dass das sogar der ÖVP Bewunderung abringt. Heribert Steinbauer: *„Ich glaube, bei einer historischen Betrachtung des Rundfunkgesetzes 1974 muss man zweifellos dieses Erzeugen einer breitflächigen Drucksituation gegenüber dem zentralen und einzigen Radio- und Fernsehunternehmen einmal als politische Leistung nüchtern konstatieren."*[165]

Für Gerd Bacher hat die Rundfunkreform von Kreisky *„die Parteipolitik wieder massiv hereingebracht"*[166]

Bereits am 21.Juli wird der Posten des Generalintendanten neu ausgeschrieben. Als klar wird, dass Bacher abserviert werden sollte, formierten sich Prominente aus Kunst und Kultur, die ja gemeinhin eher dem linken politischen Lager zuzurechnen sind, um Gerd Bacher zu retten. Den Brief an Kreisky unterschrieben unter anderem: Arik Brauer, Franz Antel, Axel Corti, Milo Dor, Gottfried von Einem, Paul Flora, Ernst Fuchs, Andre Heller oder Manes Sperber.[167]

Kreiskys Reaktion: er setzte die „Österreicher für Bacher" ganz offen unter Druck. Die Unterzeichner erhielten folgendes Telegramm:

---

[163] ÖVP Pressedienst. 11.4.1974.
[164] Kleine Zeitung. 11.4.1974.
[165] Steinbauer. 1985. Seite 241.
[166] Gerd Bacher Interview. In: Der Standard 12./13.11.2005.
[167] Siehe Dieman. 1978. Seite 45.

„im zusammenhang mit einem in der oeffentlichkeit bekanntgewordenen irrtum bitte ich sie mir mitzuteilen ob es den tatschen entspricht dass sie eine erklaerung fuer den weiterverbleib von orf-generalintendant gerd bacher unterzeichnet haben. Mit besten gruessen johannes kunz pressesekretaer des bundeskanzlers."[168]

Trotz der äußerst fragwürdigen Staatstelegrammaktion wurde Kreisky nicht müde zu betonen, keinen Einfluss auf Personalentscheidungen im Rundfunk auszuüben.

---

[168] Dieman. 1978. Seite 45.

9. Die Gefahr aus dem All: Der Beginn der Satelliten- und Kabelrundfunk Ära

Der kluge Genosse baut vor: Das Rundfunkgesetz von 1974 war auch eine Reaktion der Sozialisten auf die Veränderungen, die auf den Rundfunk im Allgemeinen und das Fernsehen im Besonderen zukommen sollten. Mit der gesetzlichen Einzementierung des ORF-Sendemonopols hatte man sich gut auf die kommenden technischen Entwicklungen vorbereitet. *„Als bisher einziges Ausführungsgesetz zum BVG-Rundfunk wurde im Jahr 1974 das ORF Gesetz erlassen, womit der ORF als einziges Unternehmen in Österreich eigene Programme veranstalten darf."*[169]

Bisher wurden TV und Radio ausschließlich terrestrisch, also via Antenne übertragen. Das hatte für die sozialistischen Hüter des Monopols gleich mehrere Vorteile. Da Frequenzen zur Rundfunkübertragung ein knappes Gut sind, laut der SPÖ sogar ein äußerst knappes, war ein staatliches Monopol quasi unvermeidbar, fast schon gottgegeben.

Und obwohl sich hochfrequente Wellen gemeinhin nicht an Staatsgrenzen halten, ist ihre Reichweite dennoch begrenzt und überschaubar. Lediglich im grenznahen Bereich können - aufgrund des unvermeidbaren technischen Overspills - ausländische Sender empfangen werden. Was aber aufgrund der unterschiedlichen Sprachen und der unterschiedlichen technischen Standards ohnehin nur an der Grenze zu Deutschland und der Schweiz eine Rolle spielte.

Für Verfechter eines Rundfunkmonopols ein geradezu paradiesischer Zustand. Man kann die Einschränkung der Meinungsfreiheit, die ein Rundfunkmonopol ja zwangsläufig darstellt, mit physikalischen Gesetzen, sprich Frequenzmangel, rechtfertigen und lästige Sender aus liberaleren oder demokratischeren Ländern können die heimische Volksfunk-Idylle - wenn überhaupt - nur am Rande stören.

---

[169] Obrist. 1990. Seite 21.

Doch über dem sozialistischen Rundfunkschrebergarten ziehen nun weit oben am Himmel, nein, nicht dunkle Wolken, sondern Satelliten auf. Und unter der Erde werden überall in den USA und Europa Kabel verlegt, über die ebenfalls Fernsehprogramme übertragen werden können.

Kabel-TV ist eigentlich eine sehr alte Technologie. Sogenannte Gemeinschaftsantennenanlagen (GA)[170] sind beinahe so alt wie das Fernsehen selbst[171]. Große Kabelnetze sind in den USA, die in Sachen Rundfunk stets Vorreiter waren und sind, bereits in den frühen 60er Jahren entstanden. 1962 gab es in den Vereinigten Staaten bereits 800 Kabelnetze mit rund 850.000 angeschlossenen Haushalten.[172]

Anfang der 70er wurde Kabel-TV auch in Europa ein Thema. Satelliten-TV war zu dieser Zeit noch eine, wenn auch schon sehr konkrete, Zukunftsvision. Zwar umkreisen bereits in den 60er Jahren einige Kommunikationssatelliten die Erde, dreizehn um genau zu sein, der erste europäische TV-Satellit sollte aber erst Mitte der 80er ins All geschossen werden.

Ende der 60er entstehen, vor allem in gebirgigen und hügeligen Regionen, aufgrund der schlechten Empfangssituation, Großgemeinschaftsantennenanlagen wie etwa in Feldkirch, Vöcklabruck oder Schladming. In Linz errichtet die WAG, die Wohnungsaktiengesellschaft, bereits 1968 in ihrer Wohnanlage eine Großgemeinschaftsantennenanlage, um Antennenwälder auf den Dächern zu verhindern.[173]

In einigen dieser Netze wurden auch die öffentlich-rechtlichen Fernsehprogramme aus Deutschland eingespeist.[174] Da dies nur Einzelfälle waren und die Netze eine sehr überschaubare Anzahl an Haushalten versorgten, schien dies damals aber niemanden, auch nicht den ORF und die Fernmeldebehörde, zu

---

[170] Es gibt drei Arten von Fernsehnetzen: Gemeinschaftsantennenanlagen(GA), Großgemeinschaftsantennenanlagen (GGA) und Kabelfernsehanlagen.
[171] Bereits in den 50er Jahren gab es in Feldkirch eine Gemeinschaftsantennenanlage. In diesem Netz wurde allerdings nur – aufgrund der schlechten Empfangslage – ein ORF Kanal übertragen. Siehe dazu Liebenberger. 2003. Seite 41.
[172] Siehe Liebenberger. 2003. Seite 41.
[173] Siehe Steiner. 1988. Seite 36.
[174] Siehe Liebenberger. 2003. Seite 126.

stören. Kleine Gemeinschaftsantennenanlagen mussten damals aufgrund der gesetzlichen Lage nicht einmal genehmigt werden.

Erste konkrete Pläne für große Kabelnetze wurden Mitte der 70er Jahre geschmiedet. Bei SPÖ und ORF läuteten die Alarmglocken.

„Die Erschließung dieser neuen Übertragungswege brachte nicht nur eine erhebliche Ausweitung der verfügbaren Rundfunkübertragungskapazitäten in den einzelnen europäischen Staaten, sondern eröffnete zudem auch die Möglichkeit der grenzüberschreitenden Rundfunkausstrahlung. (...) Zudem entfiel mit der Erweiterung des verfügbaren Frequenzbereichs einer der Rechtfertigungsgründe für die monopolistische Stellung öffentlich-rechtlicher Rundfunkanbieter."[175]

Im ganzen Land werden sogenannte Studien-Gesellschaften gegründet, die sich mit der Einführung des Kabelfernsehens beschäftigen. Dazu gehören:

- Salzburger Studien- und Forschungsgesellschaft für Kabelfernsehen GmbH
- Tele Kurier
- FESEKA
- Studien und Forschungsgesellschaft für Kabelfernsehen in Wien
- LiWeSt (Ein Verbund der oberösterreichischen Städte Linz, Wels und Steyr)

Für die Sozialisten war dies eine äußerst unangenehme Entwicklung. Kaum hatte man den Rundfunk per Gesetz wieder zurückerobert, den lästigen Gerd Bacher in die Wüste geschickt und eine linientreue ORF-Führungsmannschaft installiert, bekam das bisher in Stein gemeißelte Rundfunk-Monopol erste Risse.

Mit den neuen Möglichkeiten zur Verbreitung von Fernsehsignalen treten auch - wenn auch nur vereinzelt - erste ernstzunehmende Kritiker des Rundfunkmonopols auf den Plan. Wie etwa der Verfassungsrechtler Karl Korinek: Seiner

---

[175] Schriftenreihe der Rundfunk- und Telekom Regulierungs-GmbH; Band 2/2004: Die duale Rundfunkordnung in Europa; Studie von Alexander Roßnagel und Peter Strohmann. Seite 21.

Rechtsmeinung nach verstößt das ORF-Monopol gegen die europäische Menschenrechtskonvention, die in Österreich Verfassungsrang hat.[176] Das ORF-Monopol ist damit verfassungswidrig. Dass er damit richtig liegt, sollte aber erst viele Jahre später vom Europäischen Gerichtshof für Menschenrechte in Straßburg bestätigt werden.

„Das Kabel und damit die technische Aufhebbarkeit der Frequenzknappheit haben daher auch in Österreich dazu geführt, das Monopol des ORF in Frage zu stellen."[177]

Auch die ÖVP wagt einen ersten zaghaften Vorstoß zur Beendigung des Rundfunkmonopols. Die Volkspartei schlägt *„länderweises Kabel-TV vor, das nicht im Monopol des ORF steht."*[178] Neben den beiden ORF-Programmen und den öffentlich-rechtlichen Programmen aus der Schweiz und Deutschland soll es – so der Vorschlag der ÖVP - einen Kabelkanal für ein lokales Programm und einen sogenannten „Open-Channel" geben. Auf diesem „offenen" Kanal *„kann jeder gegen Entgelt eine Sendung bringen."*[179]

Das bedeutet:

- *die Zeitungen können selbst Eigentümer werden,*

- *sie haben Mitspracherecht im Landesbeirat,*

- *Werbegelder müssen der regionalen Presse zur Verfügung gestellt werden.*[180]

Dass dieser noch nicht ganz ausgereifte Vorschlag zur Rundfunkliberalisierung von der SPÖ nicht einmal ignoriert wird, versteht sich damals von selbst.

---

[176] Austria Presse Agentur. 6.5.1977.
[177] Obrist. 1990. Seite 24.
[178] ÖVP-Pressedienst. 1.10.1975.
[179] Ebenda.
[180] Ebenda.

Parallel zu all diesen Entwicklungen fallen in Europa die ersten staatlichen TV-Monopole. In Großbritannien wurde bereits 1955 ein privater TV-Kanal zugelassen, in Luxemburg sendet seit 1969 ein Privatsender und beim Nachbarn Italien kippt das Monopol 1975/76[181], mit weitreichenden Folgen auch für (das südliche) Österreich, wie Sozialisten und ORF wenige Jahre später schmerzhaft feststellen müssen. Damals, Mitte der 70er, ist das rote Rundfunkmonopol trotz all dieser ersten Anzeichen und Entwicklungen nicht ernsthaft in Gefahr, aber eines zeichnet sich bereits ab: Auf Dauer wird es, aufgrund der technologischen und internationalen Entwicklungen, nicht mehr zu halten sein.

Zu dieser Zeit ist die Welt für den ORF und die SPÖ trotz der dunklen Wolken am Horizont aber noch weitgehend in Ordnung, schließlich verläuft auch die langsame und vorsichtige Einführung des Kabelfernsehens auf typisch österreichische Art und Weise . So ist die Geschäftsführung der Kabel TV Wien Studiengesellschaft streng nach dem Proporzsystem besetzt.[182]

---

[181] Siehe Fidler/Merkle. 1999. Seite 18.
[182] Siehe Liebenberger. 2003. Seite 127.

10. Der Oberhammer: Kreiskys Rache

Zurück zu Kreisky und zum ORF. Eines der wichtigsten Ziele des Rundfunkgesetzes von 1974 war die Beseitigung von Gerd Bacher. *„Kreisky ließ sich eine neue Rundfunkreform einfallen, um den widerborstigen Bacher endlich loszuwerden."*[183] Zu diesem Zweck wurde das ORF-Kuratorium geschaffen. In diesem Gremium hatte die SPÖ 16 Sitze, die ÖVP 12 und die FPÖ 2. Die Wahl des Tiroler Juristen Otto Oberhammer, des Favoriten von Bruno Kreisky, sollte also reine Formsache sein:

„Nach 18 Stunden Beratungen hatten die 16 sozialistischen Kuratoriumsmitglieder auf einem Stimmzettel durch Streichung des Namens Gerd Bacher exekutiert, was Monate vorher ihr Parteichef Bruno Kreisky beschlossen hat."[184]

Oberhammer, ehemaliger Richter, der in Brodas Justizministerium Karriere gemacht hat, ist in Sachen Rundfunk und Unternehmensführung vollkommen unbeleckt. Dafür hat er andere Qualitäten. Er ist pflegeleicht und einfach zu steuern. *„Oberhammer, ein Nur-Jurist aus Tirol, durfte nur noch verwalten, nicht mehr leiten."*[185], konstatiert das deutsche Nachrichtenmagazin. Und Bundeskanzler Kreisky hat Oberhammer mit folgenden Worten vorgestellt: *„Na, vom Rundfunk versteht er nix, aber er ist ein Jurist und er braucht ja nur zu sorgen, dass das Gesetz eingehalten wird."*[186]

---

[183] Der Spiegel. Nr. 40. 1978.
[184] Die Wochenpresse zitiert nach Verein zur Förderung der politischen Bildung und Schulung „Josef Krainer Haus". 1975.
[185] Der Spiegel. Nr.40, 1978.
[186] Siehe Mocuba. 2000. Seite 71.

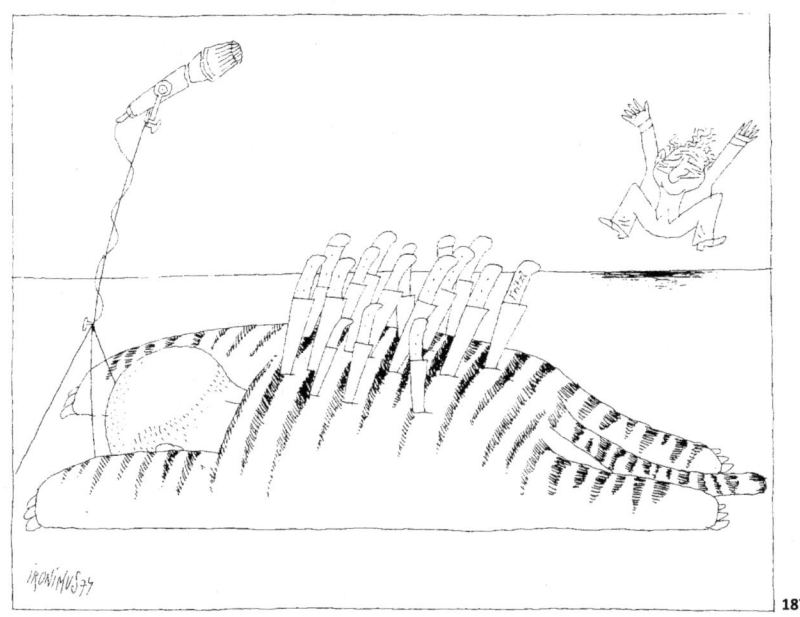

[187]

Zudem hatte der Wahlerfolg des Juristen Rudolf Kirchschläger bei den Bundespräsidentenwahlen Kreisky beeinflusst: *"Um die Chancen Kirchschlägers abzutesten, hatte Kreisky schon im Laufe des Jahres 1973 eine Untersuchung über das Image verschiedener Berufe machen lassen. Richter schnitten dabei fulminant ab. Was für einen Bundespräsidentschaftskandidaten gut war, sollte auch für den Generalintendanten taugen. Der neue GI sollte Jurist, möglichst Richter sein, lautete noch im Juli der Vorentscheid. "*[188]

Es ist auch kein Zufall, dass Oberhammer aus dem Ministerium von Christian Broda kommt. Broda hatte bereits Ende der 50er Jahre an den Parteiverhandlungen über den Rundfunk mitgewirkt und Broda *"braucht wie kein anderer ein Massenmedium, das seine Reformen, die tiefe gesellschaftsverändernde Wir-*

---

[187] "Ironimus" Gustav Peichl. Quelle: Schmolke. 2000.

[188] Die Wochenpresse zitiert nach Verein zur Förderung der politischen Bildung und Schulung "Josef Krainer Haus" (Hg.). 1975.

kungen haben, positiv gegenüber dem Wählervolk aufbereitet und jede Störung soweit als möglich zurückdrängt."[189]

Der frischgebackene „GI" enttäuscht seine Genossen anfänglich nicht: Sein Team für die fünf Spitzenposten im ORF besteht aus drei parteilosen Sozialisten und zwei mehr oder (eher) weniger bürgerlichen Kreisky-Freunden:

Franz Kreuzer, ehemaliger Chefredakteur der Arbeiter Zeitung, wird einer der beiden Fernsehintendanten, der andere ist Gerhard Weis. Weis gilt als ÖVP-nahe, da er seinerzeit für das Volksblatt schrieb und Mitglied beim ÖAAB war, er hatte aber auch stets sehr gute Kontakte zu Kreisky.[190]

Auch der „bürgerliche" Wolf In der Maur, war ein Favorit Kreiskys. Um ihn auf den Posten des Hörfunkintendanten zu hieven, wurde sogar massiver Einfluss auf die ORF-Kuratoren ausgeübt. Im ersten Wahlgang fiel In der Maur noch mit 12 zu 16 Stimmen durch (bei zwei Stimmenthaltungen). *„Daraufhin liefen die Telefonleitungen zwischen Argentinierstraße und Armbrustergasse - Funkhaus und Kanzlervilla - nächtens heiß, und auch Blechas Vergatterungstaktik auf vollen Touren."* [191] In der Maur wird in einer zweiten Abstimmung mit 16 zu 14 doch noch durchgedrückt. Auch im Vorfeld zur Wahl Oberhammers soll Kreisky – laut einem Bericht der Wochenpresse – den Bildhauer Fritz Wotruba, der im Kuratorium saß, unter Druck gesetzt haben. Der Bundeskanzler hatte ihn darauf hingewiesen, welch großzügige Förderungen er von staatlicher Seite bekomme.[192] Kreisky hat dies allerdings stets bestritten.

Der kaufmännische Direktor Walter Skala ist ebenso wie der technische Direktor Norbert Wassiczek (der einzige überlebende aus Bachers Team) den Sozialisten zuzurechnen. Ein Intimfreund Oberhammers, Heinrich Keller, wird ORF-Generalsekretär.

Auch auf den unteren Ebenen und beim Rundfunkfußvolk wird fröhlich umgefärbt. Oberhammer holt sich – ganz im Sinne der sozialistischen Medienpolitik – zahlreiche Mitarbeiter aus der SPÖ und ihrem Dunstkreis ins Haus. Unter ande-

---

[189] Siehe Dieman. 1978. Seite 98.
[190] Siehe Dieman. 1978. Seite 50.
[191] Siehe Dieman. 1978. Seite 49.
[192] Siehe Dieman. 1978. Seite 52.

rem: Josef Broukal, damals SP-Organisationsreferent in Niederösterreich, Ulrich Brunner, Redakteur der Arbeiterzeitung und SP-Mitglied, oder Barbara Coudenhove-Kalergi, Redakteurin der Arbeiterzeitung, die zur Chefin des ORF Auslandsdienstes ernannt wurde.

Die dahinsiechende sozialistische Arbeiterzeitung bildet ein nahezu unerschöpfliches Personalreservoir für den ORF. Das hatte den großen Vorteil, dass die neuen ORF-Mitarbeiter nicht erst auf Linie gebracht werden mussten. Ein braver und halbwegs gebildeter AZ-Redakteur hat schließlich das Kapital von Karl Max oder die Dialektik der Aufklärung von Theodor W. Adorno bereits intus.

In so einem Umfeld muss von Seiten der Politik - sprich den Sozialisten - kaum noch interveniert oder gar zensuriert werden, die Vorgesetzten brauchen keinen Druck auszuüben, die bei der AZ sozialisierten Mitarbeiter wissen ohnehin ganz genau worüber und wie man „richtig" zu berichten hat.

Das gilt freilich nicht nur für den Informationsbereich. Auch in der Unterhaltungsabteilung bläst man zum medialen Klassenkampf. So startete in der Ära Oberhammer etwa die Serie „Ein echter Wiener geht nicht unter". Verantwortlich für die Soap Opera im sozialistischen Arbeitermilieu zeichnet sich der deklarierte Kommunist und Autor Ernst Hinterberger. Bei Fernsehfamilie Sackbauer in Favoriten ist die sozialistische Welt noch in Ordnung. In der wenig subtilen Propagandaserie wird kein linkes Klischee ausgelassen, alle Klassenfeinde, von den Gewerbetreibenden über die Hausbesitzer, den Unternehmern bis zu den Großbauern[193] - kurz: die gesamte ÖVP-Klientel - werden als dumm, bösartig und menschenverachtend vorgeführt.

---

[193] Um auch die Bauern (Großgrundbesitzer) in die Serie, die in einem Wiener Arbeiterbezirk spielt, einbauen zu können, erbt Mundls Frau in einer Folge einen Bauernhof in Niederösterreich und wird von einem „typischen" Bauern und ÖVP Bürgermeister über den Tisch gezogen.

Unterhaltung im Oberhammer-ORF: Liebenswerte, menschliche Sozialisten, kleingeistige und unsympathische Konservative. Die Rollen sind klar verteilt.

Und obwohl Oberhammer ganz im Sinne der Partei handelt und den Rundfunk im Allgemeinen und das Fernsehen im Speziellen im Sinne eines sozialistischen Volksfunks umgestaltet, ist er innerhalb der SPÖ nicht unumstritten. Der Jurist gilt in Medien- und Machtpolitik als zu wenig erfahren und mit dem Job des Generalintendanten schlicht als überfordert. *„Brodas Homunculus hat sich auch innerhalb der SPÖ (...) als Fehlkonstruktion erwiesen."*[195]

1978, im Jahr der turnusmäßigen Wahl des Generalintendanten, bricht deshalb ein heftiger parteiinterner Streit um die Zukunft des führungsschwachen Oberhammers aus. *„Die Person des Generalintendanten stand seit dem Frühjahr 1978 parteiintern zur Diskussion."*[196]

---

[194] Szene aus der TV-Serie „Ein echter Wiener geht nicht unter"
[195] Siehe Dieman. 1978. Seite 98.
[196] Kriechbaumer. 2004. Seite 199.

11. Das Comeback des Tigers: Die Ära Bacher II

Einige Sozialisten um Generalsekretär Karl Blecha forcierten Helmut Zilk als neuen starken ORF-Mann. Anfänglich signalisiert auch die ÖVP, dass sie unter bestimmten Voraussetzungen für Zilk stimmen würde. ÖVP Bundesgeschäftsführer Kurt Bergmann erklärte: *„Es ist gar keine Frage, dass Helmut Zilk als ORF-Generalintendant besser wäre als Otto Oberhammer. Bei der Sanierung des ORF ist es mit dem Auswechseln von Personen aber nicht getan."*[197]

Auf Seiten der SPÖ sprachen sich die Landeshauptleute von Wien, Kärnten und dem Burgenland, Leopold Gratz, Leopold Wagner und Theodor Kery, indirekt für Zilk aus. Aber auch Oberhammer hat nach wie vor mit ÖGB Präsident Anton Benya, Finanzminister Hannes Androsch, Justizminister Christian Broda und Parteichef Bruno Kreisky äußerst mächtige Verbündete innerhalb der SPÖ. *„Die parteiinternen Fronten blieben bis zur entscheidenden Kuratoriumssitzung unverändert."*[198]

Gerd Bacher stellt sich ebenfalls der Wahl. *„Beim zweiten Mal war das so, dass ich von sozialdemokratischen Kuratoren aufgefordert wurde, wieder zu kandidieren, weil es der Jetzige (Oberhammer, A.d.V.) einfach nicht kann."* [199] Bacher hatte sich zwischenzeitlich als Kurier-Kolumnist, Kurier-Chefredakteur und als Berater von CDU-Chef Helmut Kohl verdingt. Den Job als ZDF-Programmdirektor soll er nur deshalb nicht bekommen haben, weil Intimfeind Kreisky bei seinen sozialistischen Kollegen in Deutschland dagegen interveniert haben soll.[200] Wer ORF-Chef werden soll, darüber herrscht innerhalb der SPÖ große Uneinigkeit.

ÖVP und FPÖ sprechen sich schließlich für Bacher aus. Trotzdem glaubt kaum jemand an seine Wiederbestellung, schließlich hat die SPÖ die Mehrheit im ORF-Kuratorium. Die anstehende Wahl des neuen ORF-Chefs beschäftigt jeden-

---

[197] Siehe Kriechbaumer. 2004. Seite 200.
[198] Kriechbaumer. 2004. Seite 200.
[199] Treiber. 2004. Seite 171.
[200] Siehe Ergert. 1985. Seite 264.

falls über Wochen das ganze Land: *"Als hätte Felix Austria keine anderen Sorgen, beherrschte das ORF-Gerangel monatelang die Innenpolitik"*[201], so das deutsche Nachrichtenmagazin Der Spiegel.

Aufgrund des anhaltenden Konfliktes innerhalb der SPÖ steigt bei einigen Genossen die Angst und Unsicherheit kurz vor der Wahl. Schließlich ist Bacher nach wie vor ein Schreckgespenst für die Sozialisten. Nichts weniger als der rote Machtverlust in dem zur Propagandaanstalt umfunktionierten ORF steht auf dem Spiel. Wie mächtig diese Anstalt ist und wie enorm wichtig deshalb der Führungsanspruch für die Sozialisten ist, verdeutlichen folgende Zahlen: Weit mehr als zwei Millionen Menschen sehen damals täglich die Nachrichtensendung Zeit im Bild 1, und zwei Drittel der erwachsenen Österreicher sitzen täglich vor dem Fernseher, der – dank des Monopols – nur ORF-Programme zeigt.

Deshalb versuchen am Tag der Generalintendanten-Wahl die Arbeiterzeitung und Karl Blecha ihren Parteigenossen Mut zuzusprechen. Die AZ titelt: *"Heute Wahl des ORF-Chefs: Gerd Bacher hat keine Chance."*[202] Und weiter: *"Eines stellte SP-Zentralsekretär Blecha neuerlich fest: Bacher, der Kandidat der Konservativen, wird keine Mehrheit im Kuratorium finden."*[203]

Die Angst und Unsicherheit der AZ-Redakteure, die förmlich aus diesen Zeilen trieft, sollte sich als begründet erweisen. Denn Bachers Kandidatur ist entgegen der damaligen allgemeinen Meinung vieler politischer Beobachter durchaus chancenreich. Die Betriebsräte, die mit fünf Sitzen im Kuratorium vertreten sind, hegen Sympathien für Bacher. Sie sollen laut dem Historiker Robert Kriechbaumer sogar geheime Kontakte zu Bacher geknüpft und ihn zur Kandidatur bewogen haben.[204] Oberhammer lehnen sie wegen seiner Führungsschwäche ab.

---

[201] Der Spiegel. Nr. 40 1978.
[202] Arbeiter Zeitung. 28.9.1978.
[203] Ebenda.
[204] Siehe Kriechbaumer. 2004. Seite 200f.

Kurz vor der entscheidenden Wahl[205] schwört Karl Blecha die 16 SPÖ-Kuratoriumsmitglieder noch einmal auf Otto Oberhammer ein. Vergebens. Die Sensation ist perfekt. Gerd Bacher wird mit 16:13:1 Stimmen als Generalintendant wiedergewählt (vorerst nur provisorisch), *„zum grenzenlosen Entsetzen von Karl Blecha"*[206], wie sich Heinz Fischer erinnert. *„Nur der Auslandsaufenthalt der Parteiführungsspitze schien die überraschende Wiederherstellung Bachers zu ermöglichen."*[207], vermutet der gescheiterte Kandidat Helmut Zilk. Was die Kärntner Tageszeitung zu der legendären Schlagzeile: *„Kreisky in Paris, Benya in Sofia, Bacher im ORF"* inspirierte.

208

Das Entsetzen bei den Genossen ist groß. Blecha erklärt in einem Interview, er werde die Verräter ausfindig machen. Drei SPÖ-Kuratoren hätten sich mensch-

---

[205] Der Wahl am 28.9. ging eine Abstimmung am 20.8 voraus, bei der Oberhammer 10 Ja und 15 Nein Stimmen erhielt, Zilk 10 Ja und 20 Nein Stimmen und Bacher 14 Ja und 15 Nein Stimmen.
[206] Fischer. 1993. Seite 87.
[207] Siehe Zilk. 1985. Seite 81.
[208] Kärntner Tageszeitung. 29.9.1978.

lich nicht sauber verhalten.[209] Blecha vermutet sogar, dass „Erpressung und Bestechung im Spiel gewesen ist."

SPÖ-Landeshauptmann Leopold Wagner spricht von *„einer der schlimmsten Schlappen, die die SPÖ bisher erlebt hat."*[210] Dass trotz einer sozialistischen Mehrheit im Parlament und im ORF-Kuratorium nun ein mehr oder weniger konservativer, noch dazu bekannt durchsetzungsfähiger Mann an die Spitze des Monopolsenders gewählt worden ist, ist für die Sozialisten ein Debakel. Das deutsche Nachrichtenmagazin Der Spiegel: *„Es war die bislang schwerste Niederlage der seit 1970 alleinregierenden Sozialistischen Partei – und ein persönlicher Prestigeverlust des Sonnenkönigs Bruno I."*[211]

Kreisky, der sich zum Zeitpunkt der Wahl gerade bei einer Tagung der Sozialistischen Internationalen in Paris aufhält, verschlägt es deshalb, völlig untypisch für ihn, die Sprache. Er habe nichts zu sagen, so Kreisky auf entsprechende Journalistenfragen.

Doch Bacher, der vor allem auch Pragmatiker ist, verkündet nach seiner Wahl in Richtung SPÖ: *„Ich will Rundfunk und nicht Rundfunkpolitik machen."*[212]

Die Ängste der Sozialisten sollten sich wie auch schon in den 60er Jahren weitgehend als unbegründet erweisen. Auch unter Bacher bleibt das Fernsehen fest in roter Hand. Franz Kreuzer wird Chefredakteur der TV-Information, der ehemalige AZ-Redakteur Ulrich Brunner leitet das Innenpolitikressort, SPÖ-Mann Helmut Pfitzner die Parlamentsredaktion. Und damit die ÖVP nicht ganz leer ausgeht und im Kuratorium zustimmt, wird Horst Friedrich Mayer zum Leiter Außenpolitik und zum stellvertretenden Chefredakteur ernannt. Nach den roten Festspielen unter Oberhammer kehrt nun der Proporz – allerdings mit roter Schlagseite – in den ORF zurück.

Unter Bacher wird 1980 auch die TV-Regionalisierung beschlossen. Die neun Landesstudios werden damit aufgewertet und erhalten die nötigen Mittel und Ressourcen für das tägliche „Landeshauptleute-TV". Welche politische Ausrich-

---

[209] Siehe Kriechbaumer. 2004. Seite 414.
[210] Kärntner Tageszeitung. 30.9.1978.
[211] Der Spiegel. Nr. 40; 1978.
[212] Siehe Kriechbaumer. 2004.

tung das Landestudio hat, bestimmen die Kräfteverhältnisse im jeweiligen Bundesland. So sind etwa die Landestudios in Wien und dem Burgenland tief rot, während in Niederösterreich oder der Steiermark die ÖVP nicht nur in der Landesregierung, sondern auch in den Landesstudios den Ton angibt.

Bacher versucht, nicht nur SPÖ und ÖVP mit solchen strategischen Entscheidungen und mit der Berichterstattung bei Laune zu halten, er erweist sich auch – ganz im Sinne der sozialistischen Medienpolitik – als kompromissloser Kämpfer für das ORF-Monopol, zumindest solange er für den ORF tätig ist.

Genügte es bisher, ab und zu ein paar - noch dazu falsche - Argumente (Frequenzmangel, Österreich sei ein zu kleiner Markt für mehrere Sender, etc.) und ein paar launige Bemerkungen in die ohnehin kaum vorhandene öffentliche Diskussion einzuwerfen, wird nun der Kampf gegen die neu auftauchenden Gefahren für das Monopol zusehends zu einer der wichtigsten Aufgaben Bachers.

12. Wehret den Anfängen: Erste Monopolgegner formieren sich

Anfang der 80er entstehen, nachdem rund zehn Jahre zuvor die Studiengesellschaften noch das Terrain für die (nicht mehr ganz) neue Kabeltechnologie sondiert haben, die ersten großen Kabelnetze. Wäre es nach den SPÖ-Hardlinern, wie etwa Karl Blecha, gegangen, wäre selbst das nicht möglich gewesen. Blecha tönte noch Anfang 1977: *„dass die diversen kabel-tv-studiengesellschaften nichts anderes studieren koennten, als dass sie keine moeglichkeit zur errichtung solcher netze haetten."*[213]

Damals wurde diskutiert, ob bereits das Betreiben eines Kabelnetzes als Rundfunk im Sinne des BVG-Rundfunks zu bewerten sei. Dies hätte aber bedeutet, *„daß auch passives Kabelfernsehen nur vom ORF betrieben hätte werden dürfen."*[214]

Obwohl eine solche Rechtsauslegung ganz im Sinne Karl Blechas und des ÖGB gewesen wäre, setzte sich ein Mindestmaß an Vernunft durch. Mitte des Jahres werden die fernmelderechtlichen Grundlagen für die Errichtung und den Betrieb von Kabelfernsehnetzen per Verordnung auf eine neue gesetzliche Grundlage gestellt. Großantennenanlagen und Kabelnetze dürfen prinzipiell von jedem, nach einem entsprechenden Bewilligungsverfahren, betrieben werden. *„(...) waren diese neuen Regelungen zugleich eine Grundsatzentscheidung für die Zulassung Privater zur Netzträgerschaft im Kabelrundfunk."*[215]

Allerdings auch nur unter der Einhaltung bestimmter Voraussetzungen. So gibt es eine Must-Carry-Bestimmung für den ORF, soll heißen, jeder Kabelbetreiber ist verpflichtet, die Programme des Rundfunkmonopolisten in sein Netz einzuspeisen.

---

[213] Austria Presse Agentur. 24.2. 1977.
[214] Brandacher. 1993. Seite 137.
[215] Liebenberger. 2003. Seite 129.

Eine weitere sehr wichtige Regelung: Die Betreiber dürfen *"die empfangenen Signale nur zeitgleich sowie dem Inhalt nach vollständig und unverändert den Empfangsanlagen zuführen."*[216] Dies sollte verhindern, dass die Kabelbetreiber die Programme in irgendeiner Weise verändern oder manipulieren konnten, um damit durch die Hintertür selbst zu Programmgestaltern/schöpfern zu werden.

So richtig „privat" sind die nun entstehenden Kabelgesellschaften allerdings nicht. Bei praktisch allen größeren Betreibern mischt die öffentliche Hand, entweder ganz offiziell als Gesellschafter oder auch nur im Hintergrund, kräftig mit.

So ist an der „Telekabel Fernsehnetz Betriebsgesellschaft", kurz Telekabel, neben Philips mit 95% auch die „Kabel-TV-Wien", eine Tochter der Gemeinde Wien, mit 5% beteiligt. Warum die Stadt Wien, also die Sozialisten, nicht alleine das Kabelnetz aufbaut, liegt vor allem an den Kosten: *"Grund für die Kooperation mit Philips ist, dass die Stadt Wien nicht selbst das Risiko einer derartigen Investition tragen wollte."*[217]

Durch ihre Beteiligung an der Gesellschaft hat die Stadt bzw. die SPÖ (was in Wien ja de facto dasselbe ist) bis heute einen bedeutenden Einfluss auf die Entwicklung und Senderauswahl im Wiener Kabelnetz.

Im oberösterreichischen Zentralraum gründen 1978 die Magistrate der Städte Linz, Wels und Steyr gemeinsam mit Siemens die LIWEST Kabelfernsehen Errichtungs- und Betriebsgesellschaft m.b.H.

Am 27.9.1978 vermeldet die Sozialistische Korrespondenz: *"am Sonntag werden verkehrsminister lausecker und buergermeister gratz im wiener donauzentrum die erste wiener kabelfernsehanlage eroeffnen. Bis jahresende sollen bei diesem ersten probebetrieb insgesamt 6.000 wohnungen zwei deutsche und zwei oesterreichische fernseh- sowie vier oesterreichische ukw-hoerfunkprogramme empfangen koennen."*[218]

---

[216] Brandacher. 1993. Seite 144.
[217] Liebenberger. 2003. Seite 131.
[218] Sozialistische Korrespondenz. 27.9.1978.

Die große Rundfunkfreiheit ist das freilich noch nicht. Aber zumindest für einige Wiener bricht nun eine völlig neue Ära an: Erstmals können sie neben dem ORF auch andere Fernsehprogramme konsumieren. Auch wenn es sich dabei vorerst nur um die öffentlich-rechtlichen, also mit dem ORF befreundete, Sender aus Deutschland und der Schweiz handelt[219], ist das damals geradezu revolutionär.

Die ÖVP, die seit Jahren auf der Oppositionsbank schmachtet, erkennt in diesen Entwicklungen eine Chance, die Macht und den Einfluss des roten Monopolfernsehens zu brechen oder zumindest zu schmälern. Schließlich hat man seit den Tagen von Bundeskanzler Klaus dazugelernt und weiß, wie wichtig das Fernsehen als politischer Machtfaktor ist. In einem 1978 vorgelegten ÖVP-Programm zur „Liberalen Medienpolitik" heißt es: *„Radio und Fernsehen haben im letzten Jahrzehnt einen bestimmenden Einfluß auf die Gesellschaft erreicht. Vor allem das Fernsehen hat Ablauf und Struktur des täglichen Lebens in den meisten Familien verändert. Durch diese Medien wurden neue gesellschaftliche und weltanschauliche Einstellungen geschaffen und schließlich eine tiefgreifende Verschiebung politischer Vorstellung bewirkt."*[220]

Die Bitterkeit über die vertanen Chancen und über die seinerzeitige Fehleinschätzung, was die Bedeutung des Fernsehens betrifft, die in diesen Zeilen mitschwingt, ist kaum zu überlesen. Die ÖVP will den Einfluss des ORF jedenfalls zurückdrängen und fordert deshalb das Ende des Monopols. In ihrem Medienprogramm heißt es unter anderem:

„Die Monopolstellung des ORF wird aufgegeben, zusätzlichen Bewerbern wird die Herstellung und Verbreitung von Radio- und Fernsehprogrammen zugestanden.

Die rundfunkgesetzlichen Bestimmungen werden so gefasst, dass nicht neue Monopolstellungen, etwa im Bereich der Post, die Möglichkeiten der weiteren elektronischen Entwicklung behindern; (...) Bewerbern wird die Herstellung und

---

[219] Anfänglich werden in das Wiener Kabelnetz (entgegen der Ankündigung der Sozialistischen Korrespondenz) neben den ORF Programmen auch die öffentlich rechtlichen TV Sender ARD, ZDF, Bayern3, WDR und SRG eingespeist.
[220] Siehe ÖVP-Bundesparteileitung: Neue Wege für Österreich Liberale Medienpolitik. 1978.

Verbreitung von Radio- und Fernsehprogrammen (...) durch eine zunächst auf fünf Jahre befristete Lizenz zugestanden."[221]

Freilich stoßen die Forderungen der ÖVP bei der alleinregierenden SPÖ auf taube Ohren. Doch den Hütern des Rundfunkmonopols am Wiener Küniglberg und in der Wiener Löwelstraße bläst nun ein immer schärferer Wind ins Gesicht. Denn das Monopol wird jetzt, wenn auch nur in ganz kleinem Rahmen, ganz direkt und konkret angegriffen.

In Linz will der „Informationsverein Lentia" das Rundfunkmonopol auf ganz legalem Wege brechen. Die engagierten Vereinsmitglieder wollen für eine Wohnparkanlage mit 458 Wohnungen und 30 Geschäften ein lokales Fernsehprogramm produzieren und über das Kabelnetz der Anlage ausstrahlen.

Der Verein beantragt deshalb eine fernmelderechtliche Bewilligung, die schlussendlich vom Verkehrsministerium abgewiesen wird.[222] Die Kämpfer für privates Lokalfernsehen wenden sich deshalb an den Verfassungsgerichtshof. Der Verein beruft sich dabei unter anderem auf die europäische Menschenrechtskonvention (EMRK).

Im Artikel 10, Absatz 1. heißt es dort:

„Jede Person hat das Recht auf freie Meinungsäußerung. Dieses Recht schließt die Meinungsfreiheit und die Freiheit ein, Informationen und Ideen ohne behördliche Eingriffe und ohne Rücksicht auf Staatsgrenzen zu empfangen und weiterzugeben. Dieser Artikel hindert die Staaten nicht, für Radio-, Fernseh- oder Kinounternehmen eine Genehmigung vorzuschreiben."

Die auch für Österreich verbindliche EMRK ist für den VFGH aber kein Grund am Rundfunkmonopol zu rütteln. Der oberste Gerichtshof weist die Beschwerde ab. Dies wird unter anderem folgendermaßen begründet:

„Die genannten grundrechtlichen Freiheitsverbürgungen werden jedoch in zweifacher Weise eingeschränkt: Zum einen ermächtigt Art. 10 Abs. 1 letzter Satz MRK den Staat, Rundfunk- und Fernsehunternehmungen einem Genehmigungs-

---

[221] Siehe ÖVP-Bundesparteileitung: Neue Wege für Österreich Liberale Medienpolitik. 1978.
[222] Siehe Liebenberger. 2003. Seite 131.

verfahren zu unterwerfen, zum anderen kann gemäß Art. 10 Abs. 2 MRK die Ausübung der Rundfunkfreiheit bestimmten gesetzlichen Beschränkungen unterworfen werden."[223]

Zudem sei auch die Verbreitung eines Programms, wenn auch nur innerhalb einer Wohnhausanlage, bereits als Rundfunk zu klassifizieren, und dieser darf, seit der SPÖ-Rundfunkgegenreform von 1974 ausschließlich vom ORF betrieben werden. Das BVG-Rundfunk definiert Rundfunk nämlich äußerst großzügig: *„Ihrem Wortlaut nach ist die Legaldefinition des Art. I Abs.1 BVG-Rundfunk so weit gefaßt, daß sogar atypische Phänomene wie die öffentliche Verwendung eines batterieverstärkten Megaphons unter den Rundfunkbegriff zu fallen scheinen."*[224]

Die SPÖ, die in medienpolitischen Belangen stets den anderen Parteien einen Schritt voraus ist, hatte schon damals den richtigen Riecher. Das zahlt sich nun aus.

Nachdem der Verfassungsgerichtshof mit seiner Lentia-Erkenntnis den Hütern des Monopols einen Freibrief ausgestellt hat, können SPÖ, ORF und die Post als Fernmeldebehörde nun rigoros und konsequent gegen alle Kämpfer gegen das Monopol vorgehen. Nach dem Motto „Wehret den Anfängen" ist den Rundfunkmonopolisten kein Gegner zu klein und zu unbedeutend, um nicht konsequent gegen ihn vorzugehen und dabei alle Mittel auszuschöpfen.

Eines dieser Opfer sind Betreiber des „Wohnparkradios Alt-Erlaa" in Wien. Sie strahlen über die hauseigene Anlage für die rund 2.000 Wohneinheiten ein Programm mit lokalen Informationen, Veranstaltungshinweisen, Quizspielen, Glückwünschen und Musik aus. Das Ganze ohne kommerziellen Hintergedanken. Den engagierten Radiomachern wird das Programm ganz einfach abgedreht.[225]

Großzügigkeit oder einmal ein Auge zuzudrücken: Fehlanzeige, SPÖ. ORF und Fernmeldebehörde wollen alle Aktivitäten die das Monopol auch nur irgendwie

---

[223] VfGH Erkenntnis 9909/1983.
[224] Brandacher. Innsbruck. 1993.
[225] Siehe Liebenberger 2003. Seite 132.

und ansatzweise gefährden könnten schon im Keim ersticken. Das führt zu teils kuriosen Entscheidungen.

So ist den Behörden auch der „Pinzgauer Panoramablick" ein Dorn im Auge. Eine in 3.000 Metern Höhe fix montierte Kamera zeigt Bilder vom Bergpanorama. Die Bilder werden im Kabelnetz von Kaprun verbreitet, damit Touristen und Alpinisten schon im Tal wissen, wie das Wetter am Berg ist. Selbst dieser harmlose Service verstößt gegen das Rundfunkmonopol des ORF. Das „Programm" muss deshalb 1983 abgedreht werden.

Da aber hinter dem „Gletscherfernsehen" der landeseigene Energieversorger, die SAFE steht, und dieser politisch nicht ganz unbedeutend ist, finden die Verfassungsjuristen des Bundeskanzleramtes doch noch ein Schlupfloch, um das „Gletscherfernsehen" wieder aufdrehen zu können. Die Begründung und die Bedingungen dafür sind an Kuriosität kaum noch zu überbieten:

„Die Kamera darf nur horizontal geschwenkt werden und nur bestimmte Bildausschnitte von der herrlichen Kapruner Gletscherwelt bringen. Sie muss vertikal verschraubt sein und auch die Schärfeeinstellung des Objektivs muss gleichbleibend sein. Das Panoramabild darf nur mit einer Standortangabe versehen werden und jede akustische Untermalung ist unzulässig. Sollte aber ein findiger Werbemann auf die Idee kommen, einen Fesselballon mit einer Werbeaufschrift über den Gletscher zu schicken, so müsste die Salzburger SG für Elektrizitätswirtschaft (Safe), die die Betreiberin des Kapruner Kabelnetzes ist, als Verantwortliche für die Einhaltung der Auflagen das Gletscherfernsehen sofort abstellen."[226]

Ob jemals ein „findiger" Werbefachmann auf die phänomenale Idee gekommen ist, in 3.000 Metern Höhe mit einem Werbeballon vor der Kamera herumzugondeln, um eine Handvoll Zuseher im Tal mit seiner Botschaft zu beglücken, ist nicht überliefert, darf aber zu Recht bezweifelt werden.

Das Monopol, in den 70er Jahren noch unbestritten, unhinterfragt, also sakrosankt, wird nun von gleich mehreren Seiten in die Zange genommen. Noch ist

---

[226] Medien & Recht. 6/1984. Seite 11.

aber die Zahl der Gegner gering und ihre Macht und ihr Einfluss äußerst beschränkt.

Beim großen und vor allem gleichsprachigen Nachbarn Deutschland fällt 1984 das öffentlich-rechtliche Fernsehmonopol. Am 1. bzw. 2. Jänner gehen Sat1 (damals noch PKS), und RTL (damals noch RTL plus) als erste deutsche private TV-Stationen auf Sendung. Das hat zwar vorerst auf Österreich keine direkten Auswirkungen, doch durch den Fall eines weiteren Monopols in Europa wird der allgemeine Druck auf die herrschenden Sozialisten größer, die Liberalisierung des Rundfunks voranzutreiben.

Da hilft es auch nichts, dass der ÖGB in weiser Voraussicht bereits ein halbes Jahr zuvor einen dritten ORF-Fernsehkanal gefordert hat. Die Gewerkschafter, stets an vorderster Front, wenn es um den Erhalt des Rundfunkmonopols geht, wollten mit FS3[227] das dürre heimische Programmangebot erweitern, um so *„den verschiedenen Bestrebungen, ein Privatfernsehen einzuführen, eine Absage zu erteilen"*[228] und *„um Tendenzen zur Kommerzialisierung abwehren."*[229]

Gewerkschafter Günther Nenning wiederum sieht FS 3 als eine Art Faustpfand: *„Das ist jetzt der Aufbau einer Igelstellung, damit man was zum Hin- und Hertauschen hat, wenn das Monopol doch aufgemacht wird."*[230]

Die Strategie der Gewerkschafter ist aber zu plump, zu durchsichtig und zu wenig durchdacht. Der Vorschlag überzeugt deshalb nicht einmal die Genossen von der SPÖ. Schließlich hätten sich die Monopolgegner durch einen dritten - noch dazu extrem teuren - ORF Kanal nicht ruhig stellen lassen, eher im Gegenteil. Hätte er doch die Allein- und Vormachtstellung des ORF noch weiter gefestigt. Abgesehen davon hätte FS3 wenig zur Programmvielfalt und absolut nichts zur Meinungsvielfalt beigetragen.

---

[227] Die beiden ORF Fernsehkanäle hießen damals FS1 und FS2.
[228] Siehe Arbeiter Zeitung. 6.4.1983.
[229] Wiener Zeitung. 6.4.1983.
[230] Wochenpresse. 3.5.1985.

13. Der Himmelskanal: Intellektueller Sturm im Wasserglas

Im Jahr 1984 wird die heimische linke Künstlerelite in helle Aufregung versetzt. Das hat allerdings wenig mit George Orwell zu tun, eher im Gegenteil. Stein des Anstoßes ist der britische TV-Sender SKY CHANNEL oder Himmelskanal, wie ihn einige Zeitungen für ihre Leser ins Deutsche übersetzen. Die Wiener Kabel-TV will das britische „Kommerzfernsehen", das seit Anfang des Jahres über den Nachrichtensatelliten ECS/1 ausgestrahlt wird, in ihr Programmangebot aufnehmen. SKY CHANNEL ist der erste TV-Sender, der vom Weltall aus in ein heimisches Kabelnetz eingespeist werden soll - die öffentlich-rechtlichen Sender aus Deutschland und der Schweiz, die bereits im Wiener Netz zu empfangen sind, werden damals per Richtfunk in die Bundeshauptstadt übertragen.

Mit dem zusätzlichen Privatprogramm will die Kabelgesellschaft ihr bisher recht spärliches Programmangebot erweitern und so neue zahlende Teilnehmer gewinnen. 1983 sind zwar bereits 270.000 Wiener Haushalte verkabelt, aber nur 90.000 sind tatsächlich zahlende Kunden.[231]

Das scheinbar harmlose Unterfangen löst aber in weiten Teilen der linken Reichshälfte einen Sturm der Entrüstung aus. Dass erstmals ein ausländisches, privates und kommerzielles Fernsehprogramm in Österreich zu sehen sein soll, ist für viele Sozialisten und Intellektuelle einfach nicht hinnehmbar. Eine wilde Diskussion bricht los.

An vorderster Front, im Kampf gegen den vermeintlichen britischen Kulturimperialismus und für das heimische Schrebergartenmonopol, stehen der ÖGB und die linke Kulturszene. Der ideologische Feind der Linksintellektuellen steht damals schließlich nicht im Osten, sondern im Westen, britisches Kommerzprogramm ist deshalb mindestens genauso kulturzersetzend und abzulehnen wie McDonalds, Walt Disney oder Coca Cola.

---

[231] Siehe Austria Presse Agentur. 20.1.1984.

Die Interessengemeinschaft der Autoren geht sogar auf die Straße und fordert die sofortige Einstellung des „Analphabetisierungsprogrammes", wie es die Schriftsteller nennen. Zudem verfassen sie die SKY CHANNEL-Resolution die unter anderem in dem IG Autoren-Band „NIE WIEDER 1984" veröffentlicht wird. Damit hatte George Orwell wohl nicht gerechnet, dass ausgerechnet seine beklemmende Vision dazu missbraucht wird, ein Rundfunkmonopol zu verteidigen, die Ausstrahlung eines TV-Senders verbieten und damit die Presse- und Meinungsfreiheit einschränken zu wollen.

Die Autoren, Gewerkschafter und Intellektuellen gehen damit noch einen Schritt weiter als viele andere Monopolbefürworter, sie fordern nicht nur ein Sendemonopol, sondern auch ein ORF-Empfangsmonopol. Eine medienpolitische Maßnahme, die man sonst nur aus kommunistischen, faschistischen und anderen totalitären Systemen kennt.

Angesichts der Richtung, die die Diskussion nimmt, wird selbst dem ein oder anderen hochrangigen SPÖ-Politiker mulmig. Helmut Zilk, der in Sachen Rundfunk fast nie die Linie seiner Partei vertritt, warnt deshalb auf einer Diskussionsveranstaltung der IG Autoren: *„Und wir werden wohl nicht Gesetze schaffen, die etwa Satellitenprogramme verhindern werden, durch Störsender oder ähnliches, das kann ich mir nicht vorstellen, daß wir das ernstlich wollen."*[232]

Die Autoren befürchten jedenfalls eine Schwächung des ORF (von dem viele von ihnen, dank seiner Monopolstellung, wirtschaftlich in hohem Maße abhängig sind) und eine allgemeine Verflachung des Programms, ja den Niedergang der heimischen Hochkultur. Dass das etwas zu viel der Ehre für SKY CHANNEL ist, beweisen alleine die Tatsachen, dass der Sender erstens anfänglich für gerade mal 90.000 Wiener Kabelhaushalte empfangbar ist und zweitens das Programm nur wenige Stunden pro Tag ausgestrahlt wird. Mehr als 1% Marktanteil in den Wiener Kabelhaushalten sollte das böse ausländische Analphabetisierungsprogramm aber ohnehin nie erreichen. Trotzdem: damals beschäftigt es die gesamte Innenpolitik und Kulturszene. Selbst Bundeskanzler Fred Sinowatz schaltet sich ein und schreibt einen beschwichtigenden Brief an die IG Autoren. Inhalt: man werde die Forderungen der Kulturschaffenden genau prüfen.

---

[232] IG Autoren (Hg.). 1984. Seite 64.

Auch die AKM[233] ist anfänglich gegen die Ausstrahlung, allerdings aus anderen Gründen, sie will die Urheberrechtsfragen geklärt wissen. Von den Protesten der IG Autoren distanziert sie sich.

Wie sieht das Programm, das von Gewerkschaftern und Intellektuellen so heftig bekämpft wird, nun konkret aus? Ein Fernsehprogramm aus der damaligen Zeit gibt Auskunft:

> **SKY CHANNEL.**
> 18.00 Cartoon Time. 18.05 Sky Channel Music. Pop. 19.05 Fantasy Island. 19.55 Charlie's Angels. 20.45 Vegas. 21.35 Roving Report. 22.05 American Football. 22.55 Sky Channel Music. Pop.

[234]

Harmlose TV- und Zeichentrickserien, Musikvideos oder Sportübertragungen erregen also die Gemüter der linken Kulturpessimisten. Die Antwort auf die Frage, warum der ORF mit der Ausstrahlung von „Drei Engel für Charlie" seinem öffentlich-rechtlichen Auftrag nachkommt, während SKY CHANNEL mit „Charlies Angels" zur Analphabetisierung beiträgt, obwohl es sich um die selbe Serie handelt, einmal in Synchronfassung und einmal im Original, bleiben uns die kämpferischen Autoren schuldig, zumal ja die englische Version auch zusätzliche pädagogischen Effekte hat. Schließlich sind die Englischkenntnisse der meisten Österreicher ohnehin eher mangelhaft.

Schützenhilfe bekommen die doch nicht ganz so weltoffenen heimischen Autoren von den linken ORF-Kuratoren, die unverhohlen fordern: „*Wir müssen jetzt*

---

[233] Die AKM ist eine Verwertungs- und Urheberrechtsgesellschaft für Komponisten, Autoren, Musikverleger.
[234] Sky Channel Programm vom 6.2.1984 (Arbeiter Zeitung).

sehr gut und schnell überlegen, wie wir verhindern, daß Ausländer in den österreichischen Markt einbrechen."[235]

Selbst die Wiener SPÖ, die ja quasi über die Gemeinde am Wiener Kabel TV beteiligt ist, spricht sich de facto gegen die Verbreitung von SKY CHANNEL aus. Bürgermeister Leopold Gratz ist zwar grundsätzlich für die Einspeisung, allerdings nur, wenn *„die werbebloecke (...) herausgenommen"*[236] werden. Das Prinzip von kommerziellen Free-TV-Sendern dürfte Gratz damals noch nicht ganz (oder sehr wohl) verstanden haben. Jedenfalls ist die Forderung nach einem werbefreien „Kommerzsender" entweder unglaublich dumm oder unglaublich zynisch. Zudem hätte Gratz wissen müssen, dass das Entfernen von Werbespots aufgrund der Gesetze, die seine eigene Partei 1977 beschlossen hatte, rechtlich gar nicht möglich ist.[237]

Die ÖVP versteht die Aufregung in der linken Reichshälfte nicht und setzt sich für SKY CHANNEL ein. In einer Aussendung heißt es: *„dem fernsehkonsumenten wird am besten gedient mit einem moeglichst breiten programmangebot. Neben den orf-programmen sollen daher auch andere programme in moeglichst grosser vielfalt in den kabelnetzen zugaenglich sein. Das gilt fuer in- und auslaendische, oeffentliche und private fernsehprogramme (...)"*[238]

Bereits unmittelbar vor der SKY CHANNEL-Debatte und aus Anlass der Rundfunkliberalisierung in Deutschland hatte ÖVP Mediensprecher Heribert Steinbauer eine Monopoldiskussion losgetreten. Er hatte die möglichst rasche Einführung von Privatrundfunk gefordert, am besten noch im Jahr 1984. Die wichtigsten Forderungen Steinbauers:

- Die Post muss die Verkabelung in Österreich erleichtern

- Neuzuvergebende Hörfunkfrequenzen zwischen 100 und 108 MHz sollen nur an private Interessenten vergeben werden

---

[235] Siehe Die Presse. 26.1. 1984.
[236] Sozialistische Korrespondenz. 31.1.1984.
[237] Siehe Brandacher. 1993. Seite 144.
[238] ÖVP Parteiaussendung. 25.1.1984.

- Das Parlament soll binnen Jahresfrist ein zweites Kabelrundfunkgesetz vorlegen.

„Es läßt sich auf Dauer kein Zaun um Österreich ziehen. Ich halte die Entwicklung für unweigerlich"[240], argumentiert Steinbauer.

Doch genau das würden SPÖ und Gewerkschaft am liebsten tun, Ansätze und Vorstöße in diese Richtung hat es immer wieder gegeben. Die Sozialisten, durch die Umbrüche in den Rundfunkmärkten quer durch Europa ohnehin verunsichert, reagieren auf Steinbauers Vorstoß äußerst gereizt.

Von *„mehr als seltsamen Forderungen"*[241], der Zerschlagung des ORF und der Zerstörung von Arbeitsplätzen oder dem *„totalen Chaos im Äther"*[242] ist da die

---

[239] Neues Volksblatt. 5.1.1985.
[240] Siehe Die Presse. 4.1.1984.
[241] Siehe Wiener Zeitung. 4.1.1984.
[242] Siehe Neues Volksblatt. 5.1.1984.

Rede. Gegen die Brachialargumentation der regierenden Sozialisten haben Steinbauers Einwände freilich wenig Chancen. So meint der ÖVP-Mediensprecher etwa: *„Eine Stärkung der Privatinitiative und eine Verbreitung des Informationsangebotes würde die Demokratie beleben und die Gefahr der Einseitigkeit verhindern."*[243]

Aber genau das ist ja der Kern des Problems: die Meinungsvielfalt. So führt etwa AZ-Chefredakteur Peter Pelinka[244] neben altbekannten sozialistischen Vorurteilen und Mythen als Argument gegen den Privatrundfunk ins Treffen, dass in Deutschland bei einem der neuen Privatsender *„die Nachrichten von Leuten der konservativen „FAZ" gestaltet werden"*[245]

Noch Fragen? Dass die Frankfurter Allgemeinen Zeitung neben der Neuen Zürcher Zeitung die renommierteste Tageszeitung im deutschsprachige Raum ist und es in ganz Österreich kein einziges Medium gibt, das auch nur annähernd an die hohe journalistische Qualität der FAZ herankommt, kümmert den Chefredakteur des vor sich hin dümpelnden sozialistischen Parteiblattes offenbar wenig. Er zeigt damit lediglich, dass es ihm und seinen Genossen in der Diskussion um die Rundfunkliberalisierung, entgegen aller Behauptungen in diversen Sonntagsreden, weder um journalistische Qualität, noch um Objektivität und schon gar nicht um Meinungsfreiheit, sondern lediglich um Macht, Ideologie und Propaganda geht, oder wie es Franz Manola in der Presse schreibt: *„um die Angst vor elektronischen Medien, die sich ihrer Kontrolle entziehen (...)."*[246]

Die Einstellung der Sozialisten dazu hat sich in den vergangenen Jahrzehnten in keiner Weise geändert. Bereits 1963 stellte der sozialistische Abgeordnete Josef Kratky unmissverständlich fest: *„Für uns sind Rundfunk und Fernsehen Machtfragen"*[247]

---

[243] Siehe Neues Volksblatt. 5.1.1984.
[244] Pelinka arbeitet später auch für den ORF, sein Sohn Niko Pelinka sorgt . mit seiner Leider-Nicht-Bestellung zum Büroleiter von ORF Generaldirektor Alexander Wrabetz für große mediale Aufregung.
[245] Arbeiterzeitung. 4.1.1984.
[246] Die Presse. 6.2.1984.
[247] Siehe Mocuba. 2000. Seite 17.

Die Sozialisten haben auch im symbolträchtigen Jahr 1984 ihre strikte Haltung gegen die Rundfunkliberalisierung und gegen die Pressefreiheit mehr als deutlich formuliert. Den von ihnen gesteuerten Monopolrundfunk wollen sie mit Zähnen und Klauen verteidigen.

Trotzdem erleiden sie eine kleine Niederlage. Der verhasste SKY CHANNEL geht, mangels rechtlicher Handhabe und dank des Einsatzes von Unterrichtsminister Helmut Zilk, wie geplant im Wiener Kabelnetz auf Sendung.

14. Bella Italia: Von Radio Valcanale zu Radio Uno

Nicht nur die ORF-Fernsehsender, sondern auch Ö3 und die regionalen ORF Schlagerradios bekommen Anfang der 80er erste Konkurrenz aus dem Ausland. Ist beim Fernsehen der technische Fortschritt der Auslöser für diese Entwicklung, so ist es beim Radio unser südliches Nachbarland Italien. Bereits 1975 fällt in Italien das Rundfunkmonopol. *„Den Anfang hatte ein Bezirksrichter am 24. April 1975 in Mailand gemacht. Er reduzierte die komplexe rechtliche Lage auf einen Beschluß und eine Feststellung: Privatradios mussten sich lediglich daran halten, die staatlichen RAI-Sender nicht zu stören, wenn sie sendeten"*[248].

Die Liberalisierung erfolgt dementsprechend stürmisch und unkoordiniert. Ohne große staatliche Kontrolle und ohne Frequenzkoordination schießen im ganzen Land private Radiostationen wie Pilze aus dem Boden. 1980 gibt es in Italien bereits rund 3.350 Hörfunksender.[249]

Österreichische Politiker blicken mit Sorge nach Italien und sprechen angesichts der großen Vielfalt gar von Rundfunkanarchie, *„wo alle daemme gesprengt sind und mehrere hundert privatstationen zu anarchistischen situationen gefuehrt haben."*[250] Für die Verfechter der heimischen Rundfunkmonokultur ein echtes Horrorszenario. Die italienische „Rundfunkanarchie" hat auch ganz direkt Auswirkungen auf Österreich. Bereits 1978 beteiligt sich etwa die Tageszeitung Die Presse am deutschsprachigen italienischen Urlaubssender Radio Adria, später hält auch der Kurier Anteile an der Station.[251]

---

[248] Pfeifhofer. 1991. Seite 16.
[249] Siehe Pfeifhofer. 1997. Seite 16.
[250] So Salzburgs Landeshauptmann Wilfried Haslauer. Siehe Austria Presse Agentur. 4.5.1977.
[251] Siehe http://radio-adria.cybercomm.at/ (30.1.2012).

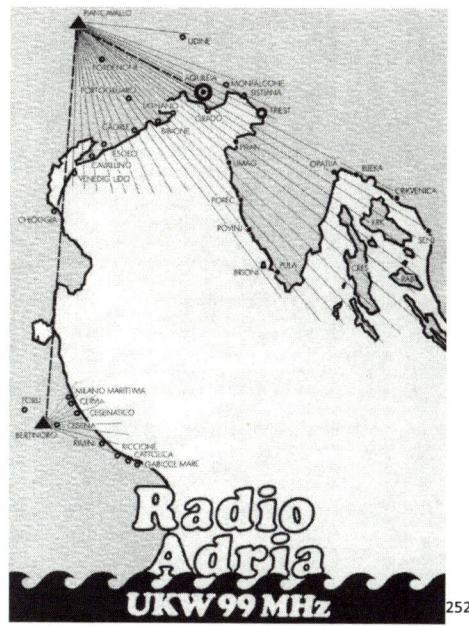
[252]

In Norditalien werden unzählige kleine Radiosender gegründet, viele von ihnen strahlen auch über die Grenze nach Österreich, oftmals geschieht dies in voller Absicht. Einer dieser Sender ist Radio Valcanale im italienisch-slowenisch-österreichischen Dreiländereck. *"Betrieben haben den Sender vier Italiener, die einfach eine Postkarte geschrieben hatten, ‚Sehr geehrte Post, wir beginnen mit dem Radio auf der freien Frequenz so und so mit so und so viel Watt in Tarvis zu senden', Kopien an die Kammer und das Gericht. Man musste keine Lizenz haben, bei deren Vergabe viele Leute mitgeredet haben"*[253], so der Kärntner Radiopionier Willi Weber in einem Interview über die damaligen Zustände in Italien.

Weber beginnt bei Radio Valcanale mitzuarbeiten und produziert erste Sendungen für den Kärntner Raum. Es sind harmlose Musiksendungen mit Schla-

---

[252] http://radio-adria.cybercomm.at/ (30.1.2012).
[253] Siehe Reichel, Konvicka, Streit, Landgraf (Hg.). 2006. Seite 42.

ger- und Popmusik. Weil Radio Valcanale aufgrund des Senderstandorts direkt an der österreichisch-italienischen Grenze in weiten Teilen Kärntens zu empfangen ist, haben viele Kärntner plötzlich eine Alternative zu Radio Kärnten.

Für den ORF und die SPÖ eine äußerst unangenehme Entwicklung, schließlich waren dieser Sender und die vielen, die noch folgen sollten, außerhalb ihres Einflussbereiches und somit ihrem Zugriff entzogen. Die Sender, auch wenn sie oftmals nur wenige Meter von der österreichischen Grenze entfernt aufgestellt wurden, unterstanden italienischem Recht.

1980 steigt Weber als Gesellschafter bei Valcanale ein. Die deutschsprachigen Programmflächen für Kärnten werden ausgeweitet und von einer heimischen Werbeagentur vermarktet. Die kleine italienische Radiostation war mit heutigen Privatsendern nicht zu vergleichen, alles war damals improvisiert: *„Wir hatten nur eine Schreibmaschine, die ich bei einer Versteigerung gekauft hatte, und ein Kiste auf der wir gesessen sind."*[254]

Valcanale war aber nur der Beginn einer Entwicklung. Da die italienischen Besitzer des Senders die Pacht ständig erhöhen, baut Weber im Alleingang einen neuen Sender auf. Rundfunklizenz hatte und brauchte er keine: *„Um die Frequenz mussten wir nicht ansuchen, wir haben einfach eine freie Frequenz gesucht und auf dieser gesendet."*

Der neue Sender steht auf dem Monte Forno und heißt Radio Uno. 1985 geht der italienische Sender, dessen Programm ausschließlich für Kärnten produziert und ausgestrahlt wird, auf Sendung. Österreich hat trotz der restriktiven Gesetze und des Rundfunkmonopols „seinen" ersten privaten Radiosender. Natürlich versuchen SPÖ und ORF was in ihrer Macht steht, um Radio Uno zu behindern und zu stören. Die Stromversorgung des Senders von österreichischer Seite aus kann der ORF, laut Weber, durch Proteste bei der KELAG, dem landeseigenen Energieunternehmen, verhindern. Sollte es Interventionen auf zwischenstaatlicher Ebene gegeben haben, so haben sie jedenfalls nicht gefruchtet. *„Der Einfluss derer, an die wir bezahlt hatten [italienische Anwälte mit guten Beziehungen nach Rom A.d.V.], war wohl stärker als der der österreichischen Regie-*

---

[254] Siehe Reichel, Konvicka, Streit, Landgraf (Hg.). 2006. Seite 44.

rung."²⁵⁵ Schließlich ist Rom weit weg, und die österreichisch-italienischen Beziehungen damals nicht unbedingt die besten.

Radio Uno ist jedenfalls äußerst erfolgreich. Bereits ein Jahr nach Sendestart geht Radio Uno 2 mit Kärntner Volksmusik on Air.

Der ORF hat erstmals in seiner Geschichte – wenn auch nur in einem bzw. zwei Bundesländern[256] – einen ernst zu nehmenden Konkurrenten bekommen. *„Für die Radiohörer ist das südlichste Bundesland Österreichs zu so etwas wie einem Medienparadies geworden – für den ORF eher zu einem Alptraum."²⁵⁷*

Doch nicht nur ambitionierte Radiomacher versuchen ihr Glück an der italienisch-österreichischen Grenze. Im Dezember 1984 können erstmals viele Kärntner mit ihrem Fernseher ein privates deutschsprachiges Fernsehprogramm empfangen, und zwar nicht über Kabel, sondern via Antenne. Der erste „österreichische" Privatfernsehsender heißt Tele Uno, ist von Kurt Geisseler gegründet worden und strahlt vom Dreiländereck nach Kärnten ein. Der Sender erreicht nach eigenen Angaben rund 120.000 Kärntner Haushalte.[258]

Der TV-Sender hat aber nichts mit Radio Uno zu tun. Darauf legt vor allem Willi Weber größten Wert. Auf seinen beiden Radiosendern laufen sogar Spots, die darauf hinweisen.

Geisseler hat hochfliegende Pläne. Er will ein lokales Medienimperium aufbauen. Neben Tele Uno betreibt er Radio Carinzia, ist an der Kärntner Volkszeitung beteiligt und bringt eine eigene Programmzeitschrift heraus, die er zu einem Magazin ausbauen möchte.

---

[255] Siehe Reichel, Konvicka, Streit, Landgraf (Hg.). 2006. Seite 47.
[256] Radio UNO ist auch in Teilen der Steiermark zu empfangen.
[257] Siehe multimedia. 18.9.1983.
[258] Siehe Tele Uno Programmzeitschrift. Heft 1. 1987.

Fernsehprogramm von Tele UNO:

Doch dazu kommt es nicht mehr. Das „Tele Uno Network" schlittert in die Pleite: *„Im Fall rund um Tele UNO setzt es dagegen eine fahrlässige Krida, die bis heute einen Ehrenplatz in der Liste der größten Kärntner Firmenzusammenbrüche einnimmt."*[260]

---

[259] Tele Uno Programmzeitschrift. Heft 1. 1987.
[260] Fidler/Merkle. 1999. Seite 104.

Im Laufe der 80er und 90er Jahre folgen einige heimische Radiopioniere dem Beispiel Webers und senden aus dem italienischen Exil. So erfolgreich wie er ist aber keiner von ihnen.

15. Aufbruch ins All: Die neue Programmvielfalt aus der Schüssel

Während in Kärnten Radio Uno von Italien aus den ORF-Radios Konkurrenz macht und mit SKY CHANNEL im Wiener Kabelnetz erstmals ein kommerzieller ausländischer TV-Sender empfangen werden kann, haben die zahlreichen Satelliten, die im Laufe der 80er Jahre von europäischen Konsortien und Firmen ins All befördert werden, vorerst noch keinen nennenswerten Einfluss auf das heimische Rundfunkmonopol.[261]

Das hat mehrere Gründe. Zwar kann jeder Österreicher, der eine drehbare oder mehrere Satellitenschüsseln aufstellt, Dutzende Programme empfangen, allerdings nur theoretisch.

Denn erstens dürfen in Österreich nur ganz bestimmte, vom Bundeskanzleramt genehmigte Programme empfangen und gesehen werden, und zweitens muss jede Sat-Schüssel von der zuständigen Post- und Telegraphendirektion genehmigt werden, bürokratische und rechtliche Hürden inklusive.

In den 80er Jahren dürfen die Österreicher ausschließlich jene ausländischen Sat-Programme konsumieren (inländische gibt es ohnehin nicht), die die Obrigkeit für den gemeinen Bürger freigegeben hat, das sind gerade einmal sechs: SKY CHANNEL, 3 SAT, TV5, SAT 1, RTL plus und Super Channel. Diese Programme werden über den ECS1 Satelliten abgestrahlt. Die viele anderen Sender und Programme, wie etwa jene aus den USA, bleiben für den heimischen Untertanen damals verbotene Früchte. Wer den Empfang anderer Programme beantragt, der blitzt bei den Behörden einfach ab. Begründung: *„Man wolle im Hinblick auf die bevorstehende parlamentarische Initiative eines neuen Kabel-TV-Gesetzes keine Verhältnisse schaffen, die einem Präjudiz gleichkommen."*[262]

---

[261] Außer als Übertragungsweg für die Kabelnetzbetreiber.
[262] Austria Presse Agentur. 16.2.1987.

Doch auch die reduzierte Sat-Kost, die das rote Bundeskanzleramt den Österreicher gerade noch zumuten möchte, ist nicht leicht zu bekommen. Denn einfach so, darf damals niemand eine Satellitenschüssel aufs Dach oder den Balkon schrauben. Jede Sat-Anlage muss brav bei der Post- und Telegraphendirektion beantragt werden und gibt die endlich grünes Licht, wird eine monatliche Gebühr von 20 Schilling fällig.

Das will sich kaum jemand antun, die Zahl der beantragten Sat-Schüsseln, die damals noch dazu exorbitant teuer sind, ist deshalb recht überschaubar. 1988 gab es in ganz Österreich gerade mal 3.000 Satellitenschüsseln.[263]

Satellitenempfang ist Mitte der 80er Jahre ein teures Hobby für Technik- und TV-Freaks, aber keine ernste Konkurrenz für das ORF-Monopol. 1988 konnten in ganz Europa gerade einmal 100.000 Haushalte Satellitenfernsehen direkt empfangen.

Jahr	Individual-, GA-, GAA-Empfang[264]	Kabelempfang	Gesamt
1988	0,1	16,1	16,2
1989	0,8	22,5	23,2
1990	4,1	24,9	29,0
1991	9.1	27,3	36,4
1992	12,2	30,7	42,9

Entwicklung der technischen Reichweite aller Satellitensysteme in Europa. (Zahl der Haushalte in Millionen)[265]

1987 bringt eine Entscheidung des Bundeskanzleramts eine Redakteurin der Austria Presse Agentur regelrecht ins Schwärmen. Am 16. Februar schreibt die

---

[263] Siehe Friesenegger. 1994. Seite 94.
[264] Es gibt drei Arten von Fernsehnetzen: Gemeinschaftsantennenanlagen(GA), Großgemeinschaftsantennenanlagen (GGA) und Kabelfernsehanlagen.
[265] Siehe Friesenegger. 1994. Seite 32.

Dame geradezu überschwänglich: *"Für Österreich könnte in Zukunft der Satellitenhimmel voller Geigen hängen."*[266]

Was war geschehen? Was für eine revolutionäre Entscheidung hat die Redakteurin so verzückt? Des Rätsels Lösung: Das Wiener Marriott Hotel darf - so hat es das Bundeskanzleramt entschieden - in seinen Zimmern künftig den US-Nachrichtensender CNN ausstrahlen. Wohlgemerkt nur in den Zimmern, nicht „öffentlich", also weder in der Lobby noch in den Bars oder Restaurants, das würde dann offenbar doch zu weit gehen.

Ja, Österreich liegt mitten in Europa, westlich des Eisernen Vorhangs und man schreibt das Jahr 1987. Was aus heutiger Perspektive völlig skurril klingt, war damals tatsächlich eine Sensation. Die Erzeuger und Vertreiber von Satellitenschüsseln sprechen jedenfalls von einem Präzedenzfall und *„einem gewaltigen Durchbruch."*[267]

Die Arbeiterzeitung, ganz auf Parteilinie, antikapitalistisch und wirtschaftsfeindlich: *„Nun wittern die Hersteller von Satellitenempfangsanlagen das große Geschäft."*[268]

Erstmals durfte ein Programm, das über den Intel-Satelliten abgestrahlt wurde in Österreich empfangen werden, wenn auch vorerst nur betuchte Touristen und Geschäftsreisende, die im Wiener Marriott Hotel absteigen, in den Genuss von CNN kamen.

Trotz solch kleiner Erfolge spielt Sat-TV Ende der 80er Jahre keine große Rolle, weder in Österreich, noch in Europa. Der Versuch, Fernsehsatelliten mit nationaler Ausrichtung am Markt zu etablieren, ist in ganz Europa fehlgeschlagen. Die große Zeit des Satellitenempfangs beginnt erst, als Anfang der 90er Jahre das luxemburgische Unternehmen SES (Société Européenne des Satellites) seine Astra-Satelliten ins All befördert.

---

[266] Austria Presse Agentur. 16.2. 1987.
[267] Austria Presse Agentur. 16.2. 1987.
[268] Arbeiter Zeitung 17.2.1987. Seite 4.

16. Der Monopoltiger: Bachers Kampf gegen die Rundfunkliberalisierung

Obwohl Gerd Bacher nicht müde wird zu betonen, er mache *„Rundfunk und nicht Rundfunkpolitik"*[269], macht er selbstredend genau das. Die großen Umwälzungen im Medienbereich in den 80er Jahren zwingen den Tiger, an mehreren Fronten gleichzeitig für den Erhalt „seines" Monopols zu kämpfen. Bacher versucht den technologischen Entwicklungen, den neu entstehenden Verbreitungsmöglichkeiten für elektronische Medien und den Liberalisierungstendenzen in ganz Europa mit vier Strategien zu begegnen: *„durch technische Innovation und neuen Präsentationsmethoden, durch verstärkte Kooperation mit öffentlich-rechtlichen Rundfunkanbietern in der Bundesrepublik Deutschland und in der Schweiz, durch ein Abkommen mit den Zeitungsherausgebern des Landes sowie durch eine neue Organisationsstruktur, die sogenannte Funktionslösung."*[270]

Und er wird nicht müde, in unzähligen Vorträgen gegen die *„unsachliche Monopoldiskussion"*[271] und den *„ORF Kannibalismus"* zu wettern, er warnt vor einer *„Demontage des ORF"*[272] und bedient, die bei Sozialisten so beliebten antiamerikanischen und antikapitalistischen Klischees, wenn er vor der *„McDonaldisierung der Medienkanäle"*[273], dem *„Manchester-Liberalismus"*[274] oder dem *„Eindringen der Multis"*[275] warnt.

Mit Halb- oder Unwahrheiten à la der österreichische Markt sei zu klein, Rundfunk sei zu aufwendig und teuer für private Anbieter, es gäbe zu wenig freie Frequenzen etc. versucht er seinen Gegnern den Wind aus den Segeln zu nehmen. Doch diese Argumente werden angesichts der technologischen Entwick-

---
[269] Siehe Arbeiter Zeitung. 4.1.1984.
[270] Kriechbaumer. 2008. Seite 417f.
[271] Siehe multimedia. 18.9.1983.
[272] Austria Presse Agentur. 15.5.1985.
[273] Ebenda.
[274] Arbeiter Zeitung. 4.1.1984.
[275] Austria Presse Agentur. 15.5.1985.

lungen und des Falls der Rundfunkmonopole quer durch Europa zusehends stumpfer.

Bacher fordert deshalb, dass private Rundfunkanbieter – wenn man sie schon nicht mehr verhindern könne – „zumindest" die gleichen Programmauflagen erfüllen sollten wie der ORF. Er nennt das keck „*Waffengleichheit*"[276], wohlwissend, dass dies das Gegenteil von Gleichheit wäre. Schließlich kassiert der ORF für die mehr oder (eher) weniger korrekte Erfüllung seiner öffentlich-rechtlichen Aufgaben jährlich hunderte Millionen Schilling an Gebührengeldern.

Dieselbe Forderung, die vor allem das Ziel hat, Privatrundfunk wirtschaftlich möglichst unattraktiv zu machen, hatten die Gewerkschafter bereits 1983 in ihren „medienpolitischen Grundätzen" aufgestellt. In dem Papier heißte es: „*Alle neuen elektronischen Medien müssen den gleichen gesetzlichen Auflagen unterworfen werden wie der ORF*"[277]

Soll heißen, die privaten Rundfunksender müssen den Kultur- und Bildungsauftrag genauso erfüllen wie der ORF, mit dem Unterschied, dass sie dafür keinen einzigen Gebühren-Groschen erhalten, der ORF aber zig Millionen Schilling kassiert: „Waffengleichheit" á la Bacher und ÖGB.

Der Generalintendant kämpft mit vollem Einsatz für den Erhalt des ORF-Monopols. „*Klar ist, daß ich als Alleingeschäftsführer das Beste für diese Anstalt herausholen will*"[278], gibt Bacher zu Protokoll. Damit kommt der „heimatlose Rechte" auch bei vielen Sozialisten gut an.

Nach dem Motto Angriff ist die beste Verteidigung, fordert Bacher eine Ausdehnung der ORF-Werbezeiten auf die bisher werbefreien Sonn- und Feiertage. Das ist reichlich unverschämt, schließlich kassiert der ORF zum damaligen Zeitpunkt neben seinen Gebühren auch 60% aller österreichischen Werbegelder. Die zahlreichen Printmedien müssen sich dementsprechend mit 40% des heimischen Werbekuchens zufrieden geben. Zum Vergleich: In Deutschland gehen

---

[276] Arbeiter Zeitung. 4.1.1984.
[277] Medien und Recht. 3/83.
[278] Arbeiter Zeitung. 4.1.1984.

80 und in der Schweiz sogar 85% der gesamten Werbeeinnahmen an die Printmedien.[279]

Bachers Kalkül geht auf, er tritt eine heftige Diskussion los und kann schließlich die aufgrund der aktuellen Entwicklungen ohnehin verunsicherten regionalen Zeitungsherausgeber auf seine Seite ziehen.

Die Zeitungen befürchten nämlich, durch die „drohende" Liberalisierung des Rundfunkmarktes, einen verschärften Kampf am Werbemarkt. Einerseits weil neue potente Konkurrenten aus dem Ausland (die damals vor allem von der SPÖ viel beschworenen internationalen Medien-Multis) auf den kleinen heimischen Markt drängen könnten, und andererseits weil viele regionale Verlagshäuser bezweifeln, dass sie über genügend finanzielle Mittel verfügen, um selbst ins (angeblich) so teure Radio- oder TV-Business einsteigen zu können. Satelliten-TV war für die heimischen Zeitungen damals ohnehin zwei Schuhnummern zu groß.

„Aus dieser spezifischen Situation ergab sich eine Interessenkoalition zwischen ORF und Zeitungsherausgebern."[280] Bacher und der VÖZ (Verband Österreichischer Zeitungen) einigen sich deshalb im November 1985 auf den sogenannten „elektronischen Grundkonsens", ein medienpolitisches Grundsatzabkommen. Gemeinsam wollte man den Status quo der heimischen Medienlandschaft, trotz aller Umbrüche rund um die Insel der Seligen, langfristig erhalten. Gerd Bacher hatte damals zum ersten, aber nicht zum letzten Mal die Zeitungsherausgeber über den Tisch gezogen.

Bacher versprach den Verlagshäusern, seine Expansionspläne für die kommenden drei Jahre einzustellen, auf Werbung im ORF-Regionalfernsehen und die Nutzung neuer UKW-Frequenzen zu verzichten. Als Gegenleistung stimmten die Verleger der Sonntagswerbung im Fernsehen zu. Die SPÖ reagierte prompt auf den Zuruf von Bacher und VÖZ und hob 1986 das gesetzliche Werbeverbot an Sonn- und Feiertagen auf. Die heile österreichische Monopolwelt war zumindest für einige Zeit wieder gesichert.

---

[279] Siehe Kriechbaumer. 2008. Seite 418.
[280] Siehe Kriechbaumer. 2008. Seite 419.

Unterdessen hatten auch Bachers massives Lobbying für den Erhalt des Monopols und seine ständigen Warnungen vor einer Liberalisierung des Rundfunks und den damit angeblich verbundenen dramatischen Auswirkungen - Chaos im Äther, Niedergang des ORF etc. - Wirkung gezeigt und die sozialistische Regierung beauftragte Bacher, Vorschläge für eine Änderung der ORF Struktur und des Programmschemas auszuarbeiten.

Bacher erarbeitet daraufhin die sogenannte „Funktionslösung", seine Vorstellungen zur Reform des Rundfunkgesetzes von 1974. Kernpunkt dabei: die Posten der bisher gleichberechtigten und „unabhängigen" Intendanten für die beiden TV-Programme FS1 und FS2 - 1984 waren das Wolf In der Maur und Ernst Wolfram Marboe - sollten Bachers Umstrukturierungsmaßnahmen zum Opfer fallen.

Das bisherige Modell hatte sich als wenig praktikabel erwiesen, da die beiden Intendanten mit den gleichen Leuten und der gleichen Technik einander konkurrierende Programme produzierten. Sie sollten nun durch einen Informationsintendanten, mit den Zuständigkeitsbereichen Aktueller Dienst, Sport, Dokumentation und Servicesendungen, und einen Programmintendanten für die Bereiche Kultur, Jugend, Familie, Musik, Fernsehspiel und Unterhaltung ersetzt werden.

Die ÖVP lief gegen diese Pläne Sturm. Was aber nicht so sehr an der Umstrukturierung, sondern an der geplanten Besetzung der neuen Intendantenposten lag. Informationschef sollte nämlich der tiefrote Franz Kreuzer werden.

Kreuzer wurde bereits 1983 während des Nationalratskampfs massiv von der ÖVP angegriffen. Der damalige ORF-Chefredakteur galt für die Parteispitze als Hauptverantwortlicher dafür, dass die ÖVP in der Fernsehberichterstattung gegenüber der SPÖ krass benachteiligt wurde. Laut ÖVP waren während des Wahlkampfes dreimal so viele SPÖ- wie ÖVP-Beiträge gesendet worden, diese waren zudem auch noch erheblich länger.[281]

Darüber hinaus hatte SPÖ-Wahlkampfmanager Hans Mahr damals betont, einen TV-Wahlkampf zu führen. Trotz der echten oder angeblichen Benachteili-

---

[281] Siehe Kriechbaumer 2008. Seite 421.

gung der ÖVP im Rundfunk hatte die SPÖ unter Kreisky bei der Nationalratswahl 1983 mit 47,6% nach zwölf Jahren die absolute Mehrheit verloren. Die Sozialisten gingen deshalb mit der FPÖ, die auf 5% gekommen war, eine Koalition ein.

Die SPÖ oder zumindest viele ihrer wichtigsten Vertreter, standen hinter Bachers Vorschlägen. Heinz Fischer, damals Wissenschaftsminister, warnte hingegen vor *„einer zu großen Nachgiebigkeit gegenüber den Veränderungswünschen von ORF-Generalintendant Gerd Bacher."*[282]

Fischer zimmerte anhand von Bachers Vorschlägen eine neue Rundfunkreform. Bacher sollte zwar seine Funktionslösung bekommen, *„doch durch eine Reihe von strukturellen Maßnahmen im Kuratorium sollten der dominierenden Einfluss der SPÖ nicht nur abgesichert, sondern ausgebaut und die Kompetenzen des Generalintendanten in deutlichen Grenzen gehalten werden."*[283]

Unterstützung bekamen die Sozialisten vom kleinen Regierungspartner FPÖ. Die ÖVP lief gegen die rot-blauen Pläne hingegen Sturm. Mediensprecher Heribert Steinbauer: *„Wir werden uns diesen massiven Politschub nicht gefallen lassen."*[284] Dass die FPÖ ihren Sanktus zu den sozialistischen Reformplänen gibt, bezeichnet die ÖVP als *„bisher größten Umfaller."*[285]

„Die Betreuung Kreuzers mit der in der Funktionslösung zu errichtenden Informationsintendanz wurde in der ÖVP als Festschreibung eines von ihr bekämpften Zustandes eines sozialistisch dominierten Nachrichtenbereichs aufgefasst und daher abgelehnt."[286] Am 10.Mai 1984 beschließt der Nationalrat mit den Stimmen von SPÖ und FPÖ die Novelle zu Rundfunkgesetz von 1974: *„Die SPÖ zieht nun in Bataillonsstärke ins ORF-Kuratorium ein"*[287], so Autor Robert Kriechbaumer.

---

[282] Siehe Arbeiter Zeitung. 27.2.1984..
[283] Siehe Kriechbaumer. 2008. Seite 420.
[284] Siehe Die Presse. 11.5.1984.
[285] Ebenda.
[286] Siehe Kriechbaumer. 2008.Seite 422.
[287] Siehe Kriechbaumer. 2008. Seite 427.

Gerd Bacher, den die Volkspartei bei seiner Wiederwahl als Generalintendant 1978 unterstütz hatte, fällt nun bei der ÖVP-Parteispitze in Ungnade. Bacher habe die Fronten gewechselt, *„er sei ein der SPÖ willfähriger und zahnloser Tiger geworden"*[288], so ÖVP-Generalsekretär Michael Graff.

---

[288] Siehe Kriechbaumer. 2008. Seite 422.

17. Teddy statt Tiger: Bachers zweiter Abgang

Im Dezember 1985 wechselt völlig überraschend der neue ORF-Informationsintendant Franz Kreuzer in das Kabinett von Fred Sinowatz. Kreuzer wird der Nachfolger von Gesundheitsminister Kurt Steyrer, der als Spitzenkandidat für die SPÖ in den Präsidentschaftswahlkampf gegen Kurt Waldheim zieht.

Bundeskanzler Sinowatz hat als neuen Informationsintendanten, ohne jede Absprache mit Gerd Bacher, den bisherigen Sportchef Thaddäus „Teddy" Podgorski auserkoren. Der brüskierte Bacher stimmt vorerst zähneknirschend der provisorischen Leitung der Informationsintendanz durch Podgorski zu. Wenige Wochen später entbindet er den Schützling von Bundeskanzler Sinowatz jedoch wieder von seinen Aufgaben als Informationsintendant und macht sich auf die Suche nach einem neuen Kandidaten.

Um die verärgerte SPÖ ein wenig zu beruhigen, versucht Bacher, den populären Hugo Portisch für diesen Job zu gewinnen. Ein weiterer strategischer Fehler. Denn der ohnehin bereits beleidigte Sinowatz rechnet Portisch dem bürgerlichen Lager zu. Die SPÖ winkt ab, Bacher muss einen neuen Kandidaten finden, der die SPÖ doch noch zufriedenstellt. Anfang 1986 nominiert er Johannes Kunz, der sieben Jahre lang Kreiskys Pressesekretär war. Diese Personalentscheidung konnte die *„Wogen der Erregung in der SPÖ nur kurzfristig glätten".[289]*

Kunz gilt auch innerhalb der SPÖ nur als medienpolitisches Leichtgewicht und mit seiner neuen Position als vollkommen überfordert. Das Standing Bachers in der SPÖ verschlechtert sich weiter, die ÖVP ist nach der Novellierung der Rundfunkreform ohnehin schlecht auf ihn zu sprechen, Bacher hat sich mit seinen machtpolitische Schachzügen ins Abseits manövriert, der Tiger verwandelt sich zusehends in eine Hauskatze.

---

[289] Kriechbaumer. 2008. Seite 431.

Weiteres Ungemach kommt auf Bacher zu, nachdem Kurt Waldheim die Wahl zum Bundespräsidenten gewinnt. Die durch die Krise der verstaatlichten Industrie ohnehin schon gebeutelte SPÖ wird durch die Niederlage ihres Spitzenkandidaten Kurt Steyrer völlig verunsichert. Als eine der Ursache für diese Niederlage orten die Sozialsten die angeblich zu Waldheim freundliche Wahlkampfberichterstattung im ORF.

Für die anstehende Generalintendantenwahl hat Bacher damit nicht gerade die besten Karten, obwohl ihm nach wie vor einige hochrangige SPÖ-Politiker, wie etwa der Grazer Bürgermeister und ORF-Kurator Alfred Stingl, die Treue halten. Trotzdem werden die Bacher-kritischen Stimmen innerhalb der SPÖ immer lauter. Bacher legt sich deshalb mächtig ins Zeug und macht der SPÖ ein verlockendes Angebot. Und zwar *"die Wiederwahl des gesamten ORF-Führungsteams, das bei der letzten Wahl vor vier Jahren eine deutliche Mehrheit erhalten hatte. Der interimistische Informationsintendant Johannes Kunz werde in absehbarere Zeit aus seiner Funktion ausscheiden und der SPÖ sollte es dann freistehen, einen Nachfolger zu nominieren."*[290]

Doch Bacher hat die Zeichen der Zeit nicht erkannt. Für ihn ist der Zug abgefahren. Die Genossen reagieren auf seine beinahe schon verzweifelten Angebote mit Häme. Ein SPÖ-Kurator: *"Der Bacher hat geglaubt, das ist eine g'mahte Wiesen. Jetzt rennt er wie verrückt herum und verteilt Geschenke. Ich habe den Tiger noch nie so sehr als Bettvorleger erlebt wie jetzt. Da schaut ja nur mehr das Schwanzerl raus."*[291]

Die SPÖ hat die letzte Generalintendanten-Wahl noch in schlechter Erinnerung und will diesmal keinerlei Risiko eingehen. All ihre Kuratoren müssen für Podgorski stimmen. Die letzten verbliebenen sozialistischen Bacher-Freunde werden deshalb vom SPÖ-Zentralsekretär und ORF-Kurator Heinrich Keller auf Linie gebracht: *"Wenn die Partei eine Linie beschlossen hat, haben sich alle daran zu halten, egal welche persönliche Präferenzen sie haben."*[292]

---

[290] Kriechbaumer. 2008. Seite 433.
[291] Siehe Wochenpresse. Nr. 27 1986.
[292] Kriechbaumer. 2008. Seite 434.

Am 7.Juli 1986 wird Teddy Podgorski zum neuen Generalintendanten gewählt. Die Arbeiter Zeitung jubelt: *„Und diesmal kommt er wohl nicht wieder. Es schien ja, als hätte er sieben Leben."*[293] Auch in diesem Fall sollte sich die Arbeiterzeitung irren.

---

[293] Kriechbaumer. 2008. Seite 434.

18. Welches Monopol? – Die Kampfrhetorik der Monopolisten

Da seit Mitte der 80er Jahre die Forderungen nach einer Liberalisierung des heimischen Rundfunkmarktes immer lauter werden und die Diskussion um das Rundfunkmonopol nicht und nicht verstummen will, die SPÖ aber wenig bis kein Interesse hat, den von ihr gelenkten ORF privater Konkurrenz auszusetzen, entwickelt sie im Laufe der Jahre eine breite Palette an Scheinargumenten zur Verteidigung des öffentlich-rechtlichen Rundfunkmonopols und gegen die Pressefreiheit im elektronischen Bereich.

Eines der beliebtesten „Argumente" zur Einzementierung des menschenrechtswidrigen ORF-Sendemonopols war, dass es dieses Monopol eigentlich gar nicht gibt. Viele Sozialisten sprechen deshalb nur vom „sogenannten" Monopol. Denn schließlich könne, so SPÖ-Chef und Bundeskanzler Franz Vranitzky, *„jedermann empfangen, was er wolle."*[294]

Dieser zynische Sager des Parteichefs war damals verbreitete und anerkannte Argumentations- und Parteilinie. Da man in Österreich ausländische TV-Sender via Kabel oder aufgrund der unvermeidbaren Einstrahlungen aus den Nachbarländern empfangen konnte, gebe es schließlich **nur** ein Sende-, aber kein Empfangsmonopol.

Die SPÖ war also stolz darauf, nicht wie zu den Zeiten der Nationalsozialisten, das Empfangen und Abhören von ausländischen Sendern zu verbieten und unter Strafe zu stellen bzw. so wie in den kommunistischen Diktaturen üblich, Störsender zu betreiben, um den Empfang von Westsendern zu verhindern.[295]

---

[294] Sozialistische Korrespondenz. 1.12.1989.
[295] Offensichtlich aus politischen Gründen wurden vom Rundfunk der DDR die Frequenzen 557 kHz (Sender Greifswald), 575 kHz (Sender Leipzig) und 1430 kHz (Sender Dresden) belegt, um die Sendungen des SFB (566 kHz), des Saarländischen Rundfunks (1421 kHz) und von Radio Luxemburg (1439 kHz) zu stören. Siehe dazu:
http://de.wikipedia.org/wiki/St%C3%B6rsender (18.06.2011).

Obwohl es innerhalb der SPÖ immer wieder einzelne Bestrebungen in diese Richtung gab[296].

ORF-Generalintendant Teddy Podgorski zieht deshalb den Schluss: *„Es gibt keinen Grund das ORF-Monopol in Frage zu stellen. Bereits 40 Prozent aller österreichischen Haushalte können zusätzlich ausländische Fernsehprogramme empfangen. Damit sind Wettbewerb und Wahlmöglichkeit gegeben."*[297] Punkt. Diskussion beendet.

Immer wieder verkauft die SPÖ diesen demokratie- und medienpolitischen Mindeststandard, den Empfang ausländischer Sender nicht zu verbieten, als große Errungenschaft und als Privileg für ihre österreichischen Untertanen. In einer Parlamentsdebatte zum Rundfunkmonopol weist etwa SPÖ Zentralsekretär Josef Cap zum wiederholten Male daraufhin, dass es kein Empfangsmonopol gebe. *„Man kann ja wirklich breit auswählen"*[298], deshalb, so die nicht ganz schlüssige Folgerung des Zentralsekretärs, werde der Begriff Monopol von der FPÖ *„missverständlich, fast agitatorisch"*[299] verwendet.

Sprich, der österreichische Bürger solle froh sein, dass ihm die SPÖ den Empfang ausländischer Sender nicht verbietet. Das deutsche RTL oder der britische SKY CHANNEL sind - folgt man dieser obskuren Argumentation - die Garanten für die Presse- und Meinungsfreiheit im elektronischen Bereich in Österreich. Dieses Nicht-Argument wird von allen Monopolhardlinern geradezu inflationär gebraucht. Bereits 1983, zu einem Zeitpunkt, als die wenigen bereits verkabelten Haushalte gerade einmal die öffentlich-rechtlichen Sender aus Deutschland und der Schweiz empfangen konnten, verkündet Gewerkschafter Günter Nenning: *„Das Monopol gibt's ja nimmer, denn es kommen Programme aus dem Ausland."*[300]

Während auf der einen Seite die bösen kulturzersetzenden ausländischen Sender als Bannerträger der heimischen Rundfunkfreiheit herhalten müssen, wer-

---

[296] Siehe dazu etwa Kapitel 13: Der Himmelskanal: Intellektueller Sturm im Wasserglas.
[297] Austria Presse Agentur. 12.6.1989.
[298] Stenographisches Protokoll der 122. Sitzung des Nationalrates der Republik Österreich. 1.12.1989.
[299] Ebenda.
[300] Wochenpresse. 3.5.1983

den gleichzeitig deren Betreiber, die ausländischen Medienkonzerne, als große Gefahr für die heimische Medienlandschaft, die Hochkultur und die Identität Österreichs verkauft. Im Kampf für ihr anachronistisches Rundfunkmonopol setzen die Sozialisten und der ORF gerne und oft auf die nationale oder besser nationalistische Karte.

So meint etwa SPÖ-Chef und Bundeskanzler Franz Vranitzky: *„(...) gäbe es aus gutem grund - ein sende-monopol. dies ist im oeffentlichen interesse, weil es ein anliegen oesterreichs sein muss, seine kultur zu schuetzen und zu erhalten."*[301] Die heimischen Zeitungsverleger legen sogar noch einen drauf und sprechen wörtlich von „Überfremdung". In einem Kommuniqué des VÖZ heißt es:

„Angesichts der allgemeinen Tendenz zur Überfremdung der österreichischen Wirtschaft sollte sichergestellt werden, daß die elektronischen Medien ausschließlich von Österreichern kontrolliert werden."[302]

Es geht sogar noch kriegerischer, wenn etwa ORF Generalintendant Gerd Bacher die nahende Medienapokalypse verkündet: *„Wir werden in der Schlacht um die Kultur hinweggefegt."*[303] Und Linke ORF-Kuratoren warnen 1984: *„Wir müssen jetzt sehr gut und schnell überlegen, wie wir verhindern, daß Ausländer in den österreichischen Markt einbrechen."*[304]

In den 80er und frühen 90er Jahren des vergangenen Jahrhunderts, als es die political correctness noch in den Kinderschuhen steckte, konnten Sozialisten, Intellektuelle und andere Monopolbefürworter noch mit markiger Kampfrhetorik und nationalistischen Tönen ungeniert Stimmung gegen die Rundfunkfreiheit machen. Man durfte sich noch auf die österreichische Identität – was ja nichts anderes, als die Jahre später von den Linken so verhöhnte Leitkultur ist – berufen, ja sie sogar mit deftigen Sprüchen verteidigen, auch wenn es nie mehr als ein billiger Vorwand war, die eigene Machtsphäre und die finanziellen Interessen zu verteidigen und abzusichern.

---

[301] Sozialistische Korrespondenz. 9.6.1989.
[302] Siehe Sebor. 1991. Seite 13.
[303] Siehe Kurier. 25.1.1984.
[304] Siehe Die Presse. 26.1.1984.

Auch der nunmehrige Bundespräsident und damalige stellvertretende SPÖ-Chef Heinz Fischer sah im ORF den Garanten für die Erhaltung einer *„eigenständigen politischen, wirtschaftlichen und kulturellen österreichischen Identität"*[305]

Der Erhalt der „österreichischen Identität", die bezeichnenderweise für die SPÖ nur in der Medienpolitik eine relevante Rolle spielte, wurde zum Mantra der Monopolbefürworter.

Auch in den folgenden Jahren bemühte man immer wieder dieses Argument, wenn es galt, dem ORF weitere Sonderstellungen, Sonderrechte oder einfach nur viel Geld zuzuschanzen. Lediglich die Formulierungen und Ausdrücke wurden dem immer stärker um sich greifenden politisch korrekten Zeitgeist angepasst. Im Jahr 2006 klingt das bei Josef Cap dann so: *„(...) in einer Zeit, in der es kein Empfangsmonopol und kein Sendungsmonopol mehr gibt, in der aber alle daran interessiert sind, dass der ORF als eine Art kulturelles Identitätselement natürlich weiter existiert, um die österreichische Kulturidentität weiterzuentwickeln."*[306]

Der ORF soll die österreichische Identität nun nicht mehr „bewahren oder schützen", 2006 hätte so etwas bereits einen politisch unangenehmen Hautgout gehabt, deshalb geht es, im politisch korrekten Kauderwelsch um eine nicht näher definierte Weiterentwicklung der österreichischen Kulturidentität (was auch immer das sein oder bedeuten mag).

Obwohl die Formulierungen im Laufe der Jahre immer schwammiger werden, verkauft die SPÖ ihren ORF stets als einzig legitimen Bewahrer und Hüter der österreichischen Identität, als Felsen in der neoliberalen Brandung. Um diesem Argument zumindest etwas Substanz zu verleihen, musste man deshalb Bedrohungen für den ORF bzw. für Österreich konstruieren oder aufbauschen. Peter Schieder, neben Cap einer der vehementesten Verteidiger des ORF Monopols, warnt etwa im Jahr 2001: *„Keinesfalls wollen die Menschen, dass der ORF in*

---

[305] Sozialistische Korrespondenz. 2.6.1993.
[306] Stenographisches Protokoll der 158. Sitzung des Nationalrates. 12.7.2006.

ausländischen Besitz übergeht."[307] So, als ob das jemals ernsthaft zur Debatte gestanden wäre.

Zum argumentativen Standardrepertoire jedes sozialistischen ORF-Monopolbefürworters, jedes Linksintellektuellen und jedes erstsemestrigen Publizistikstudenten gehört auch der angebliche Qualitäts- und Niveauverlust, die Nivellierung nach unten, die mit der Liberalisierung des Rundfunkmarktes zwangsläufig einhergehen soll. Privatrundfunk war in der ORF-Monopolära – und ist es zum Teil noch bis heute – der Beelzebub der Linken. Ein Instrument der, von der Frankfurter Schule erdachten, Kulturindustrie, zur Verdummung der Massen.

„Im deutschen Sprachraum ist der kulturpessimistische und gesellschaftskritische Ansatz der Frankfurter Schule mit dem Fokus auf den Begriff „Kulturindustrie" vorherrschend."[308]

Privatrundfunkbetreiber waren und sind der Klassenfeind, den es zu bekämpfen galt und gilt. Wolfgang Langenbucher, Professor am Wiener Publizistikinstitut, ein typischer Vertreter seiner Zunft: *„Sie [die Privatsender, A.d.V.] kennen auf der nach unten offenen Einfaltsskala keine Grenzen."*[309]

Auch SPÖ-Mediensprecher Josef Cap will seinen Untertanen, pardon Mitbürgern, keine qualitativ minderwertigen Programme zumuten. Cap über die Privatsender: *„Es läßt sich ein ungeheurer Banalisierungsgrad feststellen".*[310]

Es scheint so, als setzten sich jene Kräfte, die mit allen Mitteln das ORF-Rundfunkmonopol erhalten möchten, lediglich für Qualität, (Hoch-)Kultur, Objektivität, Identität, Gerechtigkeit etc. ein, man stilisiert sich als Kämpfer für das Wahre, Schöne und Gute. *„Hand in Hand marschiert man also mit dem ORF gegen das Privatfernsehen und hängt sich auf beiden Seiten das Mäntelchen der Moral um."*[311]

---

[307] Sozialistische Korrespondenz. 27.3.2001.
[308] Luger. 1990. Seite 182.
[309] Austria Presse Agentur. 1.4.1998.
[310] Austria Presse Agentur. 14.4.1998.
[311] Multimedia. 18.9.1983.

Hans Mahr - einst Kreisky-Wahlkampfmanager und später RTL-Chefredakteur – hat bei einem Symposium der ÖVP zur Zukunft der elektronischen Medien viele der Argumente der sozialistischen Rundfunkmonopolisten als das entlarvt, was sie zumeist waren, Vorwände, um die Kontrolle und Macht über die elektronischen Medien in Österreich nicht abgeben zu müssen:

„Private machen schlechtes Programm

Was gut und schlecht ist, was tiefes und hohes Niveau hat – diese Entscheidung sollte man dem mündigen Bürger überlassen und nicht einer Geschmackskommission aus angeblichen Bildungspolitikern und vorgeblichen Kulturträgern. Ganz im Ernst: Der mündige Staatsbürger darf seinen Abgeordneten wählen, damit das Schicksal des Landes beeinflussen, er hat wohl auch das Recht, sich sein Programm auszusuchen. Und zweitens: Die Qualität, das Niveau und die Professionalität von Fernsehmagazinen wie ‚Spiegel TV' muß der öffentlich-rechtliche ORF erst liefern. Die Ernsthaftigkeit, die Spannung, die Härte des ‚Talk im Turm' würde ich mir für den müde gewordenen ‚Club 2' nur wünschen.

Nur der ORF gewährleistet österreichische Identität in einem gewaltigen deutschsprachigen Programmangebot

Wieso eigentlich nur der ORF? Jeder, auch der private Programanbieter aus Österreich, wird sich auf sein primäres Publikum zu konzentrieren haben. Und das heißt: Österreichische Information, österreichischer Sport, österreichische Kultur und österreichische Unterhaltung für österreichische Fernsehkonsumenten."[312]

Geändert hat sich seit den Ausführungen Hans Mahrs nichts. All diese kulturpessimistischen linken Klischees und Scheinargumente dienen vielen Sozialdemokraten und Linken bis heute als Vorwand, um die nach wie vor existierenden Sonderrechte der von ihr beeinflussten öffentlich-rechtlichen Rundfunkanstalt aufrechterhalten zu können.

---

[312] Maier (Hg.). 1993. Seite 13f.

19. Der Bock als Gärtner: Teddy Podgorskis Privatradiopläne

Nachdem der ORF seit dem Abgang Gerd Bachers wieder fest in roter Hand ist, bläst die ÖVP erneut zum Sturm auf das staatliche Rundfunk-Monopol. Nur wenige Tage nach der Wahl von Teddy Podgorski zum Generalintendanten, der laut Mediensprecher Heribert Steinbauer der Vertrauensmann der SPÖ-Zentrale ist[313], präsentiert ÖVP-Generalsekretär Michael Graff neue Pläne zur Liberalisierung des heimischen Rundfunkmarktes.

„Österreich bildet in Europa bereits eine anachronistische monopolistische Rundfunkinsel, für die es nunmehr gilt, vernünftige und innovative Lösungen zu finden."[314], so Mediensprecher Steinbauer.

Den Hütern des Rundfunkmonopols bläst ein immer schärferer Wind ins Gesicht. Angesichts der Entwicklungen in Europa und des damals bereits angestrebten Beitritts zur Europäischen Gemeinschaft ist den medienpolitischen Akteuren bewusst, dass das Rundfunkmonopol fallen wird, fallen muss. Es bestand also dringender Handlungsbedarf.

SPÖ und ORF müssen deshalb möglichst rasch Strategien entwickeln, das ORF-Monopol aufzuweichen, ohne dabei die mediale Vormachtstellung des ORF in irgendeiner Weise zu gefährden, also eine echte Liberalisierung des Rundfunkmarktes zu verhindern oder zumindest so lange als möglich hinauszuzögern.

Da trifft es sich gut, dass sich die Interessenslage der heimischen Zeitungsherausgeber in einigen Bereichen mit jener des ORF und der SPÖ deckt. Auch die regionalen Verlagshäuser wollen Privat-TV verhindern, also das ORF-Fernsehmonopol nicht antasten. Selbst können oder wollen sie nicht ins Fernsehgeschäft einsteigen, die Kosten hätte ihre finanziellen Möglichkeiten bei weitem gesprengt. Und auf neue Konkurrenten am heimischen Werbemarkt können

---

[313] Kriechbaumer 2008. Seite 435.
[314] Kriechbaumer 2008. Seite 435.

die Verleger gerne verzichten. ORF und Zeitungen wollen lieber unter sich bleiben und den Werbekuchen brüderlich teilen. Daraus entwickelt sich eine unheilige Allianz aus VÖZ, ORF und SPÖ. Ziel dieser „seltsamen Medien-Sozialpartner"[315] ist die Konservierung des ORF-Fernsehmonopols.

Bereits am 19. November 1985 beschließen die Chefs von ORF und VÖZ den sogenannten ersten „elektronischen Grundkonsens". Dieser Pakt wird bei SPÖ-Chef und Bundeskanzler Fred Sinowatz aus der Taufe gehoben.

Die Vereinbarung sieht vor, dass der ORF künftig auch an Sonn- und Feiertagen werben darf, was ihm pro Jahr rund 400 Millionen Schilling an Mehreinnahmen beschert[316], dafür verzichtet er auf regionale TV-Werbung. Beide Seiten kommen überein, in den kommenden drei Jahren *„nicht an der Machtbalance zwischen öffentlich-rechtlichem Rundfunk einerseits und privaten Zeitungen andererseits zu rütteln."*[317]

Der ORF verspricht zudem, die freien UKW-Hörfunk-Frequenzen von 100 MHz bis 108 MHz nicht anzurühren, damit, sollte Privatradio doch irgendwann eingeführt werden, auch genügend freie Frequenzen für die Verlagshäuser zur Verfügung stehen. Denn im Gegensatz zum teuren Fernsehen, sind die Zeitungen durchaus gewillt, sich als Radiobetreiber zu versuchen.

Rundfunkpolitische Fragen treten aber vorerst in den Hintergrund, denn am 13. September 1986 beginnt in Österreich eine neue politische Ära. Am FPÖ Parteitag in Innsbruck löst Jörg Haider Norbert Steger als Parteichef ab. Bundeskanzler Franz Vranitzky beendet daraufhin die Koalition mit den Freiheitlichen. Bei der folgenden Nationalratswahl am 17. November verlieren SPÖ (43,1%) und ÖVP (41,3%) Stimmen und Mandate, die FPÖ verdoppelt mit ihrem neuen starken Mann ihren Stimmenanteil und kommt auf 9,7%. Die Grünen schaffen mit 4,8% den Einzug ins Parlament.

SPÖ und ÖVP schließen sich zur großen Koalition zusammen, die Sozialdemokraten stellen mit Franz Vranitzky auch weiterhin den Bundeskanzler. Doch mit

---

[315] Fidler/Merkle. 1999. Seite 95.
[316] Ebenda.
[317] Ebenda.

Haiders Aufstieg gerät auch die bisherige politische Ordnung in Österreich ins Wanken. Das seit Jahrzehnten alle Bereiche durchdringende rot-schwarze Proporzsystem bekommt erste Risse, SPÖ und ÖVP haben erstmals einen ernstzunehmenden politischen Gegenspieler.

Dass nun die ÖVP nach langen Jahren auf der Oppositionsbank wieder in der Regierung sitzt, macht sich auch medienpolitisch bemerkbar. In seiner Regierungserklärung betont Kanzler Vranitzky: *„Unter Hinweis auf die "zentrale Stellung des ORF" sollen Gespräche hinsichtlich einer weiteren Liberalisierung des Rundfunks geführt werden."*[318]

Das klingt so, als wäre dieser Prozess längst eingeleitet worden. Ein liberaler Rundfunkmarkt ist damals aber noch weit und breit nicht in Sicht. Von solchen Feinheiten einmal abgesehen ist es für einen SPÖ Bundeskanzler aber ein gewaltiger Schritt, öffentlich eine Liberalsierung des Rundfunkmarktes anzudenken, wenn auch wenig konkret, nicht wirklich ernsthaft und selbstredend mit dem unvermeidlichen Zusatz, dass der ORF weiterhin eine zentrale Rolle spielen müsse.

Im Koalitionspakt von SPÖ und ÖVP heißt es: *„Im Zuge einer weiteren Liberalisierung des Rundfunks sollen Gespräche über die Einräumung von Sendezeit im lokalen Hörfunk und über die Nutzung von Frequenzen für private österreichische Programmgestalter geführt werden".*[319]

Doch Papier ist geduldig und die SPÖ sieht vorerst keinen *„akuten medienpolitischen Handlungsbedarf."*[320] Schließlich sei es, wie SPÖ-Zentralsekretär Heinrich Keller frei von jeder Ironie betont, *„auch immer falsch gewesen, den ORF als "Regierungsfunk zu vernadern".*[321]

Und weil, wie ohnehin alle Beteiligten wissen, der ORF eben doch ein Regierungssender oder besser eine SPÖ-nahe Rundfunkanstalt ist, hält Keller es auch *„nicht für zweckmäßig, wenn politische Parteien in die gewachsene Medien-*

---

[318] Austria Presse Agentur. 28.1.1987.
[319] Austria Presse Agentur. 16.1.1987.
[320] Fidler/Merkle. 1999. Seite 95.
[321] Austria Presse Agentur. 11.2.1987.

landschaft eingreifen"[322] Sprich, alles soll so bleiben wie es ist. Für den Privatrundfunk heißt es einmal mehr: Bitte warten!

Während die große Koalition ihre Liberalisierungspläne in der Schublade verschwinden lässt, setzen sich der ORF und die Zeitungen erneut zusammen, um die Medienpolitik selbst in die Hand zu nehmen. Monate lang verhandeln ORF und VÖZ. Am 24. November 1987 ist alles unter Dach und Fach, der zweite elektronische Grundkonsens wird beschlossen. Er ist, *„noch deutlicher als der erste, eine Art Tiefkühltruhe zur Erhaltung des rundfunkpolitischen Status quo."*[323]

Da sich beim Privat-TV die Interessenslage der beiden Vertragspartner seit dem ersten Grundkonsens nicht wesentlich verändert hat, wird vereinbart, dass es in den kommenden Jahren keinen weiteren Fernsehkanal in Österreich geben soll, weder einen privaten, noch einen öffentlich-rechtlichen. 1987 wohlgemerkt, als Privat-TV in fast ganz Westeuropa bereits Standard ist.

Im Radio geht man einen kleinen Schritt weiter. ORF und VÖZ wollen ein Pilotprojekt starten. Auch hier geht es aber nicht um eine echte Liberalsierung, sondern erneut um die Aufteilung des Rundfunkmarktes und von Einflusssphären zwischen den beiden „Medialpartnern".

Die Hauptpunkte des neuen Abkommens, das unter dem Namen „Radio Print" bekannt wird:

- *„Der ORF nimmt auf Konsensdauer davon Abstand, die Anzahl seiner Programme zu erweitern. Umgekehrt nimmt der VÖZ zur Kenntnis, daß Fernsehen in Österreich auf Konsensdauer – so wie bisher – öffentlich-rechtlich organisiert bleibt.*

- *ORF und VÖZ richten eine gemeinsame Projektgruppe ein, die klären soll, ob Radio unter privater Trägerschaft in regional begrenzten Räumen*

---
[322] Fidler/Merkle. 1999. Seite 96.
[323] Ebenda.

wirtschaftlich möglich ist, ohne die Vielfalt an Tageszeitungen und deren Ressourcen einerseits und ohne den gesetzlichen Auftrag des ORF andererseits zu gefährden. ORF und VÖZ beziehen sich dabei auf das Regierungsübereinkommen vom 16. Jänner 1987, in dem von "einer weiteren Liberalisierung des Rundfunks" in Richtung Lokal-Radio durch "private österreichische Programmveranstalter" die Rede ist. VÖZ und ORF sind sich darin einig, daß im Falle der Realisierung von Pilot-Projekten alle in ihrem Verbreitungsgebiet betroffenen Tageszeitungen und regionalen Wochenzeitungen mit bundeslandweiter Verbreitung auf Vorschlag des VÖZ zur Mitarbeit eingeladen werden sollen – für allfällige Pilot-Projekte gilt eine Mindestversuchsdauer von fünf Jahren.

- Derartige Projekte sollen innerhalb des geltenden Rundfunkgesetzes erstellt werden. Sollte sich herausstellen, dass gemeinsame Projekte nur durch eine Versuchsgesetzgebung außerhalb des Rundfunkgesetzes möglich sein sollten, werden die Vertragspartner entsprechend gemeinsame Initiativen setzen. Kommt es zu keinem Einvernehmen, steht es dem VÖZ frei, auch allein Gesetzesinitiativen zu ergreifen - es sei denn, der ORF erklärt, daß dadurch seine vitalen Interessen verletzt werden.

- Die dem ORF gesetzlich eingeräumten Werbelimits bleiben aufrecht, der ORF soll sich auch künftighin in erster Linie aus dem Gebührenaufkommen finanzieren."[324]

Völlig ungeniert versuchen ORF und Verleger, den Rundfunkmarkt unter sich aufzuteilen, für branchenfremde potentielle Marktteilnehmer heißt es hingegen: Wir müssen draußen bleiben! Was im Übrigen eindeutig verfassungswidrig ist. Man versucht nicht einmal, sich das Mäntelchen der Rundfunkliberalisierung

---

[324] Austria Presse Agentur. 24.11.1987.

umzuhängen. Diese Unverfrorenheit und Selbstbedienungsmentalität überrascht sogar Kenner der heimischen Rundfunkbranche.

SPÖ-Monopolhardlinern wie Heinrich Keller geht aber selbst dieses Papier zu weit. Zu einer Zeit, als sich die dualen Rundfunksysteme bereits in fast ganz Europa durchgesetzt haben, meint der SPÖ-Zentralsekretär: *„Es hat keinen Sinn, überstürzt einer Reform das Wort zu reden"*[325]

Bundeskanzler Franz Vranitzky ist hingegen mit dem Pakt, der das Rundfunkmonopol lediglich modifiziert, aber nicht beendet, zufrieden. Er bezeichnet das Abkommen als *„sehr positiv"*[326], als ihm ORF-Generalintendant Thaddäus Podgorski und der ehemaligen VÖZ-Präsident Julius Kainz den Pakt am 21. Jänner im Parlament feierlich überreichen. Der Ort ist nicht zufällig gewählt, sondern ein Wink mit dem Zaunpfahl. *„Damit auch gleich das Hohe Haus weiß, was es demnächst zu beschließen hat."*[327]

Der Bundeskanzler ist voll des Lobes. *„Vranitzky unterstrich den positiven Charakter der Lösung, auf diesem Weg mehr Liberalität herzustellen, das Monopol aufzulockern, aber auch, daß es österreichische Teilnehmer seien, Druck- und elektronische Medien, die zu diesem Konsens gefunden hätten. Vranitzky wünschte "gutes Gelingen des in vieler Hinsicht zukunftsweisenden Vorhabens."*[328]

Auch die ÖVP ist nicht mehr ganz so Feuer und Flamme für eine Rundfunkliberalisierung, die diesen Namen auch verdient. Vizekanzler und ÖVP-Chef Alois Mock gibt jedenfalls zu Protokoll: *„Mit dieser Lösung sei die "Tür zur Vielfalt aufgemacht" worden."*[329]

---

[325] Austria Presse Agentur. 2.12.1987.
[326] Austria Presse Agentur. 21.1.1988.
[327] Fidler Merkle. 1999. Seite 97.
[328] Austria Presse Agentur. 21.1.1988.
[329] Austria Presse Agentur. 21.1.1988.

Weniger euphorisch reagiert die Opposition: *"Der Inhalt des Vertrages verfestige das ORF-Monopol, anstatt mehr Vielfalt und Pluralismus zu ermöglichen"*[330], so etwa FPÖ-Generalsekretär Norbert Gugerbauer.

Der Pakt von ORF und VÖZ bildet jedenfalls die Grundlage für weitere Verhandlungen und es zeigt sich schnell, dass noch viele Punkte offen sind. Es dauert bis zum Sommer 1989, bis beide Verhandlungspartner ein neues Abkommen beschließen. Am 7. September stimmen die Zeitungsverleger für den neuen Pakt. Diesmal geht man noch offensiver an die Sache und nennt seine Vorstellungen zur Scheinliberalisierung gleich „Hörfunkversuchsgesetz"

Die Medienbrüder im Geiste drängen, ohne lange um den heißen Brei herumzureden, auf die Verabschiedung dieses Gesetzesentwurfs durch den Nationalrat. ORF und Verleger machen Medienpolitik, und die SPÖ gute Miene zum bösen Spiel. Medienrechtler Michael Holoubeck spricht von einem *„demokratiepolitisch bedenklichen Höhepunkt"* und von *„der Gestaltung staatlicher Medienpolitik durch die beteiligten Akteure."*[331]

Solche Bedenken quälen die Gewerkschaft freilich nicht, der ÖGB findet den Gesetzesvorschlag zukunftsweisend: *"Schließlich sei er die am besten geeignete Form, um auch weiterhin die Organisation des Rundfunks nach dem öffentlich-rechtlichen Prinzip zu sichern (...) und Wildwuchs und Chaos (...) auszuschließen."*[332]

Rundfunkliberalisierung auf österreichisch. Es ist aber kein Wunder, dass die Gewerkschaften den ORF-VÖZ-Pakt in ihr Herz geschlossen haben, denn mit einer Liberalisierung des österreichischen Rundfunkmarktes hat dieser Gesetzesentwurf recht wenig, eigentlich gar nichts, zu tun. Für die neuen „Privatradios" sollen folgende Regelungen gelten:

„die versuchsprogramme werden ueber orf-sender ausgestrahlt, die lizenzen vergibt das orf-kuratorium, die programmveranstalter haben eine diesbezuegliche vereinbarung mit dem orf zu schliessen, die der genehmigung durch das orf-

---

[330] Austria Presse Agentur. 21.1.1988.
[331] Fidler/Merkle. 1999. Seite 100.
[332] Austria Presse Agentur. 18.9.1989.

kuratorium bedarf. die anhoerung des jeweiligen bundeslandes ist vorgesehen. Ueber die einhaltung der gesetzlichen bestimmungen wacht die kommission zur wahrung des rundfunkgesetzes."[333]

Der ORF darf sich also seine Mitbewerber selbst aussuchen. Das hat nicht nur nichts mit Liberalisierung zu tun, ganz im Gegenteil, dies würde sogar eine massive Einschränkung der Meinungs- und Pressefreiheit in Österreich bedeuten: *„Zeitungen, die durch strategische Unternehmensinteressen an den ORF gebunden sind, werden über kurz oder lang ihre kritisch-kontrollierende Distanz zu eben diesem aufgeben."*[334]

Unbeeindruckt von solch kritischen Tönen sprechen ORF-General Teddy Podgorski und VÖZ Vorsitzender Herbert Binder von einem *„den Möglichkeiten des österreichischen Marktes entsprechenden realistischen Vorschlag."*[335]

ORF und VÖZ haben offenbar die Zeichen der Zeit nicht erkannt und sind mit ihren Vorschlägen weit über das Ziel hinausgeschossen. Während aufgrund der technologischen und internationalen Entwicklungen eine Liberalisierung des österreichischen Medienmarktes immer dringlicher wird, versuchen die beiden Big Player am heimischen Medienmarkt in die Gegenrichtung zu steuern.

Außer der SPÖ und dem ÖGB sind deshalb alle relevanten politischen Kräfte strikt gegen das Hörfunkversuchsgesetz, zu unverschämt und zu unverblümt wollten ORF und Verleger den Rundfunkmarkt unter ihre alleinige Kontrolle bringen.

Entsprechend scharf die Reaktion von Standard-Herausgeber Oscar Bronner: *„Daß man das als Liberalisierung verkauft, ist eine Unverfrorenheit."*[336] Gerd Bacher, der mittlerweile als Presse-Herausgeber fungiert und der seine Meinung und Haltung stets den Erfordernissen seines jeweiligen Jobs anpasst, poltert:

---

[333] Auszug aus dem Hörfunkversuchsgesetz. Kompletter Text siehe Anhang.
[334] Fidler/Merkle. 1999. Seite 99.
[335] Austria Presse Agentur. 28.9.1989.
[336] Austria Presse Agentur. 6.10.1989.

„Ich hoffe auf ein neues Rundfunkgesetz, das einen Konkurrenzrundfunk ermöglicht."[337]

Die Salzburger Nachrichten bringen die Kritik am ORF-VÖZ-Pakt auf den Punkt: „Demnach hätte praktisch der ORF-Generalintendant die Lizenzvergabe von Radio-Print in Händen (...). In letzter Konsequenz würde dies keine Beschränkung des ORF-Monopols, sondern sogar dessen De-facto Ausweitung bedeuten."[338]

Auch die ÖVP geht sofort auf Distanz zu dem kuriosen Gesetzesentwurf. Mediensprecher Heribert Steinbauer spricht von einem „Verteilungskartell für Lizenzen"[339] Und ÖVP-Generalsekretär Helmut Kukacka erklärt das Hörfunkversuchsgesetz für tot: „Jedenfalls sei für die ÖVP das Radio-Print-Projekt kein Verhandlungsgegenstand mehr. Es bringe nicht die erwünschte Liberalisierung im Hörfunkbereich und sei eine Art medienpolitisches „Monopol-Feigenblatt"[340]

Damit ist der Versuch von ORF und VÖZ, den Rundfunkmarkt unter sich aufzuteilen, vorerst gescheitert. SPÖ und ÖVP wollen nun erstmals selbst Medienpolitik machen und lassen „Experten" aus ihren Reihen an entsprechenden Gesetzesentwürfen basteln.

---

[337] Austria Presse Agentur. 6.10.1989.
[338] Austria Presse Agentur. 6.10.1989.
[339] Fidler/Merkle. 1999. Seite 99.
[340] ÖVP Presseaussendung (OTS). 10.11.1989.

20. Blaues Auge: Das FPÖ-Volksbegehren gegen das ORF Monopol

Das Chaos in der heimischen Medienpolitik und den immer stärker werdende Druck zur Liberalisierung des Rundfunkmarktes will auch Jörg Haider für seine Zwecke nutzen. Er plant ein Volksbegehren gegen das ORF-Monopol. Der Kampf gegen die öffentlich-rechtliche Anstalt und das Rundfunkmonopol bietet sich für Haider und die FPÖ gleich aus mehreren Gründen geradezu an.

Der ORF steht wie kaum eine andere staatliche bzw. staatsnahe Institution für Postenschacher, politische Einflussnahme, Proporz und Misswirtschaft. Er ist Symbol und Ergebnis der Politik der beiden „Altparteien"[341]. Für Haider, der immer wieder betont, sein Ziel sei es, die verkrusteten Strukturen des Landes aufbrechen zu wollen, bietet das Rundfunkmonopol, ein Relikt aus der rot-schwarzen Proporzära, eine ideale Angriffsfläche.

Für die SPÖ ist der ORF ein enorm wichtiges und geradezu unverzichtbares Instrument zu Erhaltung ihrer Macht, jede Schwächung des Monopolsenders nutzt deshalb der FPÖ. Dies spiegelt sich auch in der Verbissenheit wider, mit der die Sozialisten, trotz aller internationaler und technischer Entwicklungen, am ORF-Monopol festhalten.

Zudem wird Haider seit dem Beginn seiner Politkarriere von den ORF-Journalisten nahezu täglich medial abgewatscht, er und die Freiheitlichen stehen permanent am Pranger der öffentlich-rechtlichen Meinungsanstalt. Das Verhältnis zwischen ORF und FPÖ ist entsprechend, Jörg Haider spricht von einem *„latenten Kriegszustand"*[342], zudem sei der öffentlich-rechtliche Rundfunk ein *„Tummelplatz für Partei- und Ministersekretäre, die dort im Endlagerzustand ihre Ausgedinge fristen."*[343]

---

[341] Ein Begriff, den Haider sehr oft verwendet, um die FPÖ als junge neue politische Kraft zu positionieren.
[342] Austria Presse Agentur. 14.2.1989.
[343] Siehe Der Standard. 28.11.1989. Seite 7.

Jeder Privatsender, der dem ORF Zuseher und Marktanteile kostet, ist deshalb ein Gewinn für die FPÖ. Haider auf einem Medienkongress der FPÖ: *„Mehr Wettbewerb würde zu einer qualitativen Programmverbesserung führen und die Einflussnahmen und Interventionen der politischen Parteien im ORF zurückdrängen."*[344]

Das Hörfunkversuchsgesetz bezeichnet er als *„Signal für eine Lockerung des Monopols, die FPÖ sei aber für eine substantiellere Liberalsierung."*[345] Heide Schmidt, damals noch FPÖ-Generalsekretärin: *„Der ORF gleicht mehr einem Ministerium als einem privatwirtschaftlichen Unternehmen".*[346]

Die SPÖ reagiert auf die Ankündigung von Heide Schmidt, ein Volksbegehren gegen das ORF-Rundfunkmonopol in die Wege zu leiten, mit gewohnten und bekannten Reflexen. Der Landesparteisekretär der SPÖ-Vorarlberg, Hanno Schuster, diktiert der Sozialistischen Korrespondenz: *„Das FPÖ-Volksbegehren zur Abschaffung des sogenannten ORF-Monopols ziele lediglich daraufhin, die weit über die Grenzen Österreichs hinaus anerkannte Arbeit des ORF zunichte zu machen (...)Das Volksbegehren der Freiheitlichen ziele lediglich darauf ab, die im Informationsbereich zweifelsohne beispielhafte Berichterstattung des ORF herabzuwürdigen. Die Zulassung weiterer Fernsehmacher in Österreich bedeute nicht ein Mehr an Informationsvielfalt, sondern im Gegenteil ein Weniger an Informationsvielfalt. (...) Die SPÖ lehne daher dieses Volksbegehren auf das Entschiedenste ab."*[347]

Wenig überraschend auch die Reaktion des ORF. Generalintendant Teddy Podgorski: *„Es gibt keinen Grund das ORF-Monopol in Frage zu stellen. Bereits 40 Prozent aller österreichischen Haushalte können zusätzlich ausländische Fernsehprogramme empfangen. Damit seien Wettbewerb und Wahlmöglichkeit gegeben."*[348]

---

[344] Siehe Eminger. 1991. Seite 43.
[345] Austria Presse Agentur. 7.9.1989.
[346] Siehe Eminger. 1991. Seite 62.
[347] Sozialistische Korrespondenz. 27.11.1989.
[348] Austria Presse Agentur. 12. 6.1989.

Haider hat offenbar das Rundfunkvolksbegehren aus dem Jahr 1964 im Sinn, das über 800.000 Österreicher unterschrieben hatten. Entsprechend hoch sind die Erwartungen innerhalb der FPÖ. Heide Schmidt legt die Latte auf 250.000 Unterschriften, alles was darunterliege, wäre eine Enttäuschung, so Schmidt in einem Interview.[349] Haider will sich auf keine konkrete Zahl festlegen, allerdings: *„Die Grenze nach oben hin ist offen."*[350]

Gerd Bacher, zu diesem Zeitpunkt gerade einmal nicht ORF-Generalintendant, ist, was die Beteiligung der Bürger am FPÖ-Volksbegehren betrifft, eher skeptisch, da *„den Österreichern die Medienpolitik wurscht sei."*[351] Am 7. September beschließen jedenfalls die Gremien der FPÖ das Volksbegehren einzuleiten.

Die Ziele des Volksbegehrens:

„Zulassung privater Radio- und Fernsehveranstalter neben dem Österreichischen Rundfunk, womit ein qualitativer Programmwettbewerb (zunächst im Radiobereich) ermöglicht wird;

Öffnung der Kabelnetze für neue Rundfunkdienste ("aktiver Kabelrundfunk");

freie Verbreitung und Empfang ausländischer Programme (Kabel- und Satelliten-Empfangsfreiheit);

Chancensicherung für österreichische Filmproduzenten, Journalisten und Techniker im internationalen Medienwettbewerb.[352]

Am 27. November 1989 startet das Volksbegehren. Bis zum 4. Dezember haben die rund 5,5 Millionen stimmberechtigte Österreicher Zeit, das „Volksbegehren zur Sicherung der Rundfunkfreiheit" zu unterschreiben.

---

[349] Siehe Eminger. 1991. Seite 51.
[350] Siehe Eminger. 1991. Seite 51.
[351] Siehe Eminger. 1991. Seite 44.
[352] Gesamter Volksbegehrenstext siehe Anhang

Anders als im Jahr 1964, als die parteiunabhängigen Zeitungen, die das Volksbegehren initiiert hatten, einen wahren publizistischen Sturm entfacht hatten, bleibt es 1989 ruhig im Blätterwald. Keine Schlagzeilen, keine Aufrufe, lediglich einige dürre Kurzmeldungen auf den hinteren Seiten informieren die Österreicher über das laufende Volksbegehren. Das liegt unter anderem auch daran, dass die Aufmerksamkeit der Medien und der Bevölkerung damals auf Osteuropa gerichtet ist, wo gerade der real existierende Sozialismus kollabiert.

Auch die ÖVP, die sich zwar ebenfalls für ein Ende des Rundfunkmonopols ausspricht, unterstützt das Volksbegehren nicht. Die Grünen (damals noch Grün-Alternativen), die Journalistengewerkschaft und die IG Autoren organisieren sogar eine gemeinsame Pressekonferenz, um sich in trauter Eintracht für die Beibehaltung des Monopols auszusprechen.[353] Und wie bereits vor 25 Jahren hält SPÖ-Klubobmann Heinz Fischer ein Volksbegehren zur Lösung solcher medienpolitischer Fragen für ungeeignet.

Das FPÖ Volksbegehren wird ein Flop. Der bis dahin erfolgsverwöhnte Jörg Haider kassiert sein erstes blaues Auge. Gerade einmal 109.389 Österreicher unterschreiben. Das sind zwar mehr, als die für die parlamentarische Behandlung erforderlichen 100.000 Unterschriften, aber es ist das schlechteste Ergebnis aller bisherigen Volksbegehren.

Die SPÖ und alle anderen Monopolbefürworter und -nutznießer brechen in ein regelrechtes Jubelgeheul aus. ORF-Generalintendant Teddy Podgorskis spricht von einem *„Erfolg für den ORF"* und dass *„die überwältigende Mehrheit des Publikums grundsätzlich mit dem ORF zufrieden sei."*[354]

Für SPÖ Monopol-Hardliner Josef Cap ist die kleine heimische Rundfunkwelt nun wieder in Ordnung, er interpretiert das Ergebnis indirekt als Willensbekundung der Österreicher für ein Monopol. Die Grünen freuen sich doch etwas zu früh über einen *„Bruchpunkt für den Erfolg der FPÖ"*[355], für die Journalistenge-

---

[353] Siehe Eminger. 1991. Seite 64.
[354] Austria Presse Agentur. 4.12.1989.
[355] Siehe Eminger. 1991. Seite 82.

werkschafter beweist das Ergebnis, dass *„die Bevölkerung kommerziellen Rundfunkinteressen eine klare Absage erteilt hat."*[356]

Zufriedenheit auch bei der ÖVP, aber im Gegensatz zur linken Reichshälfte interpretiert sie den Misserfolg des Volksbegehrens nicht als Ja zum Monopolrundfunk. ÖVP-Generalsekretär Helmut Kukacka: *„Wir haben alle unsere Sympathisanten davor gewarnt, das Volksbegehren zu unterzeichnen. Schon deshalb kann der Misserfolg nicht als Zustimmung zum ORF-Sendemonopol gewertet werden."*[357] Und außerdem, so Kukacka, frei von jeder Ironie: *„verhandeln wir gerade mit der SPÖ einen konkreten Gesetzesentwurf über privaten Rundfunk."*[358]

Es bleibt einigen wenigen Journalisten überlassen, das Ergebnis des Volksbegehrens halbwegs neutral und vernünftig zu interpretieren. Eine treffendere Analyse liefert etwa Die Presse:

„Haider hat mit untauglichen Mitteln und einem falschen Thema – es geht den Leuten nicht mehr unter die Haut – versucht, neuerlich eine (Wahl)Kampfsituation herbeizuführen, weil er in einer solchen immer am besten zu reüssieren glaubt. Er hat sich verkalkuliert. Mehr nicht. Die technische Entwicklung und die Zeit werden das ORF-Monopol erledigen."[359]

Noch ist es aber nicht erledigt. Das laue Ergebnis des Rundfunkvolksbegehrens hat den Monopolbefürwortern wieder etwas Zeit verschafft. Trotz diverser Lippenbekenntnisse, Ankündigungen und programmatischer Ansagen darf der ORF deshalb auch weiterhin ganz alleine und ohne lästige Konkurrenten vor sich hinsenden und für die SPÖ den gut bezahlten Hofschranzen spielen.

Trotzdem stehen immer mehr Privatrundfunkpioniere in den Startlöchern. Sie wollen sich nicht mehr länger mit diesem anachronistischen rundfunkpolitischen Zustand abfinden und darauf warten, dass sich SPÖ und ÖVP doch irgendwann einmal entschließen, den Rundfunk halbherzig zu liberalisieren. Sie

---

[356] Siehe Eminger. 1991. Seite 83.
[357] Neue Arbeiterzeitung. 5.12.1989. Seite 4.
[358] Neue Arbeiterzeitung. 5.12.1989. Seite 4.
[359] Die Presse. 5.12.1989.

wollen trotz des Monopols den großen und attraktiven ostösterreichischen Radiomarkt erobern.

21. Radio CD: Der Feind aus dem Osten

In Kärnten, der südlichen Steiermark und in Tirol sind zu dieser Zeit bereits mehrere Radiosender mit österreichischem Programm aus den südlichen Nachbarländern Italien und Jugoslawien (später Slowenien) zu empfangen. Viele dieser kleinen, oftmals amateurhaft geführten Sender, konnten aber weder am Hörer-, noch am Werbemarkt reüssieren. *„Den Radios ist kein wirtschaftlicher Erfolg beschieden. Die meisten stellen still und leise ihren Sendebetrieb wieder ein."*[360] Lediglich Willi Webers Radio Uno und zum Teil auch das aus Jugoslawien/Slowenien einstrahlende MM2 erzielen nennenswerte Reichweiten und können dementsprechend auch in Österreich erfolgreich Werbezeiten verkaufen.[361]

Radiosender	*Tagesreichweite in 1000*
Radio UNO 1 +2	56.000
MM2	42.000
Antenne Austria Süd	6.000

(Quelle: Fessel + GfK; Optima Tagesreichweite 1992)

Der ORF ist über diese Situation zwar alles andere als glücklich, der Schaden hält sich aber in Grenzen. Die Tagesreichweiten und Marktanteile der Grenzlandsender bewegen sich in überschaubarem Rahmen, Kärnten und die südliche Steiermark sind zudem nicht gerade dicht besiedelt. Abgesehen von einigen halbherzigen Versuchen, hält sich der ORF deshalb mit seinen Aktivitäten zur Be- und Verhinderung dieser Sender weitgehend zurück, zumal auch der

---
[360] Fidler. 1999. Seite 104.
[361] Radio UNO kommt auf rund 10 % Tagesreichweite in Kärnten. Siehe Sebor.1991. Seite 61.

Einfluss von SPÖ und ORF auf die Entscheidungsträger im fernen Rom eher bescheiden ist.

Anders sieht es im Osten Österreichs aus. Hier ist die Ausgangslage eine völlig andere. Alleine im Großraum Wien leben rund zwei Millionen Menschen, das Pro- Kopf-Einkommen liegt in dieser Region deutlich über dem österreichweiten Schnitt, von Wien bis zur tschechoslowakischen Grenze sind es gerade einmal 60 Kilometer, und dazwischen gibt es keine hohen Berge, die den Empfang eines einstrahlenden UKW-Senders in Wien behindern könnten.

Da trifft es sich gut, dass die kommunistischen Regimes in ihren letzten Zügen liegen und dringend Devisen brauchen. Eine Gruppe von Privatradiopionieren startet 1988 ein waghalsiges Projekt: Günther Schuster, ein niederösterreichischer Bauunternehmer, Wolfgang Cejda, Anzeigenverkäufer bei der Kronenzeitung, Peter Düll, Hochfrequenztechniker, der bereits im italienisch-österreichischen Grenzgebiet Radiosender aufgebaut hat, der Filmproduzent Ronald P. Vaughan, Werbefachmann Walter Tributsch und Kurier-Redakteur Franz Eder wollen von der damals noch kommunistischen tschechoslowakischen Provinzhauptstadt Bratislava aus, Wien und Teile Niederösterreichs mit einem österreichischen Privatradioprogramm versorgen. Der Plan: der slowakische Rundfunk soll den österreichischen „Radiopiraten" eine freie UKW-Frequenz und die entsprechenden Sendeanlagen in Bratislava, das direkt an der österreichischen Grenze liegt, gegen Devisen vermieten. Der Name des geplanten Senders: Radio CD International (später nur noch Radio CD).

Franz Eder unterhält gute Kontakte in die ČSSR[362] . Die soll er nun nutzen, um über Umwege eine Verbindung zum staatlichen Rundfunk aufzunehmen. Nach mehreren Wochen gibt es erste direkte Gespräche hinter dem Eisernen Vorhang: *„Es gab eindeutige Signale seitens der Rundfunkverantwortlichen: wir wollen mit Euch zusammenarbeiten – nicht zuletzt deswegen, weil auch der ČSSR-Kommunismus in seiner allerletzten Phase finanziell am Boden war, und wir ja wertvolle Devisenbringer zu sein schienen."*[363]

---

[362] ČSSR: Abkürzung für Československá socialistická republika.
[363] Siehe Düll. 2006. Seite 25.

Trotz der grundsätzlichen Bereitschaft, dieses Projekt umzusetzen, gestalten sich die Verhandlungen mit den politisch Verantwortlichen als langwierig und mühsam: *„Es vergeht Woche um Woche, Monat um Monat – immer wieder bekommen wir Einladungen in die ČSSR – auch zu offiziellen, detaillierten Gesprächen im staatlichen Rundfunk. Doch noch immer fehlt die Freigabe des Zentralkomitees der KPC*[364][365].

Obwohl die österreichischen Privatradiopioniere um größte Geheimhaltung bemüht sind, bekommt die österreichische Medienszene Wind von dem Projekt. Am Küniglberg läuten die Alarmglocken, der ORF setzt alles in Bewegung um das Radioprojekt zu Fall zu bringen. Der unliebsame Konkurrent für die ORF-Stationen Ö3 und Radio Wien soll erst gar nicht zu senden beginnen. Eine hochrangige ORF-Delegation, bestehend aus ORF-Generalsekretär Gerhard Zeiler, Gerhard Weis, zuständig für Öffentlichkeitsarbeit und Unternehmensplanung und Paul Twaroch, der Intendant des ORF Niederösterreich macht den Tschechoslowaken - laut den Angaben eines ehemaligen Radio CD-Mitarbeiters[366] - ein unmoralisches Angebot. Der ORF will dem slowakischen Rundfunk rund 36 Millionen Schilling zukommen lassen, wenn dieser das Privatradioprojekt platzen lässt.

Für die heimischen Privatradiopioniere bedeutet das zwar nicht das Ende ihres Traums, aber sie müssen für die Sendermiete nun deutlich tiefer in die Tasche greifen *„und am Ende ihr Angebot nachbessern."*[367]

Zudem gibt es immer wieder versteckte Drohungen und Warnungen gegen die künftigen Radio CD-Macher. Da diese immer wieder zu Verhandlungen in die Tschechoslowakei reisen, deponieren sie aus Angst und als Rückversicherung brisante Dokumente bei ihren Anwälten. Diese sollen veröffentlicht werden, falls einer von ihnen hinter dem Eisernen Vorhang - aus welchen Gründen auch immer - verschwinden sollte.[368] Von dieser Maßnahme setzt man auch den ORF

---

[364] KPC: Kommunistische Partei der Tschechoslowakei.
[365] Siehe Düll. 2006. Seite 26.
[366] Name dem Autor bekannt.
[367] Düll. 2006. Seite 27.
[368] Information aus Gesprächen und Interviews, die der Autor mit ehemaligen Radio CD Verantwortlichen geführt hat.

in Kenntnis. Man rechnet jedenfalls mit dem Schlimmsten. Ob die Ängste und Vorsichtsmaßnahmen der Privatradiopioniere übertrieben oder gerechtfertigt sind, lässt sich aus heutiger Sicht nicht mehr seriös beantworten. Passiert ist den Radio CD-Machern jedenfalls nichts.

369

Die Zeiten in der Tschechoslowakei sind damals äußerst turbulent. Die kommunistischen Machthaber werden abgesetzt und auch die Rundfunkverantwortlichen verlieren im Zuge der samtenen Revolution ihre Posten. Während des Zusammenbruchs des kommunistischen Regimes und dem demokratischen Aufbruch gelingt es den heimischen Radiopionieren im Jänner 1990, die notwendi-

---

[369] Karel Stary, Generalsekretär des tschechoslowakischen Rundfunks und Walter Tributsch von Radio CD nach der Vertragsunterzeichnung. Quelle: Pressunterlagen von der Radio CD Pressekonferenz am 17.1.1990.

gen Kooperationsverträge mit dem tschechoslowakischen Rundfunk abzuschließen.

Am 31. März 1990 um exakt 05:15 Uhr geht Radio CD auf 101,8 MHz, einer Frequenz des tschechoslowakischen Rundfunks, auf Sendung. Dass der neue Sender wenig mit den vielen kleinen und meist unprofessionellen „Piratensendern", die von Italien aus nach Österreich einstrahlen, gemein hat, will Radio CD von Anfang an unter Beweis stellen. So holt man sich als Programmchef den bekannten Ö3-Mann Gotthard Rieger ins Boot oder besser in die Pyramide.[370]

Wien wird mit Werbeplakaten regelrecht zugepflastert. Insgesamt fünf Millionen Schilling[371] werden in die Werbekampagne zum Start des Senders investiert. Bei einer Kick-Off-Party in Vösendorf bei Wien versucht man, bei den rund 1.000 geladenen Gästen aus der Werbe- und Medienbranche mit Hilfe von Stargast La Toya Jackson Stimmung für den neuen Sender zu machen.

Die Befürchtungen von ORF und SPÖ treten nun allesamt ein. Die öffentlich rechtlichen Monopolsender bekommen es, trotz aller Bemühungen der SPÖ das Monopol zu schützen, nun erstmals mit einem ernsthaften Konkurrenten zu tun. Entsprechend groß ist die Freude bei der oppositionellen FPÖ. Der freiheitliche Klubchef Norbert Gugerbauer: *„Es ist ein Treppenwitz der Geschichte: Bis vor kurzem versuchten westliche Radiostationen, zum Beispiel Radio Liberty, das Informationsmonopol des realen Sozialismus in Osteuropa zu durchbrechen. Heute müssen private österreichische Radiosender nach Ungarn, in die Tschechoslowakei ausweichen, um im Land des sogenannten demokratischen Sozialismus für einen freien Äther zu sorgen."*[372]

Die Investitionen in Programm und Marketing lohnen sich. Nach rund einem Jahr hat Radio CD in seinem Sendegebiet[373] laut einer Studie des österreichischen Gallup-Instituts einen Bekanntheitsgrad von 69%. Die Tagesreichweite liegt laut dieser Befragung bei 19%.[374]

---

[370] Der slowakische Rundfunk residiert in Bratislava in der sogenannten Rundfunkpyramide.
[371] ca. € 365.000,. Im Jahr 1990 noch eine beträchtliche Summe.
[372] Stenographisches Protokoll Nationalrat XVII. G P - 122 - Sitzung – 1.12. 1989.
[373] Wien, östliches Niederösterreich und nördliches Burgenland.
[374] Siehe Düll. 2006. Seite 30.

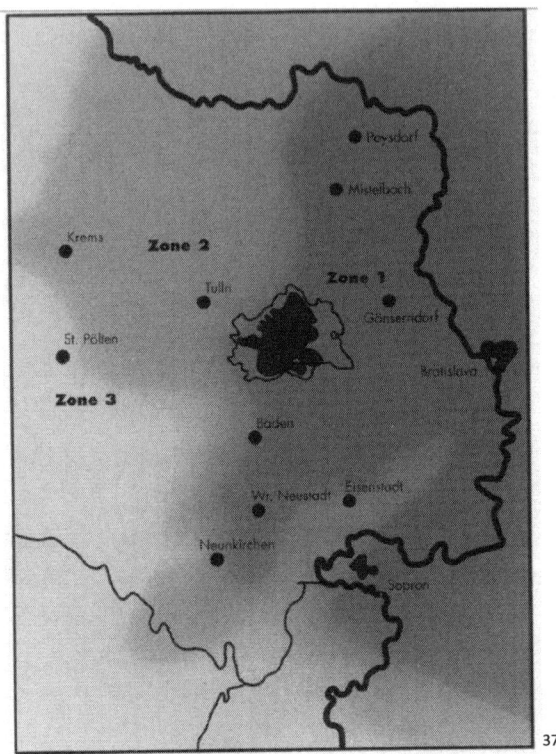

375

Das gefällt auch der heimischen Werbewirtschaft. Die Kassen bei Radio CD klingeln: *„Die Umsätze erreichen 1993 dreistellige Millionen Schilling Beträge."*[376]

All das ist für den ORF höchst unerfreulich, schließlich ist der öffentlich-rechtliche Popsender Ö3 auf die neue Konkurrenzsituation völlig unvorbereitet. Offenbar hatte die ORF-Führung bis zuletzt damit gerechnet, den Start von Radio CD doch noch verhindern zu können. Ö3 ist damals noch weit von einem mo-

---

[375] Radio CD Sendegebiet. http://www.radiocd.at/history/radiocd_stellt_sich_vor.pdf (6.10.2011).
[376] Siehe Düll. 2006. Seite 33.

dernen durchhörbaren Formatradio, das auf die Bedürfnisse und Interessen seiner Zielgruppe abgestimmt ist, entfernt. Ein einstündiges Nachrichtenjournal zu Mittag oder die anspruchsvolle und sperrige Jugendkultursendung „Musicbox", treiben jene Hörer, die leichte Unterhaltung, nette Popmusik und flotte Moderationen bevorzugen, in Scharen zu Radio CD.

Der ORF reagiert auf den neuen Konkurrenten mit zwei Strategien. Zum einen wird das Programm von Ö3 zumindest halbherzig reformiert, so verschwindet etwa die Musicbox vom Nachmittag in die unproblematischeren späten Abendstunden. Im März 1992 wird dann das Programm des schwächelnden Senders Radio Wien einer Totalreform unterzogen. Der Grund: während die ORF Regionalsender wie etwa Radio Burgenland oder Radio Tirol Marktanteile von um die 60% erzielen, dümpelt Radio Wien bei nicht einmal 20% herum. Das ehemals altbackene Schlagerprogramm wird durch ein Oldie/Softpop Format ersetzt.

Die ORF-Führung begnügt sich aber nicht damit, die Programme ihrer Sender der neuen Situation am ostösterreichischen Radiomarkt anzupassen, hinter den Kulissen versucht man weiterhin, den unliebsamen Konkurrenten den Garaus zu machen. ORF und SPÖ üben Druck auf die mittlerweile slowakische Regierung[377] aus. ORF-Generalintendant Gerd Bacher schreibt einen bösen Brief an seinen slowakischen Amtskollegen. Inhalt: Radio CD gefährde die slowakisch-österreichischen Beziehungen. Ins gleiche Horn stößt Bundeskanzler Franz Vranitzky. Auch er versucht beim slowakischen Premier Vladimír Mečiar, mit denselben Argumenten Stimmung gegen Radio CD zu machen.

Der Grund für die Aktivitäten im Hintergrund: Radio CD hat sich rasch als feste Größe am ostösterreichischen Hörfunk.- und Werbemarkt etabliert. Der offizielle und von allen anerkannte Radiotest weist im Jahr 1993 für Radio CD eine Tagesreichweite von 15,3%[378] in Wien aus[379].

Die Gewinne, die Radio CD einfährt, werden in verschiedene andere Rundfunkprojekte investiert. Anfang 1993 betreibt die Radio CD-Gruppe gemeinsam mit

---

[377] Am 1.1.1993 spaltete sich die Tschechoslowakei in die beiden Staaten Tschechien und Slowakei.
[378] Montag bis Sonntag; Hörer von 14 bis 49 Jahren.
[379] Siehe Düll. 2006. Seite 33.

dem slowenischen Rundfunk Radio Marburg International (RMI), hält Anteile am slowakischen Sender RockFM und an Radio Monte Carlo[380], zudem gibt es Pläne für einen Privatfernsehsender in der Schweiz, die aber relativ rasch wieder fallengelassen werden.

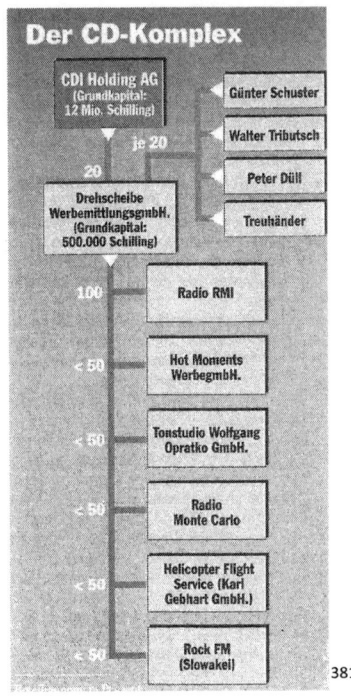
[381]

Doch der Erfolgslauf von Radio CD wird jäh unterbrochen. Am 1. Oktober dreht die slowakische Telekom den Sender ab.[382] Die vage Begründung: *„eine nichtkorrekte Antennenposition bzw. nichtkonforme Ausstrahlung."*[383]

---

[380] Austria Presse Agentur. 15.4.1993.
[381] Wirtschaftswoche. Nr.10/4. März 1993.
[382] Siehe Düll. 2006. Seite 34.
[383] Austria Presse Agentur. 2.10.1993.

Ministerpräsident Vladimír Mečiar begründet die Abschaltung auf Nachfrage von Journalisten mit *"gesetzlichen Problemen (...). Außerdem seien noch Gebühren ausständig"*

Die Radio CD-Mannschaft ist verzweifelt, alleine am ersten Tag verliert der Sender laut eigenen Angaben rund 500.000 Schilling.[384] Die Radio CD-Führung wendet sich an den damaligen Außenminister Alois Mock von der ÖVP, dieser *„reagiert rasch und ruft noch im Beisein der Mitarbeiter im slowakischen Außenamt an, um die Wiedereinschaltung herbeizuführen."*[385]

Selbst die Journalistengewerkschaft, bisher stets vehementer Verteidiger des ORF-Monopols, protestiert gegen die *„unmotivierte und unangekündigte Abschaltung des Senders von Radio CD durch das slowakische Verkehrsministerium."*[386]

Der Gewerkschaft geht es aber weniger um einen liberalen Rundfunkmarkt als vielmehr um die 55 Arbeitsplätze, die nun gefährdet sind. Allerdings fordern die Gewerkschafter - in weiser Voraussicht - nicht Genossen Vranitzky auf, sich für Radio CD stark zu machen, sondern ÖVP-Außenminister Mock.

Nach langen zähen Verhandlungen auf höchsten politischen Ebenen gelingt es der Radio CD-Leitung mit Unterstützung der ÖVP, die Wiedereinschaltung des Senders zu erreichen. Am 13. Oktober geht Radio CD wieder on Air. Zuvor hatte der für Rundfunk zuständige slowakische Verkehrsminister Roman Hofbauer allerdings eine Bedingung gestellt: Radio CD darf als offiziellen Grund für die Abschaltung nur einen technischen Defekt angeben.[387]

Um die SPÖ noch zusätzlich zu ärgern, verkündet die ÖVP stolz *„Das Eintreten in dieser Angelegenheit von Bundesparteiobmann BUSEK und Außenminister MOCK durch Gespräche mit dem slowakischen Ministerpräsidenten MECIAR, hat sich für den Erhalt einer größeren Medienvielfalt in Österreich bewährt."*[388]

---

[384] Siehe Düll 2006. Seite 34.
[385] Siehe Düll 2006. Seite 34f.
[386] Austria Presse Agentur. 2.10.1993.
[387] Siehe Düll 2006. Seite 35.
[388] ÖVP Pressedienst 12.10.1993.

Die Freude ist groß: Radio CD ruft spontan eine nächtliche Wiederauferstehungsparty aus. Rund 3.500 Fans kommen in die Lugner City. Doch so sehr sich die Mitarbeiter und die Hörer freuen, die 12-tägige Sendepause hat für den Radio CD schwerwiegende – und von vielen durchaus gewollte – Folgen: dem Sender ist nicht nur ein enormer finanzieller Schaden entstanden, die Werbekunden sind zudem höchst verunsichert. Gerüchte um Liquiditätsprobleme machen die Runde. Der ORF darf sich freuen.

Anfang Dezember kündigt das für Rundfunk zuständige Ministerium erneut an, Radio CD abzudrehen. *„Radio CD sende vom Territorium der Slowakei aus ohne Registrierung, die Sendungen seien daher als ‚Piraterie' einzustufen"*[389], so ein Regierungssprecher. Zum Jahreswechsel ist dann tatsächlich Schluss. Radio CD ist zum zweiten Mal Off Air.

Diesmal dauert die Abschaltung allerdings wesentlich länger. Erst am 14 Juli 1994 darf Radio CD wieder senden. Eine Klage beim Europäischen Gerichtshof für Menschenrechte wegen Enteignung, *„führte beim zuständigen Verkehrsminister Mikuláš Dzurinda zum Umdenken."*[390] Diesmal allerdings auf der etwas schwächeren Frequenz 96,6. Denn im Gegensatz zu Österreich ist in der bis vor kurzem noch kommunistischen Slowakei, Privatradio mittlerweile erlaubt. Auf der ehemaligen Radio CD-Frequenz 101,8 MHz sendet nur der slowakische Privatsender Radio Twist.

Doch die monatelange Zwangssendepause hat den Sender an den Rand des Ruins getrieben. Die Einnahmen sind ausgeblieben, die Werbebranche ist vorsichtig geworden und bucht nur noch zögerlich, die halbe Mannschaft hat sich verabschiedet um sich neue Jobs zu suchen. Trotzdem kann der Konkurs abgewendet werden.

Das Studio von Radio CD wird von der Rundfunkpyramide in die Wiener Lugner City übersiedelt, langsam erholt sich der Sender wieder, die Werbewirtschaft gewinnt das Vertrauen zurück. Doch am 3.9.1996 ist endgültig Schluss. Die slowakische Telekom dreht zum dritten Mal den Sender ab. Diesmal gibt es kein Comeback, trotz monatelanger Verhandlungen beginnt im Juni 1997 auf der

---

[389] Austria Presse Agentur.
[390] Düll. 2006. Seite 35.

ehemaligen Radio CD-Frequenz das staatliche Radioprogramm Slovensko 1 zu senden. Damit kann die Radio CD-Führung auch die letzten Hoffnungen auf eine Wiederinbetriebnahme ihres Senders begraben.

Der ORF darf sich freuen, am ostösterreichischen Radiomarkt ist er nun wieder alleiniger Herrscher über den Rundfunkmarkt. Radio CD war damals allerdings nicht der einzige Versuch aus einem östlichen Nachbarland das ORF-Rundfunkmonopol zu brechen. Die Antenne Austria hatte bereits 1989[391] versucht den Wiener Radiomarkt von Ungarn aus zu erobern. Auf der Frequenz des ungarischen Senders Radio Danubius sendete unter der Leitung des Ex-Ö3-Moderators Thomas Klock die Antenne Austria vorerst vier Stunden tägliches Programm für Ostösterreich, später dann 24 Stunden pro Tag. Allerdings weitaus weniger erfolgreich als Radio CD. Grund dafür war die zu schwache Sendeleistung und das Leithagebirge, wodurch der Sender in Wien nicht störungsfrei zu empfangen war. Aber auch dieses Projekt versuchte die SPÖ mit allerlei Schikanen und Hürden zu be- und verhindern. Etwa bei der Programmzubringung via Satellit:

„Realität in Österreich ist es, privaten Interessenten zahlreiche Schwierigkeiten zu bereiten. Das Verkehrsministerium verweigerte etwa nach Rücksprache beim Bundeskanzleramt einem privaten Sender – der privaten Radiostation Antenne Austria – eine Satellitenleitung mit dem Hinweis auf ‚medienrechtliche Aspekte‘, obwohl Kapazität für diesen oder andere private Sender vorhanden wäre."[392]

Solcherlei Schikanen, sowie der schlechte Empfang in Wien bescheren dem Projekt eine kurze Lebensdauer. *„Dem Sender werden Einnahmeverluste von mindestens 15 Millionen Schilling nachgesagt."*[393] Im November 1992 muss die Antenne Austria Ost wegen mangelnden Erfolges ihren Betrieb wieder einstellen.

---

[391] Sendestart der Antenne Austria Ost war der 31.7.1989.
[392] Stenographisches ProtokollÖsterreichischer Nationalrat XVII. G P - 122 - Sitzung - 1 . Dezember 1989.
[393] Dabringer. 1991. Seite 20.

Mit diesen kleinen Siegen kann und will sich der ORF aber nicht zufrieden geben, er ist zu dieser Zeit in Sachen Privatradiover- und -behinderung hinter den Kulissen auch auf einem ganz anderen Gebiet höchst aktiv.

22. Blue Danube Radio: Der große Frequenzraub

Am 23. August 1979 blickt die Welt auf Österreich, genauer gesagt auf die Donaustadt, den 22. Bezirk von Wien. Denn dort übergibt, nach sechsjähriger Bauzeit und Investitionen von knapp sechs Milliarden Schilling, Bundeskanzler Bruno Kreisky feierlich die Wiener Uno City[394] per Handschlag an UNO-Generalsekretär Kurt Waldheim. Nun ist Wien neben New York und Genf offiziell dritte UNO-Stadt.

Um das neu gewonnene internationale Flair zu steigern, fragt Vizekanzler Hannes Androsch bei Gerd Bacher an, *„ob der ORF nicht etwas für die vielen internationalen Beamten und Diplomaten in Wien tun könne"*[395], wie ORF-Minnesänger Franz Ferdinand Wolf in seiner Rundfunkchronik schreibt.

Dieses für den ORF äußerst verlockende Angebot lässt sich Generalintendant Gerd Bacher natürlich nicht entgehen, zumal die Bundesregierung auch noch die Kosten für den Sender aus Budgetmitteln übernimmt. Er startet am 23. September den Sender Blue Danube Radio. Der mehrsprachige Sender, der auf der Frequenz 102,2 MHz sendet, ist als Service für die tausenden internationalen UN-Beamten gedacht. Blue Danube Radio ist deshalb nur in der Bundeshauptstadt zu empfangen.

Die Bundesregierung verliert schließlich das Interesse an dem mehrsprachigen Radio mit kleiner Hörerschaft und stellt die Zahlungen für Blue Danube Radio mit 1.1.1987 ein. Der ORF, der den Sender ein Jahr zuvor auf die wesentlich leistungsstärkere Frequenz 102,5 MHz übersiedelt hatte, betreibt aus strategischen Gründen Blue Danube Radio aus „eigener" Tasche, sprich aus Gebührengeldern, weiter.

Bereits zu Beginn der 80er Jahre wird im ORF immer wieder über die Einführung eines vierten österreichweiten Radioprogramms nachgedacht, Arbeitsti-

---

[394] Die Wiener Uno City heißt offiziell Vienna International Center (VIC)
[395] Wolf. 2001. Seite 41.

tel: Ö4. Gerd Bacher liebäugelt dabei mit einem Klassikkanal[396], weil dieser relativ billig umzusetzen ist.

Im Übereinkommen zwischen dem ORF und dem VÖZ aus dem Jahr 1985, dem sogenannten elektronischen Grundkonsens, wird deshalb festgehalten: *„Der ORF wird die Radiofrequenzen 100 bis 108 MHz nicht für seine Zwecke beanspruchen. Ausgenommen sind lokale Versorgungsnotwendigkeiten und der geplante Musikkanal Ö4: im Falle der Realisierung von Ö4 müsste der ORF eine der zwei in diesem Frequenzbereich möglichen nationalen Senderketten durchgängig in Anspruch nehmen."*[397]

Die Strategie des ORF ist klar: UKW-Frequenzen stehen nur begrenzt zur Verfügung, sie sind ein knappes Gut. Je mehr freie Frequenzen sich der ORF vor der unvermeidlichen Rundfunkliberalisierung unter den Nagel reißt, desto weniger bleiben für die künftigen Privatsender übrig. Weil man im ORF Mitte der 80er Jahre weiß, dass sich das Monopol auf Dauer nicht aufrechterhalten lässt, muss man *„den Markteintritt der Mitbewerber möglichst verzögern, ihre Zahl und ihr künftiges Spielfeld klein halten."*[398]

Das wissen auch die Zeitungverleger, die sich selbst als die einzig wirklich berechtigten künftigen Privatradiobetreiber sehen. VÖZ-Präsident Franz Ivan: *„Wenn sich nämlich der Baum ORF ausbreitet, bleibt kein Platz mehr für das Pflänzchen Privatradio."*[399]

Mitte der 80er Jahre ist aber noch relativ viel Platz im heimischen UKW-Spektrum für künftige Privatradios. 1984 werden in der Schweiz das Genfer Abkommen und der dazugehörige Frequenzplan GE84[400] beschlossen. Das völkerrechtlich verbindliche Vertragswerk regelt die Frequenznutzung in Europa sowie Teilen Asiens und Afrikas. Der „Genfer Plan 84" tritt drei Jahre später, also

---

[396] Siehe Prath. 1997. Seite 91.
[397] Prath. 1997. Seite 91.
[398] Fidler/Merkle. 1999. Seite 102.
[399] Ivan. 1991. Seite 33.
[400] Siehe Lindenmaier. 1995. Seite 80.

1987 in Kraft. Österreich stehen nun fünf volltaugliche bundesweite Senderketten zur Verfügung. Drei davon sind mit Ö1, Ö3 und den Ö2-Regionalradios bereits in den Händen des ORF. Für die künftigen Privaten bleiben damit zwei Frequenzketten übrig. Und damit das auch so bleibt, schließen die Zeitungsverleger 1987 ein Zusatzabkommen zum zweiten elektronischen Grundkonsens[401] mit ORF Generalintendant Teddy Podgorski: Darin wird festgehalten: *„Der ORF wird – entgegen seinen früheren Absichten –seine Programme nicht erweitern und verzichtet damit auch auf das schon sehr konkret geplant gewesene Radioprogramm Ö4"*[402]

Aber Papier ist bekanntlich geduldig und der ORF baut still und heimlich die Reichweiten des ursprünglich nur für Wien gedachten Senders Blue Danube Radio Schritt für Schritt aus. *„Da der englischsprachige Sender in erster Linie von der International Community in Wien gehört wird, erscheint die österreichweite Ausstrahlung als Humbug"*[403], schreibt die Wirtschaftswoche. Aber um die Hörer geht es dabei, wie so oft beim ORF, ja auch nicht.

Dass es für die österreichweite Ausstrahlung von Blue Danube Radio weder einen politischen Auftrag noch eine gesetzliche Grundlage gibt, kümmert weder den ORF noch die Regierung. Lediglich die Zeitungsherausgeber werden unruhig. ORF-Generalintendant Teddy Podgorski beruhigt die verunsicherten Privatradiobetreiber in spe jedoch: *„Die Ausweitung des BDR-Sendegebiets geschehe nur, um die neu anzuschaffenden Anlagen für die künftigen ‚Radio Print'- Projekten zwischenzeitlich zu nützen. So könne man dem ORF Kuratorium den Ankauf neuer Sendeanlagen für „Radio Print" etwas schmackhafter machen."*[404]

Wenig später wird Podgorski von Gerd Bacher an der Spitze des ORF abgelöst. Bacher fühlt sich an die Zusagen seines Vorgängers nicht mehr gebunden. Von einer Rückgabe der Blue Danube-Frequenzen will Bacher plötzlich nichts mehr wissen. Die Zeitungsverleger werfen ihm daraufhin vor, er verletze ein Gentle-

---

[401] Siehe Fidler. 2008. Seite 483.
[402] Prath. 1997. Seite 92.
[403] WirtschaftsWoche. Nr.8. 18.2.1993.
[404] Fidler/Merkle. 1999. Seite 103.

men's Agreement. Bacher soll darauf schulterzuckend geantwortet haben. „Dann bin ich halt kein Gentleman."[405]

Da nutzen auch die beschwörenden Worte von VÖZ-Generalsekretär Franz Ivan nichts: „Der ORF hat sich verpflichtet, kein viertes österreichweites Radioprogramm zu betreiben und das Frequenzband 100 - 108 MHZ für private Anbieter reserviert zu halten."[406]

Die Zeitungsverleger wenden sich an SPÖ-Verkehrsminister Rudolf Streicher. Sie bezweifeln, dass der ORF bei einer künftigen Radioliberalisierung ORF und Private bei der Frequenzvergabe gleichberechtigt behandelt werden.[407]. Zudem fordert der VÖZ, „daß die nach seiner Ansicht überhöhten Sendeleistungen des ORF – die zu einer prohibitiven Besetzung von Frequenzen führen – beschränkt werden."[408]

Solche Einwände stören aber weder den ORF noch den Verkehrsminister. 1992 ist Blue Danube Radio bereits auf 32 Frequenzen in ganz Österreich zu hören. „Die Regierungsparteien, die das eigenmächtige Vorgehen im Kuratorium verhindern könnten, machen keinerlei Anstalten gegen die ORF-Strategie der vollendeten Tatsachen einzuschreiten."[409]

Es ist wie schon so oft in den Jahren zuvor das gleiche Spiel, ORF und SPÖ versuchen die Rundfunkliberalisierung zu behindern, zu verzögern, zu hintertreiben, die ÖVP, in Sachen Medienpolitik stets etwas unbeholfen und ungeschickt, erkennt die Strategie der roten Medienmacher nicht bzw. zu spät. Der Plan des ORF geht jedenfalls auf, mit Blue Danube Radio, das später in den alternativen Jugendsender FM4 umgewandelt wird, kann der Staatsfunk rund die Hälfte der noch freien überregionalen Frequenzen den künftigen Privatsendern entziehen und das ohne jede gesetzliche Grundlage.

---

[405] Fidler/Merkle. 1999. Seite 103.
[406] Ivan. 1991. Seite 33.
[407] Gattringer. 1994. Seite 76.
[408] Gattringer. 1994. Seite 76.
[409] Fidler/Merkle. 1999. Seite 103.

Frequenzen sind ein öffentliches Gut, über das der Gesetzgeber zu bestimmen hat, doch der schaut demonstrativ weg. Vor den Augen einer in diesen Belangen weitgehend desinteressierten Bevölkerung und im Verbund mit der SPÖ kapert der ORF Dutzende Frequenzen um so die Zahl seiner künftigen Konkurrenten auf ein Minimum zu reduzieren. Erst viele Jahre später, nämlich 1997 *„werden die gesetzlichen Grundlagen für die Inbesitznahme der vierten Kette durch den ORF nachgereicht."*[410]

Die Rundfunkmonopolisten haben einen weiteren Sieg im Kampf gegen die Pressefreiheit errungen. Denn mit der Inbeschlagnahme der vierten Frequenzkette hat der ORF noch vor der Liberalsierung des Hörfunks *„das Entstehen eines kommerziell starken, überregionalen ORF-Konkurrenten nach dem Muster der Antenne Bayern verhindert."*[411]

Die künftigen Privatradiobetreiber müssen sich nun mit einer mageren nationalen Frequenzkette zufriedengeben, und diese soll, so ist es damals politisch bereits auspaktiert, auf zehn eigenständige Veranstalter in den neun Bundesländern[412] aufgeteilt werden. Ein privater bundesweiter Ö3-Konkurrent, der dem ORF massiv Werbegelder entziehen könnte, ist damit gestorben.

---

[410] Fidler/Merkle. 1999. Seite 103.
[411] Fidler/Merkle. 1999. Seite 104.
[412] Für Wien hatte man zwei Privatradiozulassungen vorgesehen.

23. Hubschraubereinsatz: Die Jagd auf Radiopiraten

Während Anfang der 90er Jahre die Koalitionspartner SPÖ und ÖVP recht lustlos und ohne große Eile an einem Gesetzesentwurf für die Rundfunkliberalisierung basteln, ORF und VÖZ über die Ausweitung von TV-Werbezeit streiten, formieren sich im Hintergrund neue Gegner des Monopols. Diesmal senden sie aber nicht aus dem benachbarten Ausland, sondern nach dem Motto „Wenn Unrecht zu Recht wird, wird Widerstand zur Pflicht" ganz ungesetzlich mitten in Österreich. Bei den Gesetzesbrechern handelt es sich zumeist um Studenten aus dem alternativen linken Milieu, die in Wien am 31.3.1991 mit dem „Radiopiratentag" eine ganze Reihe von illegalen nicht-kommerziellen Radioprogrammen starten.

Sie sind allerdings nicht die ersten, die das heimische Rundfunkmonopol auf verbotene und illegale Art und Weise brechen. Die vermutlich ersten Radiopiraten wurden bereits 1979 in Graz aktiv. Unter dem Namen Ö-Frei sendeten sie mit selbstgebastelten Sendern vier Sendungen á 15 Minuten, danach war für mehrere Jahre Schluss.[413] 1986 wurden dann in Wien ein Schweizer Arzt und ein Wiener Journalist aktiv, rund ein halbes Dutzend Mal senden sie unter dem Namen „Radio Widerstand" auf der Ö3 Frequenz 99,9 MHz. Sehr zum Missfallen von Politik und Behörden. Der Arm des Gesetzes macht Jagd auf die beiden „Verbrecher". Ein Sprecher der Post kann schließlich voller Genugtuung verkünden: *„Nachdem die Medienpiraten vor wenigen Tagen in Wien-Währing einer ähnlichen Fahndung knapp entkommen sind, hatten sie diesmal keine Chance."*[414] Radio Widerstand verstummt.

In den Jahren 1987 und 1988 wird vereinzelt das Monopol gebrochen, die Sender, die immer wieder kurz auf Sendung gehen, haben Namen wie Radio Sprint, Radio Sozialabbau oder Radio Rücktritt.

---

[413] siehe http://www.freie-radios.at/article.php?id=52 (17.10.2011).
[414] Fidler/Merkle .1999. Seite 105.

Die Hochblüte der Piratenradios beginnt mit dem Piratentag Ende März 1991. Innerhalb kurzer Zeit formieren sich mehrere Gruppen, die mit selbstgebastelten Rundfunksendern das ORF-Monopol in Wien brechen. Im Juni 1992 gibt es bereits 25 solcher Radiogruppen, die sich zumeist aus Studenten zusammensetzen. Ihre Namen: Radio Hotzenplotz, Radio Boiler, Radio Filzlaus oder Radio COD. Sie gestalten und senden rund 40 Stunden Programm pro Woche.[415] Auch in den Bundesländern entstehen ähnliche Projekte.

[416]

Die jungen Radiopiraten verstoßen mit ihren selbst gemachten Programmen gegen die restriktiven heimischen Gesetze und gegen das ORF-Rundfunk-

---

[415] Siehe Verband Freier Radios Österreich http://www.freie-radios.at/article.php?id=52 (17.10.2011).
[416] Aufkleber von Radio Boiler, der die wöchentliche Radiosendung bewirbt.

monopol. Und da versteht die SPÖ bekanntermaßen keinen Spaß, auch wenn die Radiomacher ideologisch durchaus mit ihr auf derselben Linie liegen.

So wird etwa ein Grazer Radiopirat vor Gericht gezerrt, weil er im April 1991 mit einem illegalen Sender erwischt worden ist. Der junge Mann war mit Teilen einer Sendeanlage zur Burgruine Gösting unterwegs, um von dort unter dem Namen „Radio Flor" zu senden. Doch der Monopolbrecher wurde bereits von den Augen des Gesetzes *„längere Zeit observiert"*[417]. Als die Beamten zuschlagen, flüchtet er, dabei rempelt er angeblich einen Postbeamten an. Was ihm unter anderem eine Anklage wegen Körperverletzung einbringt. Die wird zwar später fallengelassen, weil der Beamte schließlich einräumt, es wäre doch *nur „ein leichter Zusammenstoß"*[418] gewesen. Weil er vor den Hütern des Gesetzes geflüchtet ist und damit versucht hat, die Beschlagnahme des Senders zu verhindern, wird er allerdings wegen sogenannten Verstrickungsbruchs zu einer saftigen Geldstrafe verurteilt.

Während in den ehemals kommunistischen Ländern Osteuropas Anfang der 90er Jahre die staatlichen Rundfunkmonopole der Reihe nach fallen und Privatsender überall aus dem Boden schießen, legale wohlgemerkt, machen Polizei und Post in Österreich Jagd auf junge engagierte Radiomacher. Bei der Durchsetzung des ORF-Monopols sind die Behörden alles andere als zimperlich.

Das bekam unter anderem Wolfgang Hirner von „Radio Bongo 500" in Salzburg zu spüren. *„Die Exekutive war am Montagabend auf dem Untersberg mit Hubschrauber und gezogener Waffe gegen die Piraten vorgegangen. Zwei Personen wurden vorübergehend festgenommen, der Sender beschlagnahmt".*[419]

---

[417] Austria Presse Agentur. 24.6.1992.
[418] Austria Presse Agentur. 24.6.1992.
[419] Austria Presse Agentur. 29.6.1993.

Mo 19 Uhr - 101.7 MHz

In Wien beginnt ein Katz-und-Maus-Spiel. Die Radiopiraten, die mit ihren selbstgebastelten Anlagen vom Wienerwald oder von anderen exponierten Stellen aus senden, werden mit Peilwägen, manchmal auch Hubschraubern gesucht und verfolgt. Rüdiger Landgraf, ehemals Radiopirat und später erfolgreicher Programmchef von Krone Hit: *„Bedenkt man, dass eine Betriebsminute des von der Polizei eingesetzten Bell Jetrangers etwa 300 Schilling kostet, sind 18.000 Schilling für eine Flugstunde zum Aufspüren eines 5.000 Schilling Senders aus Sicht des Steuerzahlers kein Bombengeschäft – zumal wir Piraten keinen Schaden anrichten, sprich peinlich darauf Wert legen, keine anderen Sender zu stören."*[421]

Doch die Durchsetzung des ORF-Sendemonopols lässt sich der zuständige SPÖ-Verkehrsminister Rudolf Streicher gerne etwas kosten. Der Standard berichtet am 28. Juni 1991 über die Methoden der Behörden. *„Hat die Post – sie verfügt über ortsfeste Peilstationen und jagt meist zusätzlich mit 10 Peilautos und über*

---

[420] Radio Bongo Logo. Quelle: www.radiofabrik.at
[421] Landgraf. 2006. Seite 12.

20 Mann hinter den Piraten her- den Sender erfaßt, wird ein Auto zur genauen Ortung losgeschickt."[422]

Immerhin beschlagnahmen Post und Polizei im Laufe der Zeit Dutzende selbstgebastelte illegale Radiosender. Die Austria Presseagentur berichtet im Sommer 1993: *„Die Freien Radios in Wien wollen unterdessen auch nach der Beschlagnahme der 30. Sendeanlage am kommenden Sonntag ihr Programm wieder aufnehmen."*[423]

Immer wieder werden Radiopiraten verurteilt, allerdings nicht zu Haft-, sondern zu Geldstrafen *„in der Höhe von ein paar tausend Schilling"*[424] Bei einer Aktion scharf werden mehrere Wohnungen von mutmaßlichen Radiopiraten von den Behörden auf den Kopf gestellt und *„das ohne richterliche Durchsuchungsbefehle"*[425] Die Beamten sind bei der Jagd nach illegalen Sendern und Radiopiraten aber auch durchaus kreativ.

So setzt man, wie in schlechten Spionagethrillern, auf klassische Undercover-Methoden. *„Etwa am Pfingstsonntag 1993, als im Lainzer Tiergarten getarnte Beamte eine Sendeanlage des freien Radio One konfiszieren. Genähert hätten sich die Polizisten in Freizeitbekleidung, begleitet von einer Frau und einem Kind."*[426]

Doch die lustige Piratenjagd geht 1993 langsam zu Ende. Die Radiopiraten engagieren sich zunehmend in der „Pressure Group Freies Radio". Sie fordern, dass die sogenannten freien Radios, also die nicht kommerziellen Privatradios im Regionalradiogesetz, an dem zu dieser Zeit gebastelt wird, berücksichtigt werden. Allerdings: *„SPÖ und ÖVP wollen von Freiem Radio nichts wissen."*[427]

Die Ära der Piratenradios geht zu Ende, das ORF Rundfunkmonopol ist nach dem Einsatz von Hubschraubern, Undercoverfahndern und bewaffneten Polizisten wieder hergestellt, also alles normal in der Republik Österreich des Jah-

---

[422] Der Standard. 28.6.1991.
[423] Austria Presse Agentur. 3.6.1993.
[424] Landgraf. 2006. Seite 18.
[425] Austria Presse Agentur. 4.3.1993.
[426] Fidler/Merkle. 1999. Seite 106.
[427] Landgraf. 2006. Seite 20.

res 1993. In den ehemals kommunistischen Diktaturen Osteuropas brauchen sich zur gleichen Zeit private Radiomacher nicht mehr vor staatlichen Repressalien zu fürchten, ganz im Gegenteil, sie senden, ganz legal und zumeist äußerst erfolgreich, denn die staatlichen Sender, die früher für die kommunistische Propaganda zuständig waren, will in diesen Ländern kaum noch jemand hören. Für SPÖ und ORF nicht gerade beruhigende Signale. Solche Zustände will man in Österreich tunlichst vermeiden.

Doch die sozialistische Rundfunkidylle wird 1993 gewaltig erschüttert. Nicht ganz überraschend allerdings. Schon im März stellt SPÖ-Zentralsekretär Josef Cap, der im Kampf für die Monopolstellung seines ORF stets an vorderster Front kämpft, missmutig und beinahe resignierend fest: *„Mit der EG[428] werde Privatrundfunk unvermeidlich sein"*[429]

---

[428] EG (Europäische Gemeinschaft), frühere Bezeichnung für EU.
[429] Sozialistische Korrespondenz. 20.3.1993.

24. Das Lentia-Urteil: SPÖ-Medienpolitik am internationalen Pranger

Am 24. November 1993 fällt der Europäische Gerichtshof für Menschenrechte in Straßburg ein für Österreich richtungsweisendes Urteil: Das ORF-Rundfunkmonopol verstößt gegen die Menschenrechtskonvention. Es verletzt laut Artikel 10 EMRK das Recht auf freie Meinungsäußerung:

„(1) Jedermann hat Anspruch auf freie Meinungsäußerung. Dieses Recht schließt die Freiheit der Meinung und die Freiheit zum Empfang und zur Mitteilung von Nachrichten oder Ideen ohne Eingriffe öffentlicher Behörden und ohne Rücksicht auf Landesgrenzen ein. Dieser Artikel schließt nicht aus, daß die Staaten Rundfunk-, Lichtspiel- oder Fernsehunternehmen einem Genehmigungsverfahren unterwerfen."[430]

Die Richter in Straßburg fällen das Urteil einstimmig, die Begründung ist in deutliche Worte gefasst. „Der EGMR[431] spricht von der *„fundamentalen Bedeutung der Meinungsäußerungsfreiheit in einer demokratischen Gesellschaft"*[432]. Das öffentlich-rechtliche Rundfunkmonopol mache aber die Rundfunkveranstaltung durch andere als den Monopolisten *„völlig unmöglich"*[433]

„Of all the means of ensuring that these values are respected. A public monopoly is the one which imposes the greatest restrictions on the freedom of expression (...)"[434] Auch die Argumentation der Regierung, wonach der österreichische Markt schlicht zu klein für ein duales Rundfunksystem sei, lassen die Richter aus gutem Grund nicht gelten:

---

[430] Artikel 10 Absatz 1 EMRK. http://www.rtr.at/de/m/EMRK-Art10 (30.10.2011).
[431] Europäische Gerichtshof für Menschenrechte.
[432] Siehe Streit. 2006. Seite 61.
[433] Ebenda.
[434] Siehe Sommer. 1996. Seite 96.

"The assertions are contradicted by the experience of several European states of comparable size to Austria, in which the coexistence of private and public stations, according to rules which vary from country to country an accompanied by measures preventing the development of private monopolies shows the fears expressed to be groundless."[435]

Das hat gesessen. Aber wie ist es überhaupt zu dem Urteil gekommen? Dem Spruch der Richter in Straßburg geht ein fast 15 Jahre dauerndes Verfahren voraus. Der Linzer Informationsverein Lentia, der in einer Wohnhausanlage ein Kabelfernsehprojekt starten wollte,[436] blitzt damit 1978 beim zuständigen Verkehrsministerium ab. Die engagierten Vereinsmitglieder geben sich mit dem Nein von SPÖ-Minister Karl Lausecker aber nicht zufrieden und schöpfen den österreichischen Instanzenzug voll aus. 1988 wenden sie sich schließlich an die europäische Kommission für Menschenrechte in Straßburg.

Der Informationsverein Lentia ist aber nicht der einzige Beschwerdeführer. In den darauffolgenden Jahren werden weitere vier Beschwerden an die Kommission gerichtet. Die Arbeitsgemeinschaft Offenes Radio (AGORA) aus Kärnten, Privatradiopionier Willi Weber, FPÖ-Chef Jörg Haider und die Radio Melody GmbH des Salzburgers Viktor Lindner treten ebenfalls den Weg nach Straßburg an.[437]

Auch Lindner kämpft seit vielen Jahren um das Recht, Radio in Österreich veranstalten zu dürfen. Unter anderem startet er 1987 eine Plakataktion. In Salzburg affichiert er auf seinen rund 200 Firmen eigenen Plakatwänden Aufrufe gegen das Rundfunkmonopol[438], schreibt Briefe an Bundeskanzler Fred Sinowatz[439] und beantragt eine UKW-Frequenz für Linz. Freilich ohne Erfolg.

Die Mühlen des Gesetzes mahlen langsam, auch auf europäischer Ebene. Erst im Jahr 1992 wird die Europäische Kommission für Menschenrechte tätig. Die

---

[435] Ebenda.
[436] Siehe auch Kapitel: Wehret den Anfängen: Erste Monopolgegner formieren sich
[437] Siehe Publications de la Cour Européenne des Droits de L'Homme/Publications of the European Court of Human Rights. 1994. Seite 9.
[438] Siehe Margon. 1989. Seite 48.
[439] Das Antwortschreiben von Bundeskanzler Fred Sinowatz siehe Anhang.

unabhängig voneinander eingebrachten Beschwerden werden zusammengefasst, am 14.1. findet eine erste öffentliche Anhörung statt.[440]

Bei dieser Gelegenheit verteidigt sich die Bundesregierung damit, dass es laut Art. 10 EMRK Staaten schließlich erlaubt sei, Rundfunkunternehmen einem Genehmigungsverfahren zu unterziehen, was in Österreich de facto freilich nie passiert ist. Jedenfalls sei aufgrund dieses Gestaltungsfreiraumes *„die Errichtung eines Monopols mit Art. 10 EMRK nicht unvereinbar"*[441]

Dass diese Argumentation äußerst holprig ist, weiß auch die Regierung, zumal bereits im Jahr 1988 der Jurist Walter Berka in seinem Buch „Rundfunkmonopol auf dem Prüfstand" eindeutig feststellt, *„daß durch die Säumigkeit des österreichischen Gesetzgebers Art. X der EMRK verletzt wird."*[442] Man stellt sich also schon damals auf eine Verurteilung ein und bastelt deshalb, freilich ohne großen Enthusiasmus, am Regionalradiogesetz. Noch bevor das Gesetz in Kraft tritt, entscheiden die Richter in Straßburg wie allgemein erwartet.

Obwohl das Urteil bindend ist, die Europäische Menschenrechtskonvention hat in Österreich Verfassungsrang, reagiert die SPÖ demonstrativ gelassen und stellt von Anfang an auf gut wienerisch klar, Verstoß gegen die Menschenrechte hin oder her, „nur ned hudln".

Bundeskanzler Vranitzky, der seinerzeit 1992 zum Medienjahr erkoren hatte, verkündet im Nationalrat keck, dass das EGMR-Urteil *„von der österreichischen Medienpolitik längst überholt sei."*[443] Schließlich wisse *„in Österreich jedes Kind, daß es bei den Medien kein einziges staatliches und schon gar kein Regierungsmonopol gibt."*[444]

Dass das ORF-Monopol rechtlich kein "Regierungs-" und kein staatliches Monopol ist, ist zwar richtig, schließlich ist der ORF - zumindest auf dem Papier - eine unabhängige öffentlich-rechtliche Anstalt. Kleiner Schönheitsfehler in Vra-

---

[440] Siehe Sommer. 1996. Seite 54.
[441] Sommer. 1996. Seite 55.
[442] Gattringer. 1994. Seite 56.
[443] Sozialistische Korrespondenz. 30.11.1993.
[444] Ebenda.

nitzkys Argumentation: Der EGMR hat das Rundfunkmonopol des ORF und das damit verbundene Verbot von Privatrundfunk kritisiert und verurteilt, von staatlichen Monopolen ist im EGMR-Urteil keine Rede.

Aber selbst das Rundfunkmonopol, ob nun staatlich oder nicht, existiert in Österreich laut Vranitzky ohnehin nicht: *„Über Kabel, Satelliten und terrestrisch können hunderttausende Haushalte seit Jahren 20 und mehr Hörfunk-und Fernsehprogramme aus dem Ausland empfangen."*[445] Hier haben wir sie wieder, die ebenso krude wie beliebte SPÖ- und ORF-Argumentationslinie, dass mit dem Nichtverhindern bzw. der Nichtbestrafung des Empfangs ausländischer Programme; die Presse- und Meinungsfreiheit in Österreich ohnehin ausreichend garantiert sei. Aber auch hier irrt der Bundeskanzler, schließlich kritisieren die Richter in Straßburg, dass es in Österreich verboten sei, Rundfunkprogramme zu produzieren und auszustrahlen.

Weil das Vranitzky, trotz gegenteiliger Behauptungen, natürlich auch weiß, fügt er hinzu: *„Die Regierung habe bereits 1990 mit einem Liberalisierungsprogramm beim Radio begonnen. Bald können die vorhandenen Frequenzen auf interessierte Anbieter aufgeteilt und zusätzliche regionale und kommerzielle Radioprogramme empfangen werden."*[446]

Über Privatrundfunk wird in Österreich schon seit Jahrzehnten lust- und ergebnislos diskutiert, Dutzende Initiativen, Gesetzesvorschläge und Konzepte wurden bereits erarbeitet. Selbst Bruno Kreisky hatte bereits 1972 aus taktischen Gründen Privatfernsehen ins Spiel gebracht[447]. Rundfunkfreiheit erschöpft sich allerdings nicht darin, dass man darüber Jahrzehntelang diskutiert oder Expertengruppen und Arbeitskreise installiert. Rundfunkfreiheit entsteht einzig und allein dadurch, Privatrundfunk zuzulassen. Und das ist in Österreich bis dato nicht passiert.

---

[445] Ebenda.
[446] Ebenda.
[447] Siehe Kapitel 8: Die Repolitisierung des Rundfunks. Kreisky und die sozialistische Gegenreform.

Obwohl man es nun schwarz auf weiß, sozusagen amtlich hat, dass in Österreich seit Jahren die Menschenrechte verletzt werden, gibt es bei der SPÖ keinerlei Schuldbewusstsein. Ganz im Gegenteil. SPÖ-Chef und Bundeskanzler Vranitzky kommt zu dem Schluss. *"Wie man sieht, ist unsere medienpolitische Diskussion längst über das Straßburger Urteil hinaus"*[448] Vranitzky bezieht sich damit auf das Regionalradiogesetz, das mit 1.1. 1994 in Kraft treten soll. Der SPÖ-Chef übersieht dabei aber geflissentlich, dass sich dieses Regionalradiogesetz, wie der Name schon sagt, ausschließlich auf den Hörfunk bezieht. *„Die Aussagen des Gerichtshof bleiben aber keineswegs auf den Radiobereich beschränkt."*[449]

Rechtsanwalt Thomas Höhne, der die fünf Beschwerdeführer in Straßburg vertreten hat, mahnt deshalb nach der Urteilsverkündung von der Regierung ein: *„Damit ist der Gesetzgeber verpflichtet, das Monopol abzuschaffen und eine Liberalisierung auch auf dem Fernsehsektor einzuleiten."*[450] Auch ÖVP, FPÖ und LiF drängen deshalb auf eine rasche Öffnung des TV-Marktes. So fordert etwa ÖVP-Klubchef Heinrich Neisser: *„Eine gesetzliche Regelung für Privatfernsehen sollte - ohne lange Diskussion - im Laufe der nächsten Jahre realisiert werden."*[451]

Besonders optimistisch ist Rechtsanwalt Höhne allerdings nicht, schließlich ist das *„Straßburger Urteil nicht einfach durch das Gericht exekutierbar."*[452] und von einer echten Liberalisierung des Fernsehens will die SPÖ trotz des eindeutigen Richterspruchs nichts wissen. SPÖ-Bundesgeschäftsführer Josef Cap begnügt sich mit der vagen Ankündigung einer Scheinliberalisierung: *„Im Fernsehbereich habe die SPÖ den Vorschlag unterbreitet, über ein drittes Programm zu diskutieren, das von ORF unter Beteiligung von Privaten gesendet werden könnte."*[453] An das Koalitionsabkommen mit der ÖVP aus dem Jahr 1990 will sich die

---

[448] Sozialistische Korrespondenz. 30.11.1993.
[449] Streit. 2006. Seite 61.
[450] Horizont. Nr. 48/93. Seite 1.
[451] Der Standard. 26.11.1993.
[452] Horizont. Nr. 48/93. Seite 1.
[453] Sozialistische Korrespondenz. 24.11.1993.

SPÖ nun auch nicht mehr erinnern. Darin stand: *„Es ist eine Liberalisierung des Hörfunks und Fernsehens für private Programmanbieter vorzunehmen."*[454]

Doch gegen den ÖGB ist selbst Josef Cap ein wahrer Freund des Privatfernsehens. Die Gewerkschaft pfeift auf die Menschenrechte, macht dem ORF die Mauer und sieht *„derzeit keinen dringenden gesetzlichen Handlungsbedarf"*[455] Was die Betonköpfe von der Gewerkschaft wirklich wollen, ist ein *„starker nationaler Rundfunk."*[456]

Trotz all dieser nicht gerade ermutigenden Signale stehen die ersten Fernsehmacher in spe bereits in den Startlöchern. Die von Kronen Zeitungschef Hans Dichand gegründete TV-Anbietergesellschaft „Tele1." stellt noch im selben Jahr einen Antrag auf eine Sendelizenz. Man rechnet zwar nicht ernsthaft eine solche zu bekommen, Dichand sieht sich vielmehr als „Eisbrecher", um die Liberalisierung des Fernsehmarktes voranzutreiben.[457]

Auch der Richterspruch aus Straßburg hat bei Josef Cap und seinen Genossen keinerlei Umdenken bewirkt. Man hält weiter verbissen am ORF-Monopol fest und gibt nur zähneknirschend preis, was absolut notwendig ist. Der bekannte Medienanwalt Georg Streit kommt deshalb zu dem Schluss: *„Ganz der bisherigen Linie folgend bleibt die österreichischen Politik bei ihrem Zögern und schreibt die Haltung des definitiven „Vielleicht" zu privatem Rundfunk fort."*[458]

Ähnlich das Urteil von Kommunikationswissenschaftler Josef Sommer im Jahr 1996: *„Trotz der Verabschiedung des Regionalradiogesetzes war bzw. ist dieses Urteil für die österreichische Medienpolitik von Bedeutung, da darin in keiner Weise zwischen Radio und Fernsehen differenziert wird, weshalb das Monopol des ORF im Fernsehbereich auch weiterhin als konventionswidrig zu bezeichnen ist."*[459]

---

[454] Siehe Fidler. 2008. Seite 486.
[455] Austria Presse Agentur. 24.11.1993.
[456] Austria Presse Agentur. 24.11.1993.
[457] Siehe Horizont. Nr. 48/93. Seite 3.
[458] Streit. 2006. Seite 61.
[459] Sommer. 1996. Seite 97.

Das Lentia-Urteil ist auch der Beginn einer Entwicklung, die sich noch über viele Jahre hinziehen wird: Weil die heimischen Politiker, allen voran jene der SPÖ, unwillig und unfähig sind, vernünftige Medienpolitik zu betreiben, übernehmen diese Aufgabe zwangsläufig immer öfter die Gerichte. Justitia als unfreiwillige Gestalterin der heimischen Rundfunklandschaft, auch das ein österreichisches Kuriosum.

25. Wer bastelt mit? Das Regionalradiogesetz

In Erwartung der Verurteilung aus Straßburg und im Hinblick auf den Beitritt Österreichs zur EU entschloss sich die SPÖ Anfang der 90er Jahre schließlich doch dazu, wenn auch widerwillig und ohne viel Engagement, den heimischen Rundfunk, oder besser gesagt den heimischen Hörfunk, in mehr oder weniger naher Zukunft zu liberalisieren. Bundeskanzler Franz Vranitzky verkündete deshalb, dass 1992 *„ein wichtiges medienpolitisches Jahr wird."*[460]

Im Medienjahr 1992 legen SPÖ und ÖVP immer wieder überarbeitete Entwürfe des Regionalradiogesetzes vor. Dabei entfernte man sich langsam von dem bereits im Frühjahr 1990 entstandenen Entwurf, der noch weitgehend auf dem obskuren Radio-Print[461]-Vorschlag basierte. *„Den Juristen dämmerte, dass der (...) Kompromissentwurf vielleicht doch nicht so brauchbar sein könnte."*[462]

Doch die Verhandlungen zwischen SPÖ und ÖVP gerieten immer wieder ins Stocken, schließlich hatte man damals Wichtigeres zu tun, als die Beseitigung des anachronistischen Rundfunkmonopols. 1992 war auch Wahljahr. Ein neuer Bundespräsident wurde gekürt und die beiden Chefverhandler, ÖVP-Generalsekretär Ferdinand Maier und SPÖ-Zentralsekretär Josef Cap, widmeten sich lieber dem Wahlkampf und ihren Kandidaten *„Die angestrebte Einigung darüber noch vor dem Sommer (...) war deshalb ziemlich unwahrscheinlich geworden."*[463]

Zudem sind die beiden Hauptakteure der heimischen Medienpolitik, der ORF und der VÖZ, seit 1990 damit beschäftigt, sich über die Ausweitung der ORF-Werbezeiten im Fernsehen zu streiten. Dies nimmt deren sämtliche Kräfte *„in Anspruch und legt die sonstige Medienpolitik lahm."*[464] Schließlich geht es dabei

---
[460] Sommer. 1996. Seite 47.
[461] Siehe Kapitel 19: Der Bock als Gärtner. Die Privatradiopläne von ORF und VÖZ.
[462] Fidler/Merkle. 1999. Seite 106.
[463] Sommer. 1996. Seite 50.
[464] Fidler/Merkle. 1999. Seite 107.

für den ORF und die Verleger um viel Geld, um sehr viel Geld, und das ist den Zeitungsmachern allemal wichtiger als die baldige Zulassung von privaten Radiosendern mit ungewissen Ertragschancen.

Deshalb wird nach heftiger Intervention des VÖZ eine Einigung über die neuen ORF-Werbezeiten und das Regionalradiogesetz im Juli 1992 wieder abgeblasen.

„Den Ausschlag gibt ein Besuch von VÖZ-Präsident Werner Schrotta und seinem Generalsekretär Walter Schaffelhofer in den Mittagsstunden des 16. Juli beim Bundeskanzler."[465] Die beiden verlangen neue Beratungen zur künftigen Ordnung der Rundfunklandschaft, erst dann könne man über die Ausdehnung der ORF-Werbezeiten diskutieren.

Auf den Einwand von Bundeskanzler Franz Vranitzky, dass sich dadurch auch der Start der Privatradios verzögern werden, wendet VÖZ Präsident Schrotta ein: *„Die Privatradios brächten für die Verlage keineswegs auch nur annähernd solche Vorteile, die die Nachteile der Ausweitung der TV-Werbezeiten aufwiegen könnten."*[466]

Im Streit um die TV-Werbezeiten fliegen zwischen Zeitungsverlegern und dem ORF die Fetzen. Der VÖZ fordert die Privatisierung eines ORF-Fernsehkanals und meint: *„Der ORF befinde sich unternehmenspolitisch und ideell in der Krise."*[467] Konter von ORF-Chef Gerd Bacher: *„Eine kranke Zeitungsbranche schlägt Rezepte für einen gesunden Rundfunk vor."*[468]

Weil 1993 aber die Verurteilung durch den Europäischen Gerichtshof für Menschenrechte vor der Tür steht, macht die Politik Druck auf die beiden Streithähne. Am 16. Juni einigen sich VÖZ und ORF schließlich auf den mittlerweile dritten elektronischen Grundkonsens, allerdings ohne die Beteiligung der Kronenzeitung. Der wichtigste Punkt dieses neuerlichen Kuhhandels: Der ORF darf nun doch mehr und länger werben, allerdings nicht so rasch wie gewünscht. Ab 1995 darf er die Werbezeiten in Zweijahresschritten bis 2001 auf 42 Minuten

---

[465] Fidler/Merkle. 1999. Seite 108.
[466] Ebenda.
[467] Ebenda.
[468] Ebenda.

pro Tag und Fernsehkanal mehr als verdoppeln.[469] Diese Einigung „*im außerparlamentarischen Raum*"[470], wie es der ÖVP-Abgeordnete Vetter ausdrückt, wird in die Rundfunkgesetz-Novelle übernommen.[471] Im Gegenzug dürfen die Verleger „*nun sehr konkret auf Radiolizenzen für ihr Heimatbundesland hoffen.*"[472]

Von einer Privatisierung eines ORF-Fernsehkanals wollen die Zeitungsverleger nun plötzlich nichts mehr wissen, sehr zum Ärger von Hans Dichand und den Brüdern Fellner. Trotzdem war nun der Weg zu einer neuen Rundfunkordnung frei. Nur wenige Tage nach der Einigung zwischen ORF und VÖZ beschließt der Nationalrat mit den Stimmen der beiden Regierungsparteien am 9.7.1993 das Regionalradiogesetz, trotz vieler Bedenken. Denn das Gesetz ist alles andere als unumstritten. Nach vielen Jahren des Verhinderns und Verzögerns wurde nun auf Druck von außen eine, wie es Kanzler Vranitzky nannte „*österreichische Lösung*"[473] gefunden. Was nach den jahrelangen Erfahrungen mit der SPÖ-Rundfunkpolitik nur als gefährliche Drohung aufgefasst werden kann.

Zudem warnt SPÖ-Abgeordneter Peter Schieder vor "*Mißverständnissen (…), daß durch Zulassung regionaler Anbieter im Radiobereich dieser Möglichkeit auch im Fernsehbereich Tür und Tor geöffnet werde. Das ist nicht beabsichtigt. Vielmehr wolle man Klarheit schaffen, daß es "auf diesem Gebiet so weit und nicht weiter" gehen könne.*"[474]

Doch selbst die gesetzlichen Grundlagen zur Liberalsierung des Radiomarktes haben, wie es Vranitzky bereits unbeabsichtigt angedeutet hat, von Anfang an mehrere Schönheitsfehler. „*Weder hat man den verfassungsrechtlichen Bedenken Rechnung getragen, noch Anregungen aus der Begutachtung durch Sozialpartner und Institutionen eingearbeitet.*"[475] Im Nationalrat stellt deshalb Ab-

---

[469] Siehe Fidler. 2008. Seite 486.
[470] Stenographisches Protokoll 129. Sitzung des Nationalrates der Republik Österreich XVIII. Gesetzgebungsperiode Donnerstag, 8., und Freitag, 9. Juli 1993. Seite 14854.
[471] Den Grünen, die sehr viele Freunde im ORF haben, ist aber selbst das zu wenig. Sie wollen die Werbezeiten noch mehr ausweiten.
[472] Fidler. 2008. Seite 486.
[473] Siehe Gattringer. 1994. Seite 151.
[474] Austria Presse Agentur. 9.7.1993.
[475] Fidler/Merkle. 1999. Seite 108.

geordneter Thomas Barmüller vom Liberalen Forum fest: *„Im Regionalradiogesetz sind (...) einige demokratiepolitische Fangeisen erster Ordnung enthalten."*[476]

Von solcherlei Bedenken völlig unbeeindruckt und wohl wissend um die ins Gesetz eingebauten Sollbruchstellen, verkündet Josef Cap, der an führender Stelle über Jahre die Liberalisierung des Rundfunks be- und verhindert hatte: *„Wir haben hiemit (sic) wirklich (...) Meilensteine in der österreichischen Medienpolitik gesetzt. Wir haben unseren Gestaltungsauftrag erfüllt, und ich glaube: Mit Recht können die beiden Regierungsparteien stolz darauf sein."*[477]

Der Zynismus der SPÖ wird nur noch von den Aussagen der Grünen übertroffen. Statt einer echten Liberalisierung des Rundfunks fordern sie indirekt den Rundfunkbereich noch mehr an die Leine des Staates zu legen. Der ORF soll durch noch mehr Werbezeiten gestärkt und die kommerzielle private Konkurrenz damit gleichzeitig geschwächt werden. Zudem fordern die Grünen, den „freien" nichtkommerziellen Bereich im Regionalradiogesetz zu verankern. Wobei „frei" und nichtkommerziell in diesem Zusammenhang stets bedeutet, dass der Staat bzw. staatsnahe Organisationen und Institutionen diese Radios via Förderungen am Leben erhalten. Das stellt Grün-Abgeordnete Terezija Stoistis im Nationalrat auch von Anfang an klar: *„(...) als dritte Säule einen freien, nicht-kommerziellen Radiobereich, der aber auch einer Existenzgrundlage bedarf, einer Sicherung seiner Existenz dadurch, daß finanzielle Mittel bereitgestellt werden."*[478] Es bedarf offenbar ideologischer Wurzeln im Marxismus oder Stalinismus, um anzunehmen, dass ausgerechnet derjenige frei ist, der am Tropf des Staates hängt.

Abgesehen von solchen seltsamen Einwürfen ist einer der Hauptkritikpunkte am Regionalradiogesetz der dazugehörige Frequenznutzungsplan, der zu Weihnachten 1993 im Nationalrat abgesegnet wird. Über Jahrzehnte hatte der ORF

---

[476] Stenographisches Protokoll 129. Sitzung des Nationalrates der Republik Österreich XVIII. Gesetzgebungsperiode Donnerstag, 8., und Freitag, 9. Juli 1993. Seite 14856.
[477] Stenographisches Protokoll 129. Sitzung des Nationalrates der Republik Österreich XVIII. Gesetzgebungsperiode Donnerstag, 8., und Freitag, 9. Juli 1993. Seite 14862.
[478] Stenographisches Protokoll 129. Sitzung des Nationalrates der Republik Österreich XVIII. Gesetzgebungsperiode Donnerstag, 8., und Freitag, 9. Juli 1993. Seite 14864.

de facto die Kontrolle über das öffentliche und knappe Gut UKW-Frequenzen. Das eigentlich für die Vergabe und Koordination von Frequenzen zuständige Verkehrsministerium ließ den ORF aus Bequemlichkeit und aus strategischen Gründen schalten und walten, wie er wollte. Das Ergebnis: Der ORF verleibt sich in Eigenregie die vierte Frequenzkette ein[479]. Weil das aber offenbar immer noch nicht genug war, kassiert er auch noch einige Frequenzen der letzten freien, der fünften Frequenzkette ein. Die Verwalter dieser Frequenzen, die SPÖ-Verkehrsminister Rudolf Streicher und später Viktor Klima, drücken beide Augen zu und ließen den ORF gewähren, es war ja im Sinne ihrer Partei.

Für die Privaten blieb nur ein kläglicher Rest an UKW-Frequenzen übrig. Experten kritisierten deshalb, *„daß es zu keinem Kassasturz in Sachen Frequenzen gekommen ist: Erst durch eine gründliche Aufnahme des Frequenzbestandes - inklusive der für den ORF reservierten Übertragungskapazitäten- ist eine gerechte Neuverteilung möglich."*[480]

Vor allem das Liberale Forum machte damals im Parlament auf diesen Missstand aufmerksam: *„Das heißt, daß tendenziell die Festlegung des Frequenznutzungsplanes, ohne im Regionalradiogesetz auch ein Verfahren dafür festzuschreiben, dazu führen muß, daß der ORF gegenüber allen anderen Anbietern begünstigt wird."*[481]

Tatsächlich ist der Frequenznutzungsplan, dessen zentrale Funktion die Aufteilung der Frequenzen zwischen ORF und Privaten ist, völlig nebulos. So wird zwar festgeschrieben, dass der Frequenznutzungsplan den ORF Hörfunk nicht bei der Erfüllung seiner gesetzlichen Aufgabe behindern dürfe. Was diese gesetzliche Aufgabe ist, wird aber nicht definiert.

Gehört es etwa zu den gesetzlichen Aufgaben, Blue Danube Radio österreichweit zu verbreiten? Was ist mit jenen *„zahlreichen Füllsendern, die der ORF -*

---

[479] Siehe Kapitel 22: Blue Danube Radio: Der große Frequenzraub.
[480] Fidler/Merkle. 1999. Seite 108.
[481] Stenographisches Protokoll 129. Sitzung des Nationalrates der Republik Österreich XVIII. Gesetzgebungsperiode Donnerstag, 8., und Freitag, 9. Juli 1993. Seite 14856.

offensichtlich als Teil einer bewussten Blockadepolitik - aufgeschaltet hat. Sender, die ein und dasselbe Gebiet doppelt und dreifach versorgen."[482]

SPÖ- und ÖVP-Politiker haben all diese Details bewusst offengelassen um den mächtigen ORF nicht zu verärgern und den *„mühsam akkordierten Gesetzestext nicht zu gefährden."*[483]

Aus gutem Grund: schließlich hatte der ORF in einer Stellungnahme zum Regionalradiogesetz moniert, *„daß all jene Frequenzen, die der ORF derzeit innehat, als ORF-Frequenzen Bestandteil des Frequenznutzungsplanes werden und darüber hinaus bei der Vergabe sonstiger Frequenzen der ORF vorrangig, zumindest aber nicht schlechter als sonstige Programmveranstalter behandelt wird."*[484]

Im Falle, dass ihm auch nur eine kleine unbedeutende Frequenz weggenommen wird, hat der ORF bereits vorsorglich angekündigt, sich an den Verfassungsgerichtshof zu wenden. Es bedarf schon einer großen Portion an Unverfrorenheit, um eine solche Forderung aufzustellen, schließlich beansprucht der ORF bereist vier der fünf nationalen Frequenzketten für sich und selbst bei der fünften hatte man sich bereits bedient. Und beim verbliebenen kläglichen Rest an Frequenzen will der ORF für etwaige *„Programmangebote, die über das Mindestangebot des Rundfunkgesetzes hinausgehen"*[485], bevorzugt behandelt werden.

Die Folge dieser weit überzogenen ORF-Forderungen ist eine, wie es Kanzler Vranitzky ausdrückte „österreichische Lösung". Die Beamten der obersten Fernmeldebehörde lassen alle ORF-Frequenzen unangetastet. Das hat weitreichende Folgen: *„Alleine im Großraum Wien, so errechnen die beiden Techniker Franz Brazda und Georg Lechner damals, wären wenigstens neun weitere UKW-Programme möglich – zum Preis geringfügiger Verschiebungen für die ORF-Sender."*[486]

---

[482] Fidler/Merkle. 1999. Seite 110.
[483] Fidler/Merkle. 199. Seite 110.
[484] Stellungnahme des ORF zum Entwurf des Regionalradiogesetzes. Schreiben der Generalintendanz des ORF an das Bundeskanzleramt, zitiert nach Sommer. 1996. Seite 70.
[485] Sommer. 1996. Seite 70.
[486] Fidler/Merkle. 1999. Seite 111.

Da das aber nicht passiert, dürfen in Wien gerade einmal zwei Privatsender an den Start gehen. Das ist aber immerhin mehr als in allen andern Bundesländern, dort darf jeweils nur ein Privater senden. Das erinnert nicht ganz zufällig an das seinerzeitige Radio-Print-Modell, bei dem Verleger unter Aufsicht und Kontrolle des ORF in jedem Bundesland ein Programm hätten betreiben dürfen. Die Aufsicht des ORF gibt es im Regionalradiogesetz allerdings nicht mehr, auch nicht die Beschränkung, dass nur Zeitungsverleger Radio machen dürfen, zumindest theoretisch.

Für die insgesamt zehn zu vergebenden Privatradiolizenzen bewerben sich 154 Interessenten. Die meisten von Ihnen hätten sich diese Mühe allerdings sparen können. Bereits im November schreibt das Branchenmagazin Horizont: *„Der Countdown läuft. Und gut ein Jahr vor dem angekündigten Sendebeginn steht mehr oder weniger fest, welche zehn Lizenzbewerber den Zuschlag bekommen."*[487]

Wovon hatte Bundeskanzler Vranitzky gesprochen, von einer österreichischen Lösung. Die Zeitungsverleger bekommen, wer hätte das gedacht, ihre Radios.

---

[487] Horizont. Nr.46. 19.11.19993. Seite 10.

26.Bitte warten: Der Fehlstart der Privatradios

Was ohnehin längst alle wussten, entscheidet die Regionalradiobehörde pro forma am 21.12.1994, drei Tage vor Weihnachten. Nach den Feiertagen am 18. Jänner erteilt die Behörde dann offiziell die Zulassungsbescheide. In allen Bundesländern bekommen die lokalen Zeitungsgrößen ihre Lizenz, mit einer Ausnahme, in Salzburg ziehen die Salzburger Nachrichten gegen den Radiopionier Viktor Lindner und seinen Kompagnon Arnold Henhapl den Kürzeren.

Folgende Bewerbergruppen erhalten den Zuschlag der Regionalradiobehörde:

Wien: Radio Eins Privatradio GmbH

Bank Austria: 36%, Krone Media BeteiligungsgmbH (Kronen Zeitung): 26%, Styria: 10%, Fellner Media (News): 10%, Metro Zeitschriften Verlag (Wiener): 8%, Oscar Bronner (Der Standard): 10%.

Wien: K4 Privatradiogesellschaft

Bertelsmann-Tochter Ufa (RTL), Signum-Verlag, Wirtschaftsverlag Tochter Informa, Manstein-Verlag, Ottakringer Brauerei, Wiener Städtische Versicherung, Falter, Mazda Rainer, Thomas Madersbacher.

Oberösterreich: Oberösterreichische Privatrundfunk GmbH

J. Wimmer GmbH (Oberösterreichische Nachrichten): 26%, Landesverlag (OÖ Rundschau): 26%, Tele-Kurier (Kurier)m: 10%, Österreichische Zeitungs-, Verlags- und Vertriebs GmbH (Neues Volksblatt): 10%, Privates Radio OÖ GmbH: 10%, Oberbank: 8%, Gutenberg-Werbering: 5%, Informationsdienst- und Medienbeteiligungs GmbH: 5%

Niederösterreich. RPN-Radio Privat Niederösterreich GmbH

Tele-Kurier (Kurier): 26%, Niederösterreichisches Pressehaus (NÖN): 26%, Die Erste Beteiligungsverwaltung: 14,7%, HBV Beteiligungs-GmbH (Landes Hypo): 14,7%, Utilitas Dienstleistungs-Gmbh (EVN): 14,7%, Niederösterreichische Audiovision: 4%.

Burgenland: Privatradio Burgenland GmbH

Burgenländisches Kabelfernsehen (BKF): 15%, Kabel-TV Burgenland: 15% Hypo Bank Burgenland: 10%, Krone Media BeteiligungsgmbH: 10%, Raiffeisenlandesbank Burgenland: 10%, Oscar Bronner GmbH: 10%, Metro Zeitschriften Verlag: 10%, BF Medienbeteiligungs-GmbH: 10%, BVZ Medien und Beteiligungs-GmbH: 10%.

Steiermark: Antenne Steiermark Regionalradio GmbH

Styria: (26%), RLB-Beteiligungs-GmbH (Raiffeisenlandesbank Steiermark): 5%, Informations- und MediengmbH (Steirische Wochenpost): 10,5%, TVS (Neue Zeit): 10,5%, Fellner Medien (News): 10,5%, Krone Media BeteiligungsgmbH: 10%, Medien Süd-Ost Beratungs- und BeteiligungsgmbH (Leykam): 15%, diverse steirische Wirtschaftstreibende: 10%, AWE-KA-KapitalverwaltungsgmbH: 3%.

Kärnten: Regionalradio Kärnten GmbH

Informations- und Medien GmbH (Kärntner Tageszeitung): 22%, Buchdruckerei Carinthia: 16%, Multi Media ZeitschriftenverlagsgmbH (Kärntner Monat): 12%, Raiffeisenverband Kärnten: 12%, Styria: 10%, Verein Hermagoras: 10%, Neue Welle Rundfunk GmbH: 10%, Kärntner Landes-Hypo: 7%, RS Privatradio GmbH: 6%.

Tirol. RRT-Regionalradio Tirol GmbH

Schlüsselverlag J.S. Moser (Tiroler Tageszeitung): 26%, Salzburger Nachrichten VerlagsgmbH: 10%, Eugen Ruß Vorarlberger Zeitungsverlag (Vorarlberger Nachrichten): 10%, Telefon & Buch VerlagsgmbH (Oschmann Gruppe): 10%, BTV 2000 BeteiligungsverwaltungsgmbH (Bank für Vorarlberg und Tirol): 17%, Raiffeisenlandesbank Tirol: 17%, Beteiligungs- und Investment GmbH: 10%

Vorarlberg: Vorarlberger Regionalradio GmbH

Eugen Ruß Vorarlberger Zeitungsverlag (Vorarlberger Nachrichten): 26%, Vorarlberger Landesgruppe der Industriellenvereinigung: 10%, BTV 2000 BeteiligungsverwaltungsgmbH: 25%, Salzburger Nachrichten VerlagsgmbH: 10%, Schlüsselverlag J.S. Moser: 10%, Telefon & Buch VerlagsgmbH: 10%, BAWAG: 9%.

Salzburg: Radio Melody GmbH

Arnold Henhapl: 50%, Livia und Viktor Lindner: 50%

Die Zeitungsverleger können zufrieden sein, zumindest vorerst. Denn viele der glücklosen Bewerber ziehen nun vor den Verfassungsgerichtshof. Insgesamt 33 Beschwerden gehen beim VfGH ein. Alle zehn Zulassungsbescheide werden beeinsprucht.

Die Beschwerden beziehen sich, wenig überraschend, auf genau jene Punkte, die Juristen und Experten von Anfang bemängelt hatten: den nebulosen Frequenznutzungsplan und die damit verbundene geringe Anzahl von ausgeschriebenen Privatradiozulassungen. So kritisiert etwa der Staatsrechtler Hannes Tretter, *"die Bestimmung des Regionalradiogesetzes, nach der jedes Privat-*

radio in sich pluralistisch sein müsse. Besser wäre es, die Pluralität der Meinungen durch eine Vielzahl von Anbietern zu sichern."[488]

Genau das wollte die SPÖ mit diesem Gesetz aber verhindern: Eine Vielzahl an Sendern, die nicht unter ihrer direkten oder indirekten Kontrolle stehen. Doch selbst die zehn Radiogesellschaften, die eine Zulassung von der Regionalradiobehörde bekommen haben und mit 1. September on Air gehen wollen, werden angesichts der Beschwerden beim VfGH nervös. Schließlich haben sie schon viel Geld in den Aufbau ihrer Sender und Mannschaften investiert, der Privatradioverband spricht gar von 500 Millionen Schilling[489]

Die Ängste der Leider-Noch-Nicht-Radiomacher erweisen sich als begründet. Am 2. Mai sistiert der Verfassungsgerichtshof die Zulassungsbescheide, was heißt, die Privatradiosender dürfen, solange keine endgültige Entscheidung gefallen ist, auch nicht auf Sendung gehen. Der Privatradioverband drängt deshalb auf eine rasche Entscheidung des VfGH, am besten noch vor dem Sommer, *„damit die Lizenzgesellschaften ein Minimum an Rechtssicherheit haben"*[490], so Franz Ferdinand Wolf, Sprecher des Verbands Österreichischer Privatradios.

SPÖ und ORF dürfen sich jedenfalls freuen, die Radioliberalisierung ist durch ein bewusst schlampig verfasstes Gesetz einmal mehr verzögert worden. SPÖ Bundesgeschäftsführer Josef Cap vergießt öffentlichkeitswirksam ein paar Krokodilstränen und bezeichnet die Verzögerung für die Privatradiobetreiber als *„äußerst bedauerlich"*[491] und fügt allen Rechtsexperten zum Hohn hinzu, *„er sei nach wie vor der Meinung, daß mit dem Regionalradiogesetz ein verfassungskonformes Gesetz vorliege."*[492]

Zudem tut er das, was die SPÖ in Sachen Medienpolitik stets gerne tut: Reformen und Vorhaben nicht umzusetzen sondern anzukündigen, eine Medienoffensive werde es geben, so Rundfunkmonopolfreund Cap.

---

[488] Austria Presse Agentur. 14.3.1995.
[489] Siehe Fidler/Merkle. 1999. Seite 112.
[490] Austria Presse Agentur. 3.5.1995.
[491] Austria Presse Agentur. 30.6.1995.
[492] Austria Press Agentur. 30.6.1995.

Für die von Cap verhöhnten Zulassungsinhaber kommt es aber noch schlimmer. Am 5. Oktober hebt der Verfassungsgerichtshof Teile des Regionalradiogesetzes als verfassungswidrig auf. Begründung: „*Die Politik müsse für eine klare Aufteilung von ORF- und privaten Frequenzen und bei diesen wiederum zwischen regionalem und lokalem Radio sorgen. Nach derzeitiger Rechtslage hätte es der ORF in der Hand, durch Ausstrahlung weiterer Hörfunkprogramme ‚beliebig' die Frequenzen der Privaten zu verringern.*"[493] Exakt das, was Rechtsexperten von Anfang an kritisiert hatten, hat nun zur Aufhebung des Gesetzes geführt. Franz Ferdinand Wolf vom Privatradioverband spricht deshalb von einem „*medienpolitischen Zwentendorf.*"[494]

Die Radiogesellschaften können ihre bisher getätigten Investitionen in den Wind schreiben, das heimische Rundfunkmonopol bleibt weiter bestehen, zumindest in sieben von neun Bundesländern.

Denn zwei der Lizenzinhaber hatten es noch vor der Entscheidung des Verfassungsgerichtshofs geschafft, sich mit ihren unterlegenen Mitbewerbern zu einigen, worauf diese ihre Beschwerden beim VfGH zurückgezogen hatten.

Alfred Grinschgl, der damalige Geschäftsführer Antenne Steiermark in einem Interview:

„*Der einzig verfassungsrechtliche einwandfreie Weg für die Antenne (...) doch noch eine Lizenz zu erhalten, war der, mit den Beschwerdeführern, die unsere Lizenzerteilung blockiert hatten, Verhandlungen aufzunehmen. Wir haben versucht, die Beschwerdeführer in unsere Gesellschaft einzugliedern, um dadurch zu bewirken, daß sie ihre Beschwerden beim VfGH wieder zurückziehen. (...) Alle drei haben rechtzeitig ihre Beschwerden zurückgezogen und sind nun als Teilhaber in unsere Gesellschaft integriert. Dies hatte zur Folge, daß unser Lizenzbescheid wieder in voller Rechtskraft gültig war.*"[495]

---

[493] Fidler/Merkle. 1999. Seite 112.
[494] Österreichisches Atomkraftwerk, das zwar fertig gebaut, nach einem Volksentscheid, aber nie in Betrieb genommen wurde.
[495] Wieser. 1997. Seite 13.

Die Antenne Steiermark beteiligte ihre Mitbewerber, die RS-Radio und den Journalistenclub (ÖJC) mit 1 bzw. 1,1% an ihrer Regionalradio-Gesellschaft, das Freie Studenten-Radio wurde mit Sendezeit am Sonntagabend zufriedengestellt. Für die Antenne Steiermark war somit der Weg zum Sendestart frei. Auch Radio Melody in Salzburg konnte seine Mitbewerber zum Zurückziehen ihrer Beschwerden bewegen. Beide Radiogesellschaften konnten deshalb wie geplant auf Sendung gehen.

Am 22.9. geht in Dobl bei Graz die Antenne Steiermark on Air. Die ersten Worten spricht Programmchef Bernd Sebor: *„Hallo, herzlich willkommen, Grüß Gott. Hier ist Antenne Steiermark, Österreichs erstes Privatradio (...)"*[496]

Wenige Tage später am 17.10. geht in Salzburg Radio Melody auf Sendung. Zumindest in diesen beiden Bundesländern bekommen 1995 die öffentlich-rechtlichen Radios erste private Konkurrenz, es kommt *„zum formalen Ende des umfassenden ORF Monopols"*[497]

Zum Vergleich: In Deutschland startete mit R.SH das erste Privatradio bereits 1986[498] Im südlichen Nachbarland Italien senden Privatradios sogar schon seit Ende der 70er Jahre.

---

[496] Lengyel-Sigl. 2006. Seite 85.
[497] Streit. 2006.Seite 65.
[498] Der eigentlich älteste private Hörfunksender in Deutschland ist das französischsprachige Radio Europe 1. Der Sender wurde während der französischen Verwaltung des Saarlandes gegründet, um ein Verbot kommerziellen Rundfunks in Frankreich zu umgehen. Obwohl zunächst rechtlich nicht legitimiert, wurde er unter deutscher Funkhoheit im Saarland weitergeführt.

27. ORF unter Schock: Der Senkrechtstart der Antenne Steiermark

Seit seiner Gründung im Jahr 1967 bis zum Start der Antenne Steiermark Ende 1995, war Ö3 der einzige Radiosender Österreichs, der aktuelle Popmusik spielte. Wer keine Schlager, Oldies, Volksmusik oder Klassik im Radio hören wollte, der kam an Ö3 nicht vorbei. Obwohl das Programm Mitte der 90er Jahre längst nicht mehr auf der Höhe der Zeit war, waren die Hörerzahlen, dank der Monopolstellung des bereits etwas angestaubten Senders mit einer Tagesreichweite von 36,1%[499] noch halbwegs akzeptabel.

Um der künftigen privaten Konkurrenz nicht ganz unvorbereitet entgegenzutreten, verbannt Senderchef Edgar Böhm Anfang 1995 die sperrigsten Sendungen aus dem Ö3-Programm. Magazine wie die Musicbox oder Zick Zack werden auf den Sender FM4 ausgelagert, der gemeinsam mit Blue Danube Radio auf der vom ORF gekaperten vierten bundesweiten Frequenzkette ohne große Hörerschaft vor sich hinsendet. Um den Sender durchhörbarer zu machen wird auch das einstündige Mittagsjournal, das Ö3 von Ö1 übernommen hatte gestrichen. Mit diesen Maßnahmen wähnt sich die ORF Führung für die Sendstarts der neuen Privatsender gerüstet.

Dank des von SPÖ und ÖVP verpfuschten Regionalradiogesetzes bleibt dem ORF aber ohnehin die große Konkurrenz erspart, lediglich in der Steiermark und in Salzburg treten regionale Herausforderer an. Kurz, nachdem die Antenne Steiermark Ende September auf Sendung gegangen ist, lassen der ORF und die Antenne beim Meinungsforschungsinstitut Fessl-GfK eine Umfrage durchführen. Das Ergebnis, das Anfang November veröffentlicht wird, ist für den ORF ein riesiger Schock:

---

[499] Quelle: Radiotest, 2. Quartal 1995; Hörer 10+. 36,1% Tagesreichweite entspricht ca. 2,5 Millionen täglicher Hörer, ein Wert, den Ö3 trotz verschärfter Konkurrenz im 2. Halbjahr 2011 mit 37,1% sogar übertrifft.

Der neue Privatsender kommt aus dem Stand auf die bei der für die Werbewirtschaft relevanten Zielgruppe der 14-49jährigen in der Steiermark auf eine Tagesreichweite von 47,1% und lässt damit die beiden ORF-Sender Ö3 mit 36,1% und Radio Steiermark mit 27,7% deutlich hinter sich.

Wenig später bescheinigt auch der Radiotest der Antenne Steiermark sensationelle Hörerzahlen: Der neue Privatsender kommt bei den 14-49jährigen auf 54% Tagesreichweite, Radio Steiermark und Ö3 sind mit 21 bzw. 20% weit abgeschlagen.[500]

Beim ORF schrillen nun alle Alarmglocken. Das Desaster in der Steiermark ist eine Sache, wenn allerdings die Privatsender, die in näherer oder mittlere Zukunft auch in den anderen Bundesländern starten werden, ähnlich erfolgreich sind, dann haben die Staatsradios ein ernsthaftes Problem. Eile ist geboten, schließlich reformiert man einen Monopolsender mit verkrusteten Strukturen und veraltetem Programm nicht von heute auf morgen.

„Der Grund für die Nervosität: Ö3 will mit der Reform dem Privatradiogesetz zuvorkommen, hat Angst vor steirischen Zuständen."[501]

Und ORF-Generalintendant Gerhard Zeiler handelt schnell, der glücklose Ö3-Chef Edgar Böhm wird auf einen gut dotierten Posten entsorgt und durch den bisherigen Ö3-Musikchef Bogdan Roscic ersetzt. Das staatliche Hitradio zieht aus dem Funkhaus in der Wiener Argentinierstraße aus und bekommt eigene Räumlichkeiten an der Donaulände. Und weil guter Rat teuer ist, engagiert man die erfolgreiche deutsche Radioberatungsfirma bci, sie soll aus Ö3 einen konkurrenzfähigen Popsender machen. *„Maßgeblichen Einfluß auf die Neugestaltung von Ö3 hatte (...) die Beratungsfirma bci, die in Deutschland zahlreiche private Radiostationen betreut hat und die ihrem Ruf unter anderem durch den Know-how-Transfer von den USA nach Deutschland erworben hat. Acht bci-Berater, jeder einzelne mit einem eigenen Schwerpunkt, waren und sind für den ORF und Ö3 tätig."*[502]

---

[500] Austria Presse Agentur. 6.8.1996.
[501] TV Media. 21/1996.
[502] Kräuter. 1998. Seite 146.

Kurz, man bringt den Sender, *„auf ebenso kommerzielle wie konkurrenzsichere Stromlinie."*[503] Der öffentlich-rechtliche Auftrag spielt dabei kaum noch eine Rolle, wichtig ist vielmehr, die künftigen privaten Konkurrenten gar nicht erst groß werden zu lassen. Ö3 wird mit Hilfe der Beratungsfirma bci in einen „staatlichen Privatsender" umgewandelt. Schließlich will man sich, wie der damalige Hörfunkintendant Gerhard Weis verkündet, *„auf diesen Wettbewerb erstklassig vorbereiten"*[504], um weiterhin überlegener Marktführer zu bleiben.

Während SPÖ und ÖVP nun in aller Ruhe an einem neuen Entwurf für das Privatradiogesetz basteln, haben Roscic und die bci genügend Zeit, das Ö3-Programm fit für die künftige Konkurrenz zu machen. Schon damals mutmaßen Experten, dass noch mindesten ein oder zwei Jahre ins Land ziehen werden, bevor in Österreich flächendeckend Privatsender starten dürfen. Antenne Steiermark-Geschäftsführer Alfred Grinschgl: *„Meiner Meinung nach haben diese beiden Gesellschaften [Antenne Steiermark und Radio Melody, A.d.V.] einen Startvorteil von zumindest zwei Jahren gegenüber allen andern Regionalradios."*[505]

Es sollte noch bis zum 1. April 1998 dauern.

---

[503] Fidler. 2004. Seite 292.
[504] Siehe Kräuter. 1998. Seite 146.
[505] Wieser. 1997. Seite 13.

28. Als die Bilder laufen lernten: Die neue Freiheit im Kabelnetz

Während die Liberalisierung des Hörfunkmarkts Mitte der 90er Jahre schleppend voranschreitet, herrscht im Fernsehbereich zu dieser Zeit praktisch Stillstand, zumindest fast. Denn am 7. Juli 1993 beschließt der Nationalrat nicht nur das verpfuschte Regionalradiogesetz, sondern ändert auch das Rundfunkgesetz.

Diese kleine Änderung betrifft die heimischen Kabelbetreiber. Ihnen war bisher strengstens untersagt „aktiven" Kabelrundfunk zu betreiben, das heißt selbst Programme zu produzieren und auszustrahlen. Das dürfen sie zwar auch weiterhin nicht, aber immerhin können sie nun Textnachrichten und Standbilder über ihre Netze verbreiten. Geld dürfen sie damit aber nicht verdienen, Werbung ist ihnen nämlich strikt untersagt. Dafür dürfen die Texte, schließlich ist man ja „großzügig", mit Musik unterlegt werden.

Die Kabelbetreiber nutzen jedenfalls die ihnen gewährte neue kleine „Freiheit". So kündigt etwa Telekabel-Geschäftsführerin Alfreda Bergmann-Fiala kurz darauf ein neues *„privates Fernsehprogramm aus Wien"*[506] an, mit dem Zusatz, *„wenngleich nur mit bescheidener Grafik und Text"*. Mit solchen „Konkurrenten" am TV-Markt können selbst SPÖ und ORF leben.

Doch nicht alle sind so brav und gesetzestreu wie Frau Bergman-Fiala. So wie beim Hörfunk, ist es auch beim Fernsehen ein Kärntner, der sich schon sehr früh gegen das staatliche Diktat auflehnt. Bereits 1991 startet Josef Schabernig, Elektrohändler und lokaler Kabelnetzbetreiber in Friesach, seinen Sender mit dem deftigen Namen FKK (Friesacher Kabelkanal), freilich komplett illegal. *„Er wurde von der Behörde mit Anzeigen eingedeckt und 1994 wurde seine Anlage*

---

[506] Austria Presse Agentur. 1.2.1994.

von der Post plombiert, was ihn an der weiteren Ausstrahlung seines Lokalprogramms hindern sollte."[507]

Wie bereits der Kärntner Radiopionier Willi Weber geht Schabernig ins Rundfunkexil. Damit die Fernmeldebehörde nichts gegen ihn unternehmen kann, verlegt er kurzfristig seinen Sendstandort nach Italien.

[508]

Wie Josef Schabernig reagieren im Laufe der Jahre immer mehr Kabelbetreiber und Privatfernsehpioniere auf die repressiven Rundfunkgesetze, die Unterdrückung und die Verfolgung mit Widerstandsgeist und viel Kreativität.

So interpretieren einige von ihnen, was denn eigentlich ein Standbild sei, äußerst großzügig. Schließlich können Standbilder sehr schnell hintereinander ge-

---

[507] Loidl. 1999. Seite 52.
[508] WirtschaftsWoche. Nr. 49. 2.12.1993.

zeigt werden. *"Der Übergang vom Standbild zum bewegten Bild war dann sehr fließend"*[509]

Die widerspenstigen Lokalfernsehmacher setzten auf den sogenannten Stroboskopeffekt. Mit einem Videoeffektgerät wurde der Film in Einzelbilder zerlegt, danach wurden rund fünf "Standbilder" pro Sekunde gesendet. Da ergibt zwar noch keinen echten Film, aber die etwas abgehackten Bewegungen können bereits als solche wahrgenommen werden. Sozusagen Daumenkino im Kabelfernsehen. Und damit die gestrenge Fernmeldebehörde nicht auf dumme Gedanken kommt, blendet man noch zusätzlich den Hinweis ein: *" 5 Standbilder pro Sekunde."*[510]

Die Standbilder unterlegt man auch noch mit Sprache, was zwar verboten ist, schließlich erlaubt das Gesetz nur Musik, doch um sich nicht vollkommen lächerlich zu machen, drückt auf Weisung des damaligen Verkehrsministers Viktor Klima, die Fernmeldebehörde ein Auge zu.[511] Denn im Nachbarland Deutschland senden zu dieser Zeit bereits seit rund zehn Jahren ganz legal Privatsender und auch in den noch bis vor kurzem kommunistischen Ländern Osteuropas gehen überall private TV-Stationen auf Sendung.[512]

Doch mit solchen Minimalzugeständnissen wollen sich die Kabelbetreiber nicht abspeisen lassen. Sie wollen, so wie mittlerweile überall in Europa, endlich richtiges Lokalfernsehen machen, ganz legal und ohne Tricksereien. FKK-Betreiber Josef Schabernig und acht Kabelnetzbetreiber[513] aus der Steiermark ziehen deshalb vor den Verfassungsgerichtshof.

Und einmal mehr werden die Richter, aufgrund der Untätigkeit und des Unwillens der Politik, zu den eigentlichen Gestaltern der heimischen Rundfunklandschaft. Am 27.9.1995 stellt der VfGH fest, *"dass die Beschränkungen in der RVO*

---

[509] Loidl. 1999. Seite 48.
[510] Loidl. 1999. Seite 49.
[511] Siehe TV Media. 3/1996. Seite 12.
[512] 1993 senden bereits in Litauen, Tschechien, Estland, Polen und Rumänien private TV-Stationen
[513] Voitsberg, Eisenerz, Hausmannstätten, Feldbach, Knittelfeld, Kalsdorf, Fürstenfeld, Graz.

der EMRK (Artikel 10 Absatz 1) widersprechen und deshalb verfassungswidrig sind."[514]

Die Verfassungsrichter geben der Politik bis 31.7. 1996, also rund neun Monate Zeit, das Gesetz verfassungskonform zu reparieren. Tut sie dies nicht, können die Kabelbetreiber ab 1.8.1996 legal echtes TV-Programm mit bewegten Bildern produzieren und ausstrahlen. Jene neun Kabelbetreiber, die die Klage beim VFGH eingebracht haben, können aufgrund einer gesetzlichen Regelung, die besagt, *„dass der erfolgreich gegen ein Verfassungsgesetz Klagende unverzüglich die Vorteile von dessen Aussetzung wahrnehmen darf,"*[515] bereits mit 27.9.1995 legal senden. Die Zeitschrift TV-Media teilt die heimischen Privat-TV Macher Anfang 1996 in vier Gruppen ein:

„Die Legalen: Jene die geklagt haben. Neben Friesach ist Privat-TV in folgenden Netzen erlaubt: Voitsberg, Eisenerz, Hausmannstätten, Feldbach, Knittelfeld, Kalsdorf, Fürstenfeld und Graz

Die Halblegalen: Sie senden rasant geschnittene Standbilder, was nicht ausdrücklich verboten ist - eine typisch österreichische kabarettreife Lösung. Ein dazu passendes ‚Radioprogramm' erklärt die Bilder - was zwar gegen geltende Gesetze verstößt, von Verkehrsminister Klima aber per Weisung erlaubt wurde. Der Übergang zum normalen TV-Bild ist fließend.

Die Illegalen: Immer von der zwangsweisen Abschaltung und Beschlagnahmung durch die Post bedroht, senden sie munter drauf los. Ihr Vorteil: Bei der allgemeinen Legalisierung ab 1. August haben sie bereits TV-Erfahrung.

Die Bastler: Viele üben derzeit den Schritt in die televisionäre Zukunft noch. Vorerst gibt es (legale) Teletext-Informationen mit dazu passenden Fotos, unterbrochen von schnell wechselnden Standbildern"[516].

---

[514] Draxl. 2003. Seite 43.
[515] Kraiger. 1999. Seite 88.
[516] TV Media 3/1996 Seite 12.

Angesichts der Untätigkeit und Ignoranz der Medienpolitiker, gehen - Verbote hin oder her - in den folgenden Monaten immer mehr Kabelbetreiber mit eigenen Programmen und mit echten Bewegtbildern auf Sendung. Die Zeitschrift TV-Media berichtet im Frühsommer 1996: *„Sensationell: Zwar ist Privat TV bei uns verboten. Doch TV-Media fand 21 Pioniere, die trotzdem senden."*[517]

Zu diesen Sendern, die das Verbot einfach ignorieren, gehört pikanterweise auch RTV, der sein Programm in der Südstadt in Niederösterreich verbreitet. RTV gehört nämlich mehrheitlich dem Österreichischen Gewerkschaftsbund. Die ÖGB-Druckerei Elbemühl hält 50% an dem Sender. Angesichts solcher Zustände gibt ein verzweifelter Beamter des Verkehrsministeriums in TV-Media zu Protokoll: *„Ich habe den Verdacht, da scheißt sich keiner mehr was um die gültigen Verbote."*[518]

Auch mit dem Werbeverbot nehmen es die Privatfernsehpioniere nicht ganz so genau, man sendet einfach „bezahlte Produktinformationen."

Und obwohl die Verfassungsrichter SPÖ und ÖVP einen klaren Auftrag erteilt haben, lassen diese die Frist ungenützt verstreichen. Der Medienrechtler Heimo Czepl erklärt dieses Nichthandeln mit Konzeptlosigkeit: *„Als sehr bedenklich erscheint mir jedoch, dass knapp sechs Monate vor Ablauf der Frist seitens der politischen Parteien überhaupt kein konkretes Konzept für die Ausgestaltung eines privaten Rundfunksystems besteht."*[519]

Jedenfalls dürfen ab 1.8.1996, zumindest in den Kabelnetzen, private österreichische Fernsehprogramme verbreitet werden. Einmal mehr hat nicht die Politik bzw. die SPÖ, sondern ein Gericht für ein weiteres kleines Stück Rundfunk-, Presse- und Meinungsfreiheit gesorgt. Der Verfassungsgerichtshof *„erweist sich auch diesmal als Zentralanstalt für Medienpolitik."*[520]

---

[517] TV Media. 19/96. Seite 26f.
[518] TV Media. 19/96. Seite 26.
[519] Czepl zitiert nach Draxl. 2003. Seite 44.
[520] Fidler. 2004. Seite 293.

Daran ändert sich auch in den folgenden Monaten und Jahren nichts. Im Oktober hebt der VfGH, nach entsprechenden Klagen unzufriedener Programmmacher, auch das Werbeverbot im Kabel-TV auf.

29. Gerhard Zeiler: Die „Privatisierung" des ORF

Anfang der 90er Jahre beginnt sich die Rundfunklandschaft in Österreich, trotz der vehementen Blockadepolitik und der Querschüsse der SPÖ, langsam zu verändern. In den Kabelnetzen beginnen erste TV-Rebellen, eigene Lokalprogramme zu senden, Radiopiraten halten die Fernmeldebehörde auf Trab, aus den Nachbarländern machen heimische Privatradiopioniere mit österreichischen Programmen Ö3 oder Radio Kärnten Konkurrenz, der ORF verliert immer mehr Fernsehzuseher an deutsche Privatfernsehsender wie RTL oder SAT1, von Jahr zu Jahr können mehr ausländische TV-Sender via Satellit und Kabel empfangen werden, der Europäische Gerichtshof für Menschenrechte verurteilt die Republik Österreich, weil noch immer der ORF das alleinige Sendemonopol innehat, und rund um Österreich im Westen, Norden, Süden und sogar im Osten senden Private TV- und Radiostationen.

Die goldenen Monopolzeiten gehen für den ORF und die SPÖ nun langsam, aber sicher zu Ende. Das muss auch Gerd Bacher, der mittlerweile auf die 70 zugeht, erkennen. Er leitet mit mehreren Pausen seit 1967 die Geschicke des Staatsrundfunks, aus dem einstigen Tiger ist ein Rundfunkdinosaurier geworden, der mit den aktuellen Entwicklungen schlicht überfordert ist. Zu viele Fronten haben sich im Kampf um die Erhaltung der Macht des ORF aufgetan. Bachers langjährige Strategie, dem ORF alle Konkurrenten vom Leib zu halten hat sich angesichts der politischen, technologischen und internationalen Entwicklungen totgelaufen. Das weiß auch Bacher selbst, deshalb gibt er die Parole aus „Vom Monopol zum Marktführer."[521]

Doch dass der knapp 70-jährige noch der richtige Mann dafür ist, das glauben immer weniger, schließlich sprechen die Fakten eine andere Sprache. Trotz seiner Monopolstellung, liegen die Marktanteile des ORF-Fernsehens unter Bacher nur noch zwischen 40 und 45 %.

---

[521] Siehe Mocuba. 2000. Seite 3.

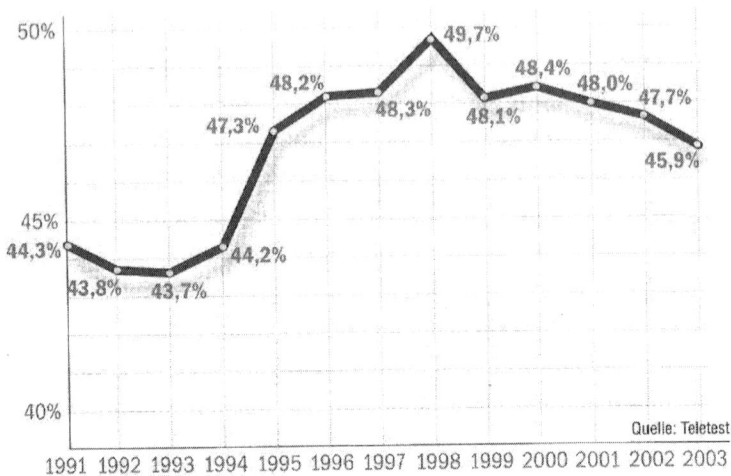

Angesichts dieser unerfreulichen Zahlen braucht die Bundeskanzler-Partei, die SPÖ, dringend einen neuen, kompetenten und starken Mann an der Spitze des ORF, denn was nutzt den Sozialdemokraten ein großer und vollkommen überteuerter Staatsfunk, wenn immer mehr Österreicher statt ORF lieber RTL, SAT1 oder Pro7 schauen.

„Auf Dauer, darüber waren sich alle Medienexperten einig, wird sich der ORF gegenüber der privaten Konkurrenz nur behaupten können, wenn er erstens noch attraktiver und zweitens um vieles billiger als bisher arbeite. Eine Totalreform des ORF erschien als einzig zielführende Maßnahme."[523]

Dieser Mann ist schnell gefunden: Gerhard Zeiler. Sozialisiert im linken Milieu: Assistent am Institut für Berufsforschung, Redakteur beim SP-Pressedienst und Pressesprecher für die beiden SPÖ-Bundeskanzler Fred Sinowatz und Franz Vranitzky. Zudem war Zeiler unter ORF-Generalintendant Thaddäus Podgorski ORF-Generalsekretär. Schon damals soll Zeiler hinter den Kulissen den ORF ge-

---

[522] Fidler. 2004. Seite 247.
[523] Wieser. 1999. Seite 2.

lenkt haben, da Podgorski mit seinem Amt vollkommen überfordert war. *"Als Generalsekretär unter Generalintendant Thaddäus Podgorski galt er schon damals als eigentlicher ORF-Manager."*[524] Mit dem Abgang von Podgorski wechselt Zeiler nach Deutschland, dort ist er zwei Jahre lang Geschäftsführer von Tele5 und weitere zwei Jahre von RTL2.[525]

"Der ideale Mann. (...) Gerhard Zeiler (...) hat einerseits das Zeug als Manager, um den ORF in den nächsten vier Jahren in ein schlankes Unternehmen umzukrempeln. Andererseits ist er politisch versiert genug, um als Vranitzkys Mann auf dem Küniglberg die Weichen in die richtige Richtung zu stellen."[526]

Ein Mann wie Zeiler wird dringend gebraucht, denn die öffentlich-rechtliche Anstalt steckt tief in der Krise, nicht nur was die miserablen Reichweiten betrifft. Eine Studie des deutschen Betriebsberatungsunternehmens Gemini Consulting stellt dem ORF ein denkbar schlechtes Zeugnis aus: *"Bacher hat in seinen vergangenen Amtsperioden offenbar doppelt so viele Leute wie nötig eingestellt und Strukturen von byzantinischer Schwerfälligkeit geschaffen (...)."*[527]

Die deutschen Studienautoren lassen am Staatsfunk kaum ein gutes Haar: *"Im ORF wurden bislang Aufgaben bereichsweise sehr unterschiedlich wahrgenommen, vor allem existiert keine strategische und operative Zentral-Steuerung. (...) auch mangelt es an einschlägigem Problembewusstsein, an konsequenter Zielgruppenorientierung und ihrer Umsetzung in die konkrete Programmarbeit."*[528]

Zeilers Wahl zum Generalintendanten ist mit den üblichen politischen Intrigen, Tausch- und Gegengeschäften zwischen den beiden Koalitionspartnern SPÖ und ÖVP verbunden. Weil SPÖ-Mann Zeiler auch einige Bürgerliche in sein Führungsteam holt, bekommt er auch viele Stimmen von der ÖVP. Schließlich versichert ÖVP-Chef Erhard Busek seinen Kuratoren, *"daß die ÖVP beim besten Willen nichts gegen sie einwenden könnte."*[529]

---

[524] Fidler. 2004. Seite 224.
[525] Siehe Fidler. 2008. Seite 618.
[526] WirtschaftsWoche. Nr.2/6.1.1994. Seite 18.
[527] WirtschaftsWoche. Nr. 42/13.10. 1994. Seite 35.
[528] Wieser. 1999. Seite 65.
[529] WirtschaftsWoche. Nr. 43/20.10.1994. Seite 34.

Und so wird Zeiler am 17.10.1994 vom ORF-Kuratorium mit 31 von 35 Stimmen zum neuen Generalintendanten gewählt. Von ÖVP-Seite erhält Zeiler lediglich von Helmut Kukacka und Heribert Steinbauer eine Abfuhr. Wie so oft, hat sich die ÖVP auch bei dieser Wahl von der SPÖ über den Tisch ziehen lassen. Das merkt sie, ebenfalls wie so oft, aber viel zu spät. Die Konsequenz: aus Trotz verhindert die Volkspartei Zeilers Plan, den ORF in eine Aktiengesellschaft umzuwandeln. Die ÖVP kann Zeiler „diesen Sieg nicht gönnen. Auch wenn sie selbst eine ORF-AG, sogar mit Beteiligung von privatem Kapital, über Jahre hinweg gefordert hat."[530]

Ansonsten ist Zeiler mit der Umsetzung seiner Reformen, seinen Konzepten und Plänen aber durchaus erfolgreich. „Er versucht eine Kulturrevolution mit verkehrten Vorzeichen auf dem Küniglberg – und holt alles, was im Privatfernsehen Erfolg hat, ja noch ein bißchen mehr zur Rettung der Quote ins ORF Programm."[531]

Zeiler definiert drei operative Zielsetzungen:

1. Sicherung der Marktführerschaft im Fernsehen und im Radio

2. Effizientes Wirtschaften

3. Einstieg in neue Geschäftsfelder[532]

Mit Zeiler gehen die Quoten des ORF wieder steil nach oben. Im heimischen Staatsfunk sind plötzlich Sendungen und Formate zu sehen, die man bisher nur aus dem deutschen Privatfernsehen kannte. Was in Deutschland funktioniert, setzt Zeiler auch im ORF um: „(...) Walter Schiejok talkt gegen Hans Meiser bei RTL am Nachmittag über UFOs und eingewachsene Zehennägel. Vera Russwurm tritt gegen Margarete Schreinemakers an (...). Den Kurier-Chef-

---

[530] Fidler/Merkle. 1999. Seite 113.
[531] Fidler/Merkle. 1999. Seite 113.
[532] Siehe Wieser. 1999. Seite 69.

redakteur Peter Rabl schickt Zeiler gegen Erich Böhmes „Talk im Turm" bei Sat1 ins Rennen und so weiter."[533]

Unter Zeiler sendet das ORF-Fernsehen erstmals 24 Stunden rund um die Uhr. Die Zeiten, als um Mitternacht herum die österreichische Bundeshymne das Programm beendet hat, sind damit vorbei.

Zeiler hat den ORF von Grund auf reformiert, das Programm kommerzialisiert und ihn aus der (Quoten-)Krise geführt. Er hat dafür gesorgt, dass der ORF der SPÖ, trotz des schwieriger werdenden Umfelds, auch weiterhin als Propagandasender mit großer Reichweite zur Verfügung steht. Denn an der politischen Ausrichtung der ORF-Berichterstattung und der Nachrichten- und Informationssendungen hat sich unter Zeiler freilich nichts geändert.

---

[533] Fidler. 2004. Seite 226.

30. A neicha Senda, Nudlaug: Sozialistisches Privatfernsehen

Der Verfassungsgerichtshof hat mit seinen Entscheidungen Mitte der 90er Jahre die TV-Landschaft in Österreich verändert und für die SPÖ eine neue Situation geschaffen. Die Sozialisten müssen sich mit den neuen TV-Machern im Kabel abfinden, ein Zurück gibt es nicht mehr, schließlich ist Österreich nunmehr Mitglied der EU, neue Beschränkungen der Rundfunk- und Pressefreiheit, also der Menschenrechte, kommen deshalb auch für die SPÖ-Monopolhardliner nicht mehr in Frage.

Auch wenn die zumeist kleinen Kabelfernsehsender vorerst kein allzu großes Publikum erreichen, die Sozialdemokraten müssen eine neue Strategie erarbeiten. Und die haben die Medien- und Kommunikationsspezialisten der SPÖ schnell gefunden. Wenn es nicht mehr ausreicht den ORF zu kontrollieren und zu instrumentalisieren, um die Meinungshoheit im Fernsehen weiter hochhalten zu können, dann muss man eben auch am neuen Spielfeld, dem des Privatfernsehens, aktiv werden. Ganz neu sind diese Überlegungen allerdings nicht. Als Radio CD in Ostösterreich Ö3 und Radio Wien das Leben schwer gemacht hatte, haben ÖGB-Vertreter mit der CD-Geschäftsführung still und heimlich über eine Beteiligung der Gewerkschaft an dem Grenzlandsender verhandelt.[534] Als Radio CD aufgrund der Senderabschaltungen ins Trudeln gerät, verwirft der ÖGB seine Pläne allerdings wieder.

Und so tauchen im Frühjahr 1997 in ganz Wien Plakate mit den Sprüchen „A neicha Senda, Nudlaug" und „A echta Wiena schalt jetz' um"[535] auf. Die Plakate mit den derben Sprüchen bewerben den neuen Sender im Wiener Kabelnetz: W1.

---

[534] Dies hat einer der ehemaligen CD Geschäftsführer dem Autor in einem Interview bestätigt. Eine Beteiligung kam jedoch nicht zustande, da Radio CD aufgrund von Senderabschaltungen in Turbulenzen geriet. Siehe Kapitel 21: Radio CD: Der Feind aus dem Osten.
[535] Siehe Fidler. 2008. Seite 41.

Hinter dem neuen „Wiener Stadtfernsehen" stehen als Haupteigentümer die Gewerkschaftsdruckerei Elbemühl und die Gewerkschaftsbank, die BAWAG.

Wenig später steigen mit kleineren Anteilen noch die Erste Österreichische Sparkasse, die EA Generali und die Wüstenrot mit ein.

Nicht nur die wichtigsten Geldgeber sind gestandene Sozialisten, auch das journalistische Personal kommt Großteils aus der linken Reichshälfte. Chefredakteur des neuen Wiener Privatsenders wird Hans Besenböck, ehemaliger Redakteur der Arbeiterzeitung und langgedienter ORF-Mitarbeiter. Beim Staatsfunk hatte er unter anderem als ZiB-Chef und als Radiochefredakteur gewerkt.

Die Sozialisten lassen sich ihren Privatsender durchaus etwas kosten. Im ersten Jahr will man zwischen 60 und 90 Millionen Schilling für den Kabelsender ausgeben.[536] Eine recht zurückhaltende Prognose, es sollten wesentlich mehr Millionen werden. Aber immerhin hängen am Wiener Kabelnetz rund 380.000 Fernsehhaushalte[537] das sind in etwa 800.000 potentielle W1-Zuseher. Um die zu erreichen, will man klotzen, nicht kleckern.

Das neue rote Privat-TV geht am 15. April mit großen Erwartungen auf Sendung. Wiens Bürgermeister Michael Häupl höchstpersönlich startet per Knopfdruck den Sender seiner Genossen.

Doch trotz millionenschwerer Investitionen und Ausgaben dümpelt der Sender bei nur rund 2 % Marktanteil in den Wiener Kabelhaushalten herum. *„Mit einer Talkleiste und Lokalnachrichten ist der Sender unfreiwillig komisch und kommt bei den Wienern nicht an."*[538] Nach nur drei Monaten wird die Geschäftsführung ausgetauscht, die neue Führungsmannschaft besteht aus den ehemaligen ORF-Mitarbeitern Karl Matuschka und Walter Amon. Matuschka war Technikdirektor und Amon roter Betriebsratschef im Staatsfunk.

Wie vom gebührenfinanzierten ORF gewohnt und gelernt gibt auch dieses Duo das Geld mit beiden Händen aus. Dafür gibt es Programmhighlights wie eine

---

[536] Siehe Austria Presse Agentur. 17.3. 1997.
[537] Damit ist das Wiener Kabelnetz das damals größte Netz Europas.
[538] Kornmüller. 2001. Seite 171.

Partnerbörse mit Dragqueen Mario Soldo oder Aufzeichnungen vom Catchen am Wiener Heumarkt.

Bei solch erlesenem Programm braucht der Sender natürlich ständig frisches Geld. Und da ein Privatsender bekanntlich keine Rundfunkgebühren kassieren darf, müssen die Gesellschafter einspringen. EA Generali, Wüstenrot und Erste Bank wollen allerdings ihr Geld nicht weiter in einem Projekt mit fragwürdigen Zukunftsaussichten verbrennen. Deshalb ist bereits im Herbst 1998 die BAWAG, nach den nötigen Kapitalerhöhungen W1-Mehrheitseigentümer.

„Auch hausgemachte Probleme sind bei Wien 1 schwer zu übersehen: Erfahrung, Geschick und Glück des Geschäftsführers, des Programmlieferanten, aber auch des Chefredakteurs als private Fernsehmacher sind eher begrenzt."[539]

BAWAG-Direktor Helmut Elsner, der später wegen finanzieller Malversationen im Gefängnis landet, verkündete damals angesichts gigantischer Verluste[540] die Durchhalteparole: *„Wir sind da hineingegangen, um drinnenzubleiben, und nicht, um uns wieder zurückzuziehen".*[541] Ein schwerer Fehler, wie sich noch herausstellen sollte: *„125.227 Millionen Euro investierte die Gewerkschaftsbank BAWAG von 1999 bis 2006 in den Sender, ohne einen Cent Gewinn zu machen."*[542]

Der Versuch der Sozialisten mit viel Geld und mit in Ungnade gefallenen ORF-Mitarbeitern im Privatfernsehen zu reüssieren hat sich als veritabler Flop erwiesen. Der Sender wird vom Wiener Publikum nicht angenommen und wird für die BAWAG zum Multimillionengrab. Im Jahr 2000 ist Schluss für W1. Mit dem neuen Namen ATV versucht man noch einmal durchzustarten.

---

[539] Fidler. 2004. Seite 294.
[540] Die Zeitschrift Format kolportierte damals Anfangsverluste von rund 700 Millionen Schilling.
[541] Austria Presse Agentur. 5.3.1998.
[542] Fidler. 2008. Seite 40.

31. Lasst tausend bunte Blumen blühen: Der Start der Privatradios

Während der neue Ö3-Chef Bogdan Roscic mit Hilfe von deutschen Beratern das Programm des öffentlich-rechtlichen Popsenders auf kommerzielle Privatradiolinie trimmt und so auf die neue Konkurrenz vorbereitet, basteln SPÖ und ÖVP in aller Ruhe an der Reparatur des verpfuschten Regionalradiogesetzes. Ausnahmsweise wollen die roten und schwarzen Medienpolitiker das Feld diesmal nicht den Verfassungsrichtern überlassen.

Bei der Novellierung des Gesetzes geht es der SPÖ vor allem darum, die Kritikpunkte des Verfassungsgerichtshofes aus der Welt zu schaffen, ohne dabei den Privaten allzu viel Frei- und Spielraum zu lassen. Die Konkurrenz für den ORF soll auch weiterhin möglichst klein und überschaubar bleiben. Eine Liberalisierung light sozusagen.

Auch das Regionalradiogesetz II ist deshalb ein fauler Kompromiss, was juristische Fachkommentatoren zu dem Hinweis veranlasst, *„es möge nicht verwundern, dass der vorliegende Gesetzestext nicht vollkommen frei von gewissen Inkonsistenzen geblieben ist."*[543] Die FPÖ spricht von einem „ORF-Schutzgesetz".

Am 20.3.1997 wird mit den Stimmen von SPÖ und ÖVP die Reparatur des Regionalradiogesetzes im Nationalrat beschlossen. Ohne jede Ironie stellt Josef Cap, der im Abwehrkampf gegen jegliche ORF-Konkurrenz stets an vorderster Fronst gekämpft hatte, fest: *„Es hat wirklich das Bemühen gegeben, möglichst rasch privates Radio in Österreich möglich zu machen (...)."*[544]

---

[543] Siehe Streit. 2006, Seite 66.
[544] Stenographisches Protokoll der 67. Sitzung des Nationalrates der Republik Österreich XX. Gesetzgebungsperiode, Donnerstag, 20. März 1997.

Am 1.5.1997 tritt die novellierte Fassung des Regionalradiogesetzes in Kraft. Die Zulassungsdauer für Privatradiolizenzen wird von fünf auf sieben Jahre erhöht, auch die Nutzung und Vergabe der Frequenzen ist nun soweit geregelt, dass sie den Vorgaben des Verfassungsgerichtshofes entsprechen. Der ORF darf weiterhin seine vier bundesweiten Frequenzketten betreiben, in jedem Bundesland kann ein privates Regionalradio senden (in Wien zwei), der verbliebene Rest an freien Frequenzen darf für private Lokalradios genutzt werden. *„Damit die (private) Rundfunkfreiheit nicht allzu groß würde, hat sich der Gesetzgeber (...) allerhand einfallen lassen."*[545]

So wird die Größe, das heißt die technische Reichweite der künftigen Lokalradios, auf ein Minimum reduziert. Lokalradio wird im novellierten Regionalradiogesetz wie folgt definiert:

„Sendelizenzen für lokalen Hörfunk sind solche, die die Veranstaltung von Hörfunk in begrenzten Teilen innerhalb eines Bundeslandes oder im Grenzgebiet zweier oder mehrere Bundesländer ermöglichen, mit dem Ziel, eine Gemeinde oder höchstens 150.000 Einwohner in einem zusammenhängenden Gebiet zu versorgen (...)"[546], was Josef Cap veranlasst im Nationalrat stolz zu verkünden *„Also die Parole „Laßt tausend Blumen blühen"*[547] *ist wirklich aufgegangen"*[548]

Der Geschäftsführer der RTR[549], Dr. Alfred Grinschgl: *„Der medienpolitische Auftrag in den 90er Jahren war ‚Lasst 1000 bunte Blumen blühen' – sie sollten bunt sein, aber möglichst klein, weil niemand wollte, dass ernsthafte Konkurrenz für den ORF entsteht."*[550]

Manche der neuen Lokalfrequenzen haben eine technische Reichweite von nicht einmal 20.000 Einwohnern. Und damit die Sender auch wirklich klein

---

[545] Streit. 2006. Seite 67.
[546] Siehe Reichel. 2006. Seite 113f.
[547] „Laßt tausend bunte Blumen blühen" ist eine Abwandlung der Parole, die Mao Zedong in einer Rede 1956 ausgegeben hatte („Lasst hundert Blumen blühen").
[548] Stenographisches Protokoll der 67. Sitzung des Nationalrates der Republik Österreich XX. Gesetzgebungsperiode, Donnerstag, 20. März 1997.
[549] Die Rundfunk und Telekom Regulierungs GmBH ist der Geschäftsträger der KommAustria.
[550] Siehe Reichel. 2006. Seite 114.

bleiben, sind im novellierten Regionalradiogesetz Programmübernahmen und Beteiligungsverhältnisse streng geregelt. Netzwerke aus mehreren Lokalsendern sollen so verhindert werden, jeder noch so winzige Sender muss den Großteil seines Programms selbst produzieren. Dieses Gesetz wird von SPÖ und ÖVP entweder in vollkommener Unkenntnis der wirtschaftlichen Rahmenbedingungen für Privatsender oder aus böser Absicht beschlossen. Denn Sender mit technischen Reichweiten von oftmals unter 100.000 Einwohnern, den noch dazu die Nutzung von Synergien mit anderen Sendern per Gesetz weitgehend untersagt wird, haben kaum eine Chance wirtschaftlich zu überleben. Ein Blick der roten Medienpolitiker über den österreichischen Tellerrand ins benachbarte Ausland, wo es bereits seit vielen Jahren Privatradios gibt, hätte gereicht, um das festzustellen.

Trotzdem ist das Interesse an den neuen Minifrequenzen riesengroß. Als die Behörde die acht[551] Regionalradio- und insgesamt 42 Lokalradiozulassungen ausschreibt, finden sich für jede noch so kleine Frequenz gleich mehrere Bewerber. Die neue Rundfunkfreiheit zieht trotz der denkbar schlechten Voraussetzungen und Rahmenbedingungen viele Möchtegernradiomacher an, darunter auch ehemalige Rennskiläufer (Werner Grissemann), lokale Unternehmergrößen oder Religionslehrer.

Am 17.11.1997 vergibt die Regionalradiobehörde die Zulassungen: Überraschungen gibt es dabei keine. Die regionalen Medienhäuser, dürfen nun neben ihren Bundesländerzeitungen auch Bundesländerradio machen:

- **88.6 (Wien):** u.a. Krone, Bank Austria, Oscar Bronner (Der Standard)
- **Antenne Wien:** u.a. Fellners (News), Styria
- **Radio Servus (B):** u.a. Kabel TV Burgengenland (BEWAG), Krone Media, Oscar Bronner
- **RPN (NÖ):** u.a. Niederösterreichisches Pressehaus (NÖN), Telekurier (Kurier)

---

[551] Zwei der insgesamt zehn Regionalradios sind bereits seit 1995 in Betrieb (Antenne Steiermark und Radio Melody).

- **Life Radio (OÖ):** u.a. OÖ Nachrichten, OÖ Landesverlag, Telekurier
- **Antenne Kärnten:** u.a. Kärntner Tageszeitung, Druckerei Carinthia, Styria
- **Antenne Vorarlberg:** u.a. Vorarlberger Nachrichten, Tiroler Tageszeitung Salzburger Nachrichten
- **Antenne Tirol:** u.a. Tiroler Tageszeitung, Salzburger Nachrichten, Vorarlberger Nachrichten

„Dass die ORF-Strategie in den Neunzigern mit regionalem Privatradio auch den regionalen Verlegern entgegenkam, die jeweils ihr eigenes Radio bekamen, fügte sich gut. Echte Konkurrenz für den ORF und Ö3 wurde so erschwert."[552]

Die Bundesländerzeitungen sind an ihren Sendern allerdings nur mit max. 26% beteiligt, mehr erlaubt das Regionalradiogesetz nicht. Mit jeweils 10% dürfen sie sich an zwei weiteren Sendern beteiligen. Deshalb sind bei den Regionalradiosendern zumeist große Bankhäuser mit im Boot.

Die neuen Privatradios sind noch nicht einmal on Air, da fürchten führende Wiener Kommunikationswissenschafter wie Wolfgang Langenbucher, Wolfgang Duchkowtisch oder Fritz Hausjell, sowie Johannes Kunz, der seinerzeit Künstler per Telegramm unter Druck gesetzt hatte, weil sie Gerd Bacher unterstützt hatten, um die Zukunft des ORF. Sie verfassen deshalb die „Wiener Erklärung"[553]. Darin wird in bester kulturpessimistischer Tradition kommerzieller Privatrundfunk verdammt und eine Stärkung der Position des ORF verlangt.

Dass die Privatsender nur in äußerst begrenztem Umfang und mit vielen restriktiven Regeln an den Start gehen dürfen und damit ohnehin keine echte Konkurrenz darstellen, kümmert die Medienwissenschafter mit starkem politischem Linksdrall relativ wenig. Ein liberaler Rundfunkmarkt ist ihnen grundsätzlich suspekt, paradoxerweise verkünden sie in Ihrer großspurigen Wiener Erklärung: *„Freie Bürger brauchen einen freien Rundfunk."*[554]

---

[552] Der Standard. 29./30.3.2008.
[553] Die Wiener Erklärung siehe Anhang.
[554] Wiener Erklärung vom 28. Mai 1998 siehe Anhang.

Mit welchen Vorurteilen und Widerständen, vorwiegend aus der linken Reichshälfte, die Privatsender damals zu kämpfen haben, verdeutlichen auch die Aussagen von Ö1-Chef Alfred Treiber. Im Vorwort zu einem Buch über die heimische Rundfunkgeschichte schreibt der ORF-Mann: *„Ich als kleiner Maxi habe mir immer vorgestellt, dass Österreich glücklich sein kann, wenn es eine große funktionierende Medienorgel (der ORF, A.d.V.) besitzt (...)und die Öffentlichkeit, und da wieder in erster Linie die Print-Öffentlichkeit, übernimmt die Kontrolle. Jetzt wollen aber die Herdenhunde lieber selber Herde sein. Und die Schwarzkappler denken an den Besitz eigener Straßenbahnen."*[555]

Wie können sie nur, diese Hunde und Schwarzkappler. Der Betrieb von Rundfunkstationen sollte doch, so offensichtlich Treibers Meinung, auch weiterhin das exklusive Recht einer von der Regierung ausgewählten und gekauften[556] „Elite" sein, die die Hörer und Seher ganz im Sinne des seinerzeit propagierten sozialistischen Volks-Funkes mit den „richtigen" Inhalten und Informationen füttern.

Und wie immer, wenn jemand mit der Einschränkung der Presse- und Meinungsfreiheit liebäugelt, beruft er sich auf den Erhalt „journalistischer Qualität", und qualitativ hochwertig ist nur, was den eigenen politischen Zielen dient. Ohne ORF-Monopol wird Österreich jedenfalls zum „italienischen Medienuganda" prophezeit Treiber. Schließlich gehe es den Privaten nur um die „Gelegenheit Geld zu verdienen.", sagt zumindest der fürstlich entlohnte Chef einer geschützten Rundfunkwerkstätte.

Trotz der Panikattacken der heimischen Kommunikationswissenschafter und einiger führender ORF-Mitarbeiter gehen, ganz ohne Scherz, am 1. April 1998, viele Jahre nach allen anderen europäischen Ländern, nun auch in Österreich flächendeckend Privatradiosender on Air. Doch der Erfolg, den noch knapp drei Jahre zuvor die Antenne Steiermark einfahren konnte, bleibt den meisten Pri-

---

[555] Godler et al. 2004. Seite 9.
[556] ORF-Mitarbeiter verdienen fast doppelt soviel wie durchschnittliche Branchenmitarbeiter. Siehe: http://diepresse.com/home/kultur/medien/528329/ORFGehaelter-fast-doppelt-so-hoch-wie-Branchenschnitt- (06.03.2012).

vatsendern versagt. Der Totalumbau von Ö3 hat sich gelohnt. Die Hörerzahlen der meisten Privatradios bleiben weit hinter den Erwartungen zurück.

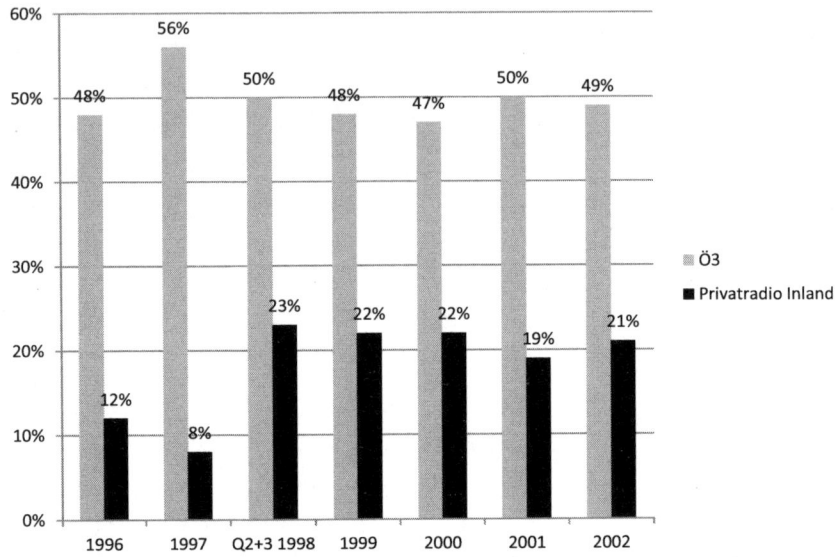

Marktanteile Ö3 und Privatradio Inland gesamt; Hörer 14-49 Jahre; Montag bis Sonntag. Quelle: Radiotest

Vor allem die vielen kleinen Privatradios gerieten rasch in finanzielle Turbulenzen. Willi Weber, der einst mit Radio UNO von Italien aus in Kärnten den Radiomarkt aufgemischt hatte und nun mit Radio Wörthersee sein Glück versucht stöhnt bereits kurz nach dem Sendestart: *„Jeden Tag, den man in Österreich Radio macht, ist man dem Konkurs näher."*[557]

Die „Tausend bunten Blumen", die sich SPÖ-Monopolfreund Josef Cap „gewünscht" hat, verwelken, noch ehe sie richtig erblüht sind. Die Euphorie der Radiomacher ist schnell verflogen, hohe Kosten, geringe (Werbe)Einnahmen

---

[557] Siehe Reichel. 2006. Seite 114.

und dank des restriktiven Regionalradiogesetzes, kein Möglichkeit mit anderen Sendern zu kooperieren, setzen den kleinen Radiostationen zu.

Der Plan der SPÖ ist aufgegangen, durch die jahrelange Verzögerung des Privatradiostarts, durch die Bevorzugung des ORF (etwa bei der Aufteilung der Frequenzen) und durch das restriktive Regionalradiogesetz konnte die Konkurrenz für den ORF auch nach der Liberalisierung klein gehalten werden. Die ORF-Radios beherrschen mit rund 80% Marktanteil weiterhin den Hörfunkmarkt. Die privaten Regionalradios sind aber nicht nur wegen ihrer relativ geringen Hörerzahlen kaum ein Problem für die SPÖ, obwohl man sie nicht ganz so direkt und unverschämt manipulieren kann wie den ORF, aber mit ihrem seichten Unterhaltungsprogramm haben sie ohnehin kaum politisches Gewicht und damit eine nur geringe Bedeutung für die SPÖ.

Trotzdem sind die neuen Sender für SPÖ und ORF ein regelrechter Kulturschock. Schließlich zerstören die neuen Privatradios mit ihren Reportern, Journalisten und Praktikanten die vertraute Schrebergartenidylle, die sich ORF und SPÖ aufgebaut haben. Das führt zu teils absurden Reaktionen. So versuchen ORF-Reporter und -Kameramänner anfänglich alles, um die vielen bunten Mikrophone ja nicht ins Bild zu bekommen. Man will unbedingt vermeiden, dass ein Logo von 88.6 oder RPN plötzlich unter der Nase von Bundeskanzler Viktor Klima in der Zeit im Bild auftaucht. Auch viele SPÖ-Politiker können oder wollen mit den jungen Privatradioreportern nur wenig anfangen. Bei Interviewterminen oder Anfragen werden ORF-Mitarbeiter bevorzugt, im Nationalrat, wo der ORF gleich mehrere eigene Büros hat, werden Privatradioreporter gerade noch in allgemein zugänglichen Wartezimmern geduldet. Kurz, man will es den ungeliebten privaten Störenfrieden nicht zu einfach machen. Schließlich ist für die SPÖ der ORF nach wie vor das mit Abstand wichtigste Medium im Land, diese gute Partnerschaft mit der öffentlich-rechtlichen Rundfunkanstalt will sich die SPÖ, mit einem Zuviel an Freundlichkeiten gegenüber den Privatsendern, nicht verderben.

Trotzdem macht SPÖ-Bundesgeschäftsführer Andreas Rudas zum Start der Privatradios gute Miene zum bösen Spiel und freut sich offiziell *„auf die zu erwar-*

tende Vielfalt des Programmangebots – insbesondere bei den Nachrichtensendungen – wodurch letztlich auch die Demokratie zusätzlich gestärkt werde."[558]

Die Programm- und Meinungsvielfalt bleibt trotz aller Befürchtungen der SPÖ aber ohnehin aus. Nachrichten und Informationssendungen spielen beim Privatradio nur eine untergeordnete Rolle. *„Denn der privat/formatradioversierte Radiomacher oder Kaufmann weiß: für einen Gutteil der Hörer sind Nachrichten kein sonderlich attraktiver Beweggrund, das Radio einzuschalten (...) Zum zweiten sind Nachrichten kostenintensiv."*[559]

Unterm Strich hat der SPÖ das jahre- und jahrzehntelange Verzögern und Blockieren bei der Liberalsierung des Hörfunks, außer die Gunst des ORF, nur wenig gebracht, zumal auch die meisten Privatsender und ihre Redakteure mit der SPÖ bzw. den Grünen sympathisieren.

---

[558] Siehe Konvicka. 2006. Seite 135.
[559] Konvicka. 2006. Seite 136.

32. Eine Hand wäscht die andere: Der vierte elektronische Grundkonsens

Am Hörfunkmarkt müssen ORF und SPÖ nun mit der neuen privaten Konkurrenz leben. Der Kampf ums Monopol ist damit aber noch nicht zu Ende. Denn privates Fernsehen darf in Österreich, im Gegensatz zu fast allen anderen europäischen Staaten inklusive Albanien, nach wie vor nur via Kabel oder Satellit verbreitet werden. Terrestrisches Fernsehen, also via Antenne frei empfangbares TV, darf Ende der 90er Jahre in Österreich ausschließlich der ORF ausstrahlen.

Den Zeitungsherausgebern in den Bundesländern ist das Abenteuer Privatfernsehen nach wie vor zu teuer und zu riskant. Damit stehen sie nicht alleine da, auch Helmut Thoma, Chef von RTL, meint: *„Solange der ORF so viele Werbemöglichkeiten wie jetzt hat, ist es gescheiter, das Geld zusammenzulegen und anzuzünden."*[560]

Und da die Wahrscheinlichkeit, dass die SPÖ die Werbezeiten des ORF einschränkt, noch geringer ist als ein Sechser im Lotto, greifen die Zeitungsherausgeber auf eine schlechte alte österreichische Tradition zurück: Man macht mit dem ORF gemeinsame Sache und beschließt einen neuen, den mittlerweile vierten „elektronischen Grundkonsens". Im Sommer 1999 wird der neuerliche Kuhhandel, den man großspurig „österreichische Medienmarktordnung" nennt, zwischen der öffentlich-rechtlichen Anstalt und dem VÖZ, dem Verband der österreichischen Zeitungen, besiegelt.

Bei diesem neuerlichen Interessensabgleich werden, wie auch bei den vorangegangen Deals, die Zeitungsherausgeber vom ORF gnadenlos über den Tisch gezogen. Kernpunkt der Vereinbarung: Für den Fall der Einführung von terrestrischem Privatfernsehen soll *„eine Sendeleiste von täglich max. einer Stunde in*

---

[560] Siehe Kornmüller. 2001. Seite 168.

ORF 2 bundesländerweise für private Programmanbieter ausgeschrieben werden."[561]

Die regionalen Zeitungsverlage könnten nach diesem Modell, unter der Aufsicht des ORF, ein bisschen regionales Fernsehen machen, ohne allzuviel Geld investieren zu müssen. Die Kosten und das Risiko halten sich bei einer einstündigen Sendung, die auf ORF2 abgespielt wird in Grenzen. Verleger und ORF wollen mit diesem Modell echtes Privatfernsehen verhindern, denn ihr Deal sieht zudem vor, dass die dritte noch freie Frequenzkette für terrestrisches Fernsehen nicht für private Anbieter ausgeschrieben, sondern für digitales Fernsehen reserviert bleiben soll. Wenn dann in rund zehn Jahren digitales Fernsehen eingeführt wird, dann will der ORF diese Frequenzkette gleich mit mehreren Spartenkanälen besetzen. Die Strategie ist bekannt, man reißt sich möglichst viele der noch freien Frequenzen unter den Nagel, um eine echte Liberalisierung des Marktes und damit ernsthafte Konkurrenz von Anfang an unmöglich zu machen.

Auch das finden die Zeitungsverleger durchaus okay, zumindest jene aus den Bundesländern, denn Kronen Zeitung und Kurier sind angesichts der seltsamen Privat-TV-Pläne ihrer Verbandskollegen aus dem VÖZ ausgetreten.

Der vierte elektronische Grundkonsens erinnert nicht ganz zufällig an das unsägliche Radio-Print-Modell aus dem Jahr 1987. Aber selbst damals war die unverschämte Packelei zwischen den regionalen Zeitungsherausgebern und dem ORF zur Verhinderung einer echten Rundfunkliberalisierung aufgrund der vollkommen überzogenen Forderungen gescheitert.

Auch diesmal platzen ihre Pläne, zumal am 1.7. 1999 der Europäische Gerichtshof für Menschenrechte eine Beschwerde der Tele 1 Privatfernseh GmbH[562] für zulässig erklärt und das terrestrische Fernsehmonopol des ORF prüft.

---

[561] Fidler. 2006. Seite 296.
[562] Die Tele 1 GmbH, an der die Kronen Zeitung beteiligt ist, hatte bereits 1993 um eine terrestrische Frequenz angesucht. Nachdem auch der Verfassungsgerichtshof die Beschwerde abgewiesen hatte, wandte man sich an den EGMR.

Der eigentliche Todesstoß erfolgt aber am 3.10.1999. Bei der Nationalratswahl stürzt die SPÖ unter Viktor Klima auf 33,1% ab, die FPÖ mit Jörg Haider liegt mit 26,9% wenige Stimmen vor der ÖVP auf Platz 2.

33. Wendezeiten: Schwarz-Blaue Rundfunkrevolutionen

Nachdem die Regierungsverhandlungen zwischen SPÖ und ÖVP gescheitert sind, einigen sich Wolfgang Schüssel und Jörg Haider auf die Bildung einer schwarz-blauen Koalition. Am 4.2.2000 wird die neue Regierung angelobt. Erstmals seit 30 Jahren residiert kein SPÖ-Politiker im Bundeskanzleramt. Die rote Reichshälfte steht unter Schock, Bundeskanzler Wolfgang Schüssel will das über Jahrzehnte in Österreich aufgebaute und gewachsene Machtgefüge zerschlagen. Die Medien sprechen von der schwarz-blauen Wende.

Von dieser Wende sind auch der Rundfunk im Allgemeinen und der ORF im Besonderen betroffen. Daran lässt ÖVP-Klubobmann Andreas Khol keinen Zweifel, er spricht von *„Rote Gfrieser, die er nicht mehr im ORF sehen will".*[563] Die Empörung über Khols Kampfansage ist groß, aber nicht nur wegen der markigen Wortwahl (für die er sich später entschuldigt), sondern vor allem, weil SPÖ und ORF-Mitarbeiter um die seit Jahrzehnten perfekt funktionierende Symbiose fürchten. Das System der SPÖ- und regierungsfreundlichen Berichterstattung im Tausch gegen Sonderrechte, Privilegien und Vorteile für den ORF und seine Mitarbeiter ist nun akut gefährdet.

Für Josef Cap ein Horrorszenario. Kaum auf der Oppositionsbank gelandet, fürchtet der ORF- und Monopolfreund, dass die öffentlich-rechtliche Anstalt zu einem „unkritischen Regierungsfunk" werden könnte, so, als ob der ORF je etwas anders gewesen wäre. Aber es macht offenbar einen Unterschied, wer in der Regierung sitzt. Völlig frei von Ironie schreibt Josef Cap: *„Der Hörfunk und noch mehr das Fernsehen haben bedeutenden Einfluss auf das Bewusstsein der Menschen und deren politischen Meinungen. Deshalb liegt für manche die Versuchung nahe, für die Menschen eine andere Wirklichkeit zu kreieren, die wenig mit der tatsächlichen zu tun hat, und das geschieht am leichtesten über die to-*

---

[563] http://newsv1.orf.at/ticker/215130.html (29.12.2011).

tale Beherrschung der elektronischen Medien. In diesem Sinn hat die Regierung Schüssel alles daran gesetzt den ORF in den Griff zu bekommen."[564]

Da spricht ein Kenner der Materie, schließlich war die Beherrschung der elektronischen Medien seit Anfang der 50er Jahre eines der wesentlichsten und wichtigsten medien- und machtpolitischen Ziele der SPÖ. Dass sich nun die Vorzeichen geändert haben, versetzt Josef Cap und seine Genossen in Panik.

Doch nicht nur der ORF soll reformiert, auch das von der SPÖ über Jahre verhinderte Privatfernsehen soll nun endlich verwirklicht werden. Die neue schwarz-blaue Regierung krempelt den gesamten heimischen Rundfunkmarkt um und beschließt gleich vier zentrale Mediengesetze:

- Privatfernsehgesetz
- Privatradiogesetz
- ORF-Gesetz
- KommAustria-Gesetz

Damit sollen auch in Österreich die letzten Monopole des ORF fallen, jenes auf terrestrisches Fernsehen und jenes auf bundesweites Radio. Noch bevor die Regierung die neuen Gesetze beschließen kann, erklärt der Verfassungsgerichtshof die seinerzeit von SPÖ und ÖVP geschaffene Privatrundfunkbehörde gleich für doppelt verfassungswidrig, zum einen, weil sie eine „Kollegialbehörde mit richterlichem Einschlag" ohne Kontrolle durch das Parlament ist, zum anderen, weil gegen die von ihr erteilten Zulassungen nicht beim Verwaltungsgerichtshof berufen werden kann. Die Mediengesetzgebung der rot-schwarzen Koalition erweist sich einmal mehr als Pfusch.

Nun werden auch 23 Privatradiozulassungen, die von der verfassungswidrigen Privatrundfunkbehörde vergeben worden sind, für ungültig erklärt. Den Privatsendern droht das Aus. Doch im Gegensatz zu 1995 ist man nun bemüht den

---

[564] Cap. 2002. Seite 263.

Sendern eine Abschaltung und damit eine finanzielle Katastrophe zu ersparen. *„In einem letzten Kraftakt verteilt die alte Radiobehörde noch rasch knapp vor Weihnachten 2000 einen Stapel vorübergehender Bewilligungen für ein halbes Jahr und löst sich im Frühjahr 2001 auf."*[565]

Somit bleibt den betroffenen Radiosendern eine Zwangspause erspart. Sie müssen sich allerdings erneut um eine Zulassung bewerben. Am 1.4.2001 tritt das neue Privatradiogesetz in Kraft. Es enthält unter anderem neue Medienbeteiligungsgrenzen und eine Ausweitung der erlaubten Mantelprogrammübernahme. Nunmehr dürfen 60% der täglichen Sendezeit von andern Sendern übernommen werden. Damit ist der Weg frei für den Aufbau von Sendernetzwerken. Die Mediaprint reagiert am schnellsten, kauft zahlreiche finanzschwache Lokalsender und bastelt sich daraus das Sendernetzwerk Krone Hit R@dio.

Mit dem Privatradiogesetz gelang der kleinen Koalition etwas, was SPÖ und ÖVP jahrelang nicht zustande gebracht hatte: *„(...)eine dauerhaftere Grundlage für Privatradio in Österreich zu schaffen."*[566], so der Medienrechtler Georg Streit.

Die neue Medienbehörde, die KommAustria ist eine weisungsgebundene Behörde, die dem Bundeskanzleramt unterstellt ist. So war das allerdings nicht geplant. Ursprünglich hätte die KommAustria eine unabhängige und weisungsfreie Behörde werden sollen. Das geht aber nur mit einer Zweidrittelmehrheit im Parlament. Doch die SPÖ verweigert die Zustimmung. Josef Cap spricht von einer „Metternichbehörde"[567]. Nachdem sich die SPÖ in Fragen der Rundfunkliberalisierung Jahrzehnte Zeit gelassen hat, geht ihr nun alles viel zu schnell und sie versucht es erneut mit ihren altbewährten Verzögerungs- und Hinhaltetaktiken. Nationalratspräsident Heinz Fischer spricht gar von einer „Termin-Guillotine", er wolle stattdessen „ohne Zeitdruck" verhandeln. Was das bedeutet, weiß man aus den vergangenen Jahren. Doch die Zeiten und die parlamentarischen Mehrheiten haben sich geändert, die auf 33,1% geschrumpfte SPÖ ist zum Zusehen verdammt, und zieht sich in den Schmollwinkel zurück.

---

[565] Fidler. 2006, Seite 298.
[566] Streit. 2006. Seite 76.
[567] Siehe Fidler. 2006. Seite 299.

FPÖ-Klubobmann Peter Westenthaler spricht von einer Totalverweigerung der Opposition: *"Viele der Vorhaben hätten unter Umständen noch umfassender und noch schneller umgesetzt werden können, wenn die Oppositionsparteien an Stelle der vollständigen Verweigerung einem Mindestmaß an Reformbereitschaft und Modernisierungswillen an den Tag gelegt hätte. Vor allem bei der SPÖ war die Bereitschaft zu konstruktiver Zusammenarbeit von einer ähnlichen Nachhaltigkeit geprägt wie ihr Verharrungsvermögen in der Medienpolitik als Kanzlerpartei."*[568] Standard-Medienjournalist Harald Fidler. *"Gegen ihre Vorläufer sind KommAustria & Co durchaus Meilensteine."*[569]

Am 1. 8. 2001 treten das Privatfernsehgesetz und das neue ORF-Gesetz in Kraft. Nun gibt es auch in Österreich, *"17 Jahre nach Deutschland und drei Jahre nach Albanien"*[570], wie Peter Westenthaler im Nationalrat betont, grünes Licht für Privatfernsehen. Die neue Medienbehörde, die KommAustria, schreibt am 6. August 2001 vier Lizenzen für terrestrisches Privatfernsehen aus, eine bundesweite und drei lokale für Wien, Linz und Salzburg. Zuvor hatten erstmals unabhängige Experten erhoben und nicht, wie bisher üblich, der ORF selbst, welche TV-Frequenzen für Privatfernsehen zur Verfügung stehen.

Der Weg zum ORF-Gesetz bzw. zur Reform der öffentlich-rechtlichen Anstalt wird von lautstarken Protesten des ORF, der SPÖ und der ihr nahestehenden Medien begleitet. SPÖ-Mediensprecher Josef Cap fordert in der Diskussion um das neue Gesetz sogar, das Volk zu diesem Vorhaben zu befragen. Wie sich doch die Zeiten ändern, mit Rundfunkvolksbegehren hatte die SPÖ bisher recht wenig Freude. Cap befürchtet: *"eine nie dagewesene Parteipolitisierung und Regierungsabhängigkeit des ORF."*[571] Auch Peter Schieder, der gemeinsam mit Parteifreund Cap über Jahre erfolgreich für die Monopolstellung des ORF gekämpft hatte, schlägt in dieselbe Kerbe und konstatiert: *"die stärkste Politisierung in der Geschichte des ORF"*[572]

---

[568] Westenthaler. 2002. Seite 375.
[569] Fidler. 2006. Seite 300.
[570] Stenographisches Protokoll XXI. des Nationalrats, XXI.GP 61. Sitzung.
[571] SPÖ Pressedienst. 29.5.2001.
[572] SPÖ Pressedienst. 5.7.2001.

Dem hält ÖVP-Mediensprecher Franz Morak entgegen: *"Die Situation ist entstanden, weil der ORF als einziger nationaler Programmanbieter des Landes, als einziger Veranstalter, Verwalter und Wissender der Frequenzsituation in Österreich und als Hüter der Inhalte und medialen Wege daraus sein Selbstverständnis bezogen hat, dass er die einzige gültige Zentralanstalt für Medienpolitik in unserem Land ist. Das wurde nur möglich, weil es in Österreich einen jahrzehntelangen medienpolitischen Stillstand gab"*[573]

Im Zuge der Diskussion um das ORF-Gesetz droht ORF-Generalintendant Gerhard Weis sogar mit seinem Rücktritt. Der Grund: Die ÖVP hatte angedacht, die Hoheit über die Rundfunkgebühren an die geplante neue Medienbehörde zu übertragen. Zur selben Zeit weigerte sich der ORF, die Spitzengagen seiner Manager zu veröffentlichen. Der Rechnungshof schaltete deshalb den Verfassungsgerichtshof ein. ORF-Chef Weis befürchtet jedenfalls, dass seine Anstalt *"zu Tode reformiert werde"*[574]

Styria-Chef Horst Pirker kritisiert ORF-Generaldirektor Gerhard Weis scharf:

"Wenn der ORF seine Glaubwürdigkeit und Funktion als öffentlich-rechtlicher Rundfunk retten will, sind einschneidende Strukturreformen notwendig, nicht politische Kartellbildungen und Propaganda-Kampagnen zur Bewahrung des Status quo (...) Beim Betroffenen [Weiss, A.d.V.] breche Panik aus: Allzu schnell werden unselige Allianzen geschlossen, undifferenziert wird auf alles ‚geschossen', was sich auch nur andeutungsweise als Bewegung entpuppen könnte, es wird gepackelt, leider auch gelogen, manipuliert und Repression ausgeübt." [575]

Am neuen ORF-Gesetz war auch ein sogenannter Weisenrat beteiligt. Er bestand aus Gerd Bacher, Fritz Csoklich, Heinrich Keller und Alfred Payrleitner. Ihr Auftrag war es, den öffentlich-rechtlichen Auftrag des ORF zu präzisieren und die Konkurrenzfähigkeit der öffentlich-rechtlichen Anstalt aufrecht zu erhalten.[576] Die vier Rundfunkweisen geben dementsprechende Empfehlungen ab.

---

[573] Presseaussendung des ÖVP Parlamentsklubs. 5.7.2001.
[574] News. Nr. 21/01. 23.5.2001.
[575] Die Presse. 19.5.2001.
[576] Siehe Twaroch. 2004. Seite 206.

Die wichtigsten Punkte des neuen Gesetzes, das inner- und außerhalb des ORF für so große Aufregung sorgt:

Der ORF wird eine Stiftung, welche der Allgemeinheit gewidmet ist. Stiftungszweck ist der öffentlich-rechtliche Auftrag. Der Stiftungsrat hat, ebenso wie der Publikumsrat, 35 Mitglieder.

Der Generaldirektor wird künftig vom Stiftungsrat mit einfacher Mehrheit in offener Abstimmung auf fünf Jahre bestellt. Eine Abwahl des Generaldirektors ist nur mit Zweidrittelmehrheit möglich.

Im Versorgungsauftrag wird die derzeitige Zahl von TV- und Radiokanälen festgeschrieben. Zusätzlich kann der ORF Spartenkanäle veranstalten, die aber weder terrestrisch verbreitet noch mit Gebührenmitteln finanziert werden dürfen.

Der öffentliche Auftrag wird präzisiert.

Die Product-Placement-Regeln werden verschärft

34. Das Ende des ORF-Monopols: ATV+ und KRONEHIT

Am 7. November 2001 endet die Ausschreibungsfrist für die vier terrestrischen Privatfernsehzulassungen. Die Befürchtungen und Unkenrufe einiger SPÖ-Politiker und Rundfunkexperten, wonach im Satellitenzeitalter an Antennenfernsehen ohnehin kein Interesse mehr bestünde, erweisen sich als falsch. Obwohl das Fellner-Blatt TV-Media kurz vor Ausschreibungsende noch prophezeit *„warum es kein Privat-TV geben wird"*[577], langen bei der KommAustria 27 Bewerbungen ein. Alleine für die bundesweite Lizenz sind es sieben, für die regionalen 20. Zudem gehen mehrere Anträge für kleinere, nicht ausgeschriebene, Frequenzen bei der Medienbehörde ein.

Unter den Bewerbern sind freilich auch einige, die wenig Know how, kaum Geld oder einen eher dubiosen Hintergrund haben. So schreibt etwa das deutsche Nachrichtenmagazin Der Spiegel über einen der Bewerber für die bundesweite Zulassung: *„Nicht weniger suspekt ist die Bewerbung einer Gruppe namens Kanal 1. Sie will mit einer Belgrader Produktionsfirma kooperieren, die dort den Sender „Kosava" betreibt – aufgebaut hat den Kanal die Tochter von Ex-Diktator Milosevic."*[578]

Es gibt aber genügend seriöse und ernstzunehmende Bewerber, aus denen Behördenchef Hans Peter Lehofer nun auswählen kann. Am 1. Februar 2002 geht die bundesweite TV-Zulassung wenig überraschend an ATV (das sich in ATV+ umbenannt hat), für die Versorgungsgebiete in Wien, Linz und Salzburg bekommen am 29.7.2002 Puls, LT1 und Salzburg-TV den Zuschlag.

Diese Entscheidungen der KommAustria bedeuten aber nicht, dass nun terrestrisches Privatfernsehen in Österreich tatsächlich auf Sendung gehen kann. Denn zum Senden braucht ATV+ auch entsprechende Antennen und Sendeanlagen, und die besitzt in Österreich nur der ORF. Weil es den Privaten aus wirtschaftlichen Gründen nicht möglich sei, ein eigenes Sendernetz aufzubauen,

---

[577] Austria Presse Agentur. 7.11.2001.
[578] Der Spiegel. Nr. 1 2002.

könne der ORF diese Situation leicht ausnützen, kritisiert bereits 2001 ATV-Geschäftsführer Tilman Fuchs.[579]

Und genau das tut der ORF auch und verlangt von seinem unliebsamen Konkurrenten unverschämt hohe Sendermieten und stellt zudem schwer zu akzeptierende Bedingungen. Zwischen ORF und ATV+ entspinnt sich ein monatelanger Streit. Herbert Kloiber, Chef der Tele München-Gruppe und Hauptgesellschafter bei ATV: *"Die [der ORF, A.d.V.] glauben offenbar, sie können den Start des dualen Rundfunks in Österreich weiter verzögern."*[580]

Der ORF-Vertrag enthält folgende Bedingungen:

- *Die Möglichkeit, jederzeit die Kosten erhöhen zu können.*
- *Einen Verzicht auf Anrufung der Regulierungsbehörde*
- *Eine Aufhebung der genminderten Schadensregelung im Falle eines Lizenzverlustes von ATV vor dem Verfassungs- oder Verwaltungsgerichts*[581]

Schließlich schaltet ATV die Rundfunkbehörde ein, sie soll, wie im Gesetz für solche Fälle vorgesehen, den Streit schlichten. Im PrTV-Gesetz ist allerdings etwas unkonkret von einem „angemessenen" Entgelt für die Sendermieten die Rede.[582]

Im Juli 2002 legt die KommAustria die Bedingungen fest: ATV+ solle für die Sender eine Miete von 2,15 Millionen Euro pro Jahr an den ORF zahlen.[583] Beide Sender sind damit nicht einverstanden und legen Berufung ein. Der Streit geht in die nächste Runde. Für bundesweites terrestrisches Privat-TV heißt es damit weiter: Bitte warten!

---

[579] Siehe Draxl. 2003, Seite 63.
[580] Die Presse. 13.6.2002.
[581] Draxl. 2003. Seite 63.
[582] Siehe Draxl. 2003. Seite 63.
[583] Siehe Milich. 2007. Seite 21.

Im Streit um die Sendeanlagen bestätigt schließlich der Bundeskommunikationssenat die KommAustria-Entscheidung zur Sendemiete. Zudem muss der ORF bis spätestens Mai 2003 seine Sendeanlagen zur Verfügung stellen. Der ORF hat nun alles ausgereizt um den Start des Konkurrenten bis zuletzt hinauszuzögern. Jetzt ist das Ende der Fahnenstange erreicht.

Am 1. Juni 2003 geht ATV+ bundesweit über Antenne auf Sendung, damit fällt auch eines der letzten Monopole des ORF. Eine Situation, mit der sich der einstige Platzhirsch offenbar nur schwer abfinden kann. Jedenfalls geschehen rund ein Jahr später höchst seltsame Ereignisse und Zufälle. Der ORF muss 2004 eine weitere schwere Niederlage einstecken. Beim Kampf um die Übertragungsrechte der heimischen Fußballbundesliga zieht der ORF gegen den Pay-TV-Sender Premiere und ATV+ den Kürzeren. Erstmals startet die Bundesliga ohne jede Beteiligung des ORF[584]. Doch die Fußballpremiere im Privat-TV, das Match Wacker Tirol gegen GAK, am 13. Juli fällt ins Wasser. Statt eines spannenden Auftaktmatches sehen die Fernsehzuschauer nichts: *„16 Minuten lang gab es auf den Fernsehmonitoren nicht nur kein Fußballspiel, es gab auch kein Insert, kein Testbild, keine Erklärung, keinen Trost. Der ratlose Zuseher musste ATVplus für klinisch tot halten"*,[585] berichtet das Nachrichtenmagazin Profil.

Schuld an dem Totalausfall bei der großen Bundesligapremiere im Privat-TV war *„der ORF, über dessen Computer ATVplus an die Sendeanlagen übermittelt wird – und der leider ausgefallen war."*[586] Und wie es der Zufall so will, hat auch gleich das Reservesystem gestreikt. Ein bisschen viel Zufälle auf einmal, denkt sich ATV+-Chef Franz Prenner: *„Einen Sendeausfall von dieser Länge hat es im ORF meines Wissens nach überhaupt noch nie gegeben."*[587] Und auch danach hatte es nie wieder einen solchen Zwischenfall gegeben. Aber es gilt bekanntlich die Unschuldsvermutung.

---

[584] Der ORF darf nur in Kurzbeiträgen über die Spiele der Bundesliga berichten. Was ebenfalls zu einem langen Rechtsstreit führt. Es geht darum, wie lange die Beiträge sein und wann sie frühestens ausgestrahlt werden dürfen.
[585] Profil. 27.4.2001.
[586] Ebenda.
[587] Ebenda.

Jedenfalls ist der ORF *„bei der Wahl der Waffen oft kleinlich bis unfair"*[588]. So muss etwa bei der Übertragung eines Supercupspiels im Grazer Schwarzenegger-Stadion extra ein Stromaggregat herangeschafft und aufgestellt werden, weil der ORF den Zugang zu seinem Verteilerkasten nicht freigegeben hat, und als ATV+ seinen ersten Geburtstag via Ö3-Werbespot feiern will, lehnt der öffentlich-rechtliche Sender die Werbeeinschaltungen ab.[589]

Angesichts solcher und andere seltsamer ORF-Aktionen konstatiert Medienstaatsekretär Franz Morak beim ORF „einen gewissen Kulturschock." Die ORF-Mitarbeiter brauchen Jahre um diesen Schock zu überwinden. Nur sehr langsam gewöhnen sich die einstigen Monopolisten an den liberalen Rundfunkmarkt.

Ende 2004 fällt auch die letzte Bastion, das letzte Monopol des ORF. Bis dahin hatte der öffentlich-rechtliche Rundfunk das alleinige Recht bundesweites Radio zu veranstalten.

Der Mediaprintsender Kronehit ist zwar bereits seit 2001 in weiten Teilen des Landes zu empfangen. Allerdings nur, weil viele einzelne lokale und regionale Sender mit jeweils eigenen Zulassungen ein Kronehit-Mantelprogramm ausstrahlen. Diese Stationen müssen zusätzlich zu diesem Programm aber auch noch eigene lokale Programmteile senden. Aufgrund einer Novelle des Privatradiogesetzes kann Kronehit schließlich diese einzelnen Radiosender in eine bundesweite Zulassung einbringen. Seit 8.12.2004 ist Kronehit damit der erste und bisher einzige bundesweite Privatradiosender. Im Dezember 2004 fällt somit auch das letzte Monopol des ORF.

---

[588] Ebenda.
[589] Siehe Profil. 27.4.2001.

35. S.O.S. Rotfunk: Die Ära Monika Lindner

Das ORF-Gesetz dient der schwarz–blauen Regierung auch dazu, den ungeliebten ORF-Chef Gerhard Weis vorzeitig loszuwerden. Weis wollte 2002, mit Ende seiner Funktionsperiode, den Hut nehmen und sich in die gut bezahlte Pension verabschieden. Als Nachfolger hatte er bereits für seine sozialdemokratischen Freunde Alexander Wrabetz, den kaufmännischen Direktor des ORF, aufgebaut. FPÖ und ÖVP wollen aber nicht warten, bis Weis 2002 von selbst geht und auch Wrabetz, der von SPÖ und Weis auserkorene Kronprinz, hatte nach der politischen Wende (zumindest vorerst) keine Chance mehr auf den ORF-Thron. Durch die Verschiebung der Machtverhältnisse im Nationalrat haben ÖVP und FPÖ nun auch die Mehrheit im ORF-Aufsichtsrat.

Dem Rotfunk wollen die beiden Regierungsparteien ein möglichst rasches Ende bereiten. Dafür braucht es an der Spitze der Anstalt eine neue Kraft, obwohl sich der „bürgerliche" Gerhard Weis in den langen Jahren seines Wirkens am Küniglberg in politischen Belangen stets als äußerst flexibel und wendig erwiesen hat. Nachdem einige der Wunschkandidaten der ÖVP einen Korb geben, etwa Styria-Vorstandsvorsitzender Horst Pirker oder Premiere-Chef Georg Kofler[590], fällt die Wahl auf Monika Lindner, ORF-Landesdirektorin in Niederösterreich.

Am 21.12.2001 wird Lindner dann auch wenig überraschend vom ORF-Aufsichtsrat zur neuen ORF-Generaldirektorin gewählt. Sie ist nicht nur die erste Frau an der Spitze der öffentlich-rechtlichen Anstalt, sondern auch, sieht man von Josef Scheidl in den Frühzeiten des ORF ab, die erste dezidiert bürgerliche Senderchefin. Bacher und Weis waren, obwohl man ihnen das Label bürgerlich umgehängt hatte, Pragmatiker, die zur SPÖ mindestens genauso gute Kontakte, wenn nicht sogar bessere hatten als zur ÖVP.

---

[590] Siehe Fidler. 2004, Seite 208.

Dieser Wechsel an der Spitze sorgt unter den zumeist SPÖ- und Grün-affinen Redakteuren und Mitarbeitern am Küniglberg für helle Aufregung. Schließlich war das über Jahrzehnte perfekt funktionierende Tausch-System zwischen ORF und SPÖ nun akut gefährdet. Dass ein Großteil der ORF-Journalisten links steht, bestreiten nicht einmal, zumindest in anonymisierten Befragungen, sie selbst, wie eine Studie über das Selbstverständnis heimischer Journalisten aus dem Jahr 2007 eindeutig belegt[591].

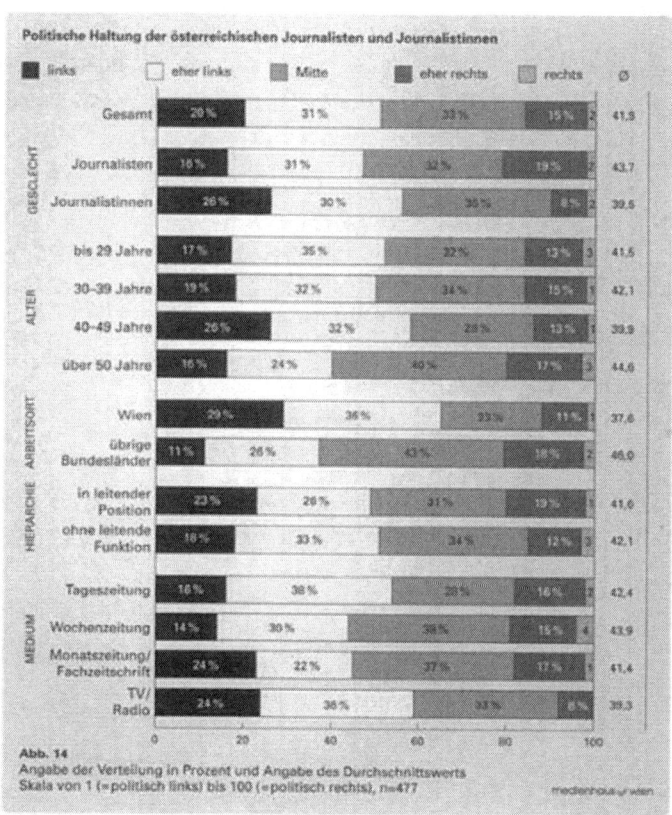

592

---

[591] Siehe Kaltenbrunner. 2008.
[592] Siehe Kaltenbrunner. 2008. Seite 45.

Dieser repräsentativen Befragung zufolge ordnen sich 51% der heimischen Journalisten politisch selbst als „links" bzw. „eher links" ein, 33% fühlen sich der politischen Mitte zugehörig. Bei den Rundfunkjournalisten ist der politische Linksdrall noch wesentlich eindeutiger: 60% stufen sich selbst als „links" (24%) bzw. „eher links" (36%) ein, 33% verorten sich in der politischen Mitte. Die Befragung gibt zwar keinen direkten Aufschluss darüber, wie sich die ORF-Journalisten selbst einstufen, allerdings: *„Bei den elektronischen Medien schlägt aber auch das überwiegende Selbstverständnis der ORF-Journalisten durch, die auch ein Jahrzehnt nach Zulassung privater Radio- und TV-Betreiber noch das Gros der Beschäftigten in diesem Segment stellen."*[593]

Neben diesen eindeutigen Zahlen gibt es ein weiteres Indiz, welches die schwere linke Schlagseite der ORF-Redakteure belegt. Journalisten in Wien stehen politisch deutlich weiter links als jene in den Bundesländern. Während sich in den Bundesländern lediglich 11% aller Journalisten als links bezeichnen, sind es in Wien stolze 29%, als eher links sehen sich in den Bundesländern 26%, in der Bundeshauptstadt sind es 36%[594]. Sprich, zwei Drittel der Wiener Rundfunkjournalisten, von denen wiederum die meisten beim ORF arbeiten, ordnen sich politisch selbst als links ein.

Die Studie des renommierten Kommunikationswissenschaftlers Andy Kaltenbrunner eröffnet noch weitere interessante An- und Einsichten. Der Großteil der linken ORF-Mitarbeiter sieht den ORF, respektive seine politische Ausrichtung, deutlich weiter rechts als sie sich selbst einschätzen. 62% der heimischen Rundfunkjournalisten sehen ihren Arbeitgeber, also ihren Sender, in der politischen Mitte positioniert.

---

[593] Kaltenbrunner. 2008. Seite 46.
[594] Siehe Kaltenbrunner. 2008 Seite 46.

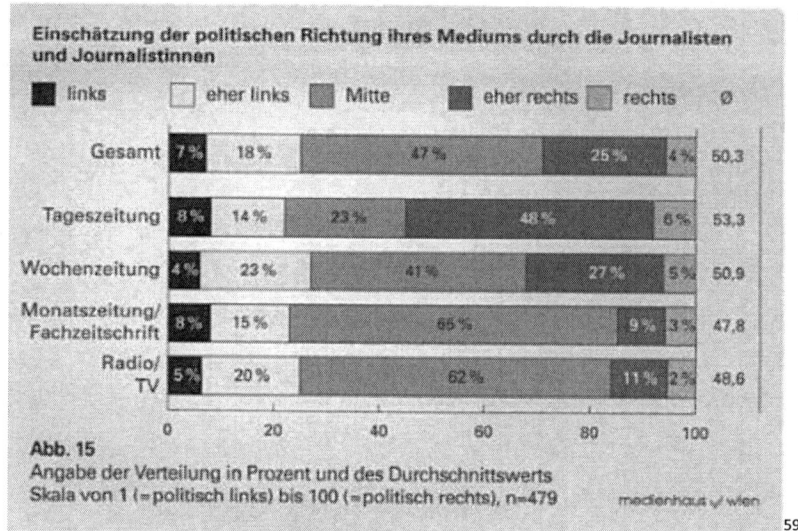

Abb. 15
Angabe der Verteilung in Prozent und des Durchschnittswerts
Skala von 1 (=politisch links) bis 100 (=politisch rechts), n=479

[595]

Offenbar würden viele der ORF-Redakteure den roten Staatssender, wenn sie nur könnten bzw. wenn es die SPÖ zuließe, noch weiter links positionieren, was auch die zumeist extrem Grünen-freundliche Berichterstattung erklärt. Wie groß die Macht der linken Redakteure innerhalb des ORF ist bzw. wie groß der Gruppenzwang in den Redaktionen sein muss, lässt die Aussage eines ZiB-Redakteurs kurz nach der Bildung der schwarz-blauen Regierung in der Branchenzeitschrift Extradienst erahnen: *„Natürlich ist es so, dass es auch im ORF einige Kollegen gibt, die schwarz blau für vernünftig halten (...) die trauen sich jetzt natürlich aus der Deckung."*[596]

Solange die SPÖ den Bundeskanzler stellte, mussten ÖVP- und FPÖ-nahe ORF-Journalisten[597] also in Deckung bleiben, mussten ihre politische Ansichten vor

---

[595] Kaltenbrunner. 2008. Seite 46.
[596] Extradienst. ED 5/ 17.3.2000.
[597] In den Landesstudios stellte sich die Situation anders dar, hier waren die politischen Machtverhältnisse im jeweiligen Bundesland entscheidend für die politische Ausrichtung des regionalen ORF-Programms.

ihren mehrheitlich linken Kollegen verbergen, um nicht gemobbt zu werden oder um keine Repressalien erleiden zu müssen.

Dass in einem solchen Klima der Machtwechsel an der Spitze der roten Rundfunkanstalt Schockwellen unter den Mitarbeitern auslöst, kann daher nicht verwundern. In den durchwegs links besetzten Redaktionen am Küniglberg kommt nun „*so etwas wie eine „Jetzt-erst-recht"-Stimmung auf*"[598] wie es ÖVP-Medienexperte Gerhard Popp beschreibt.

Die besorgten ORF-Redakteure, die jahre- und jahrzehnte lang keine größeren Probleme mit dem massiven Einfluss der SPÖ auf die Anstalt hatten, sehen plötzlich die „Objektivität" und die „journalistische Qualität" des ORF bedroht.

Wenn zwei das Gleiche tun, ist es längst nicht dasselbe. Unterstützt werden die ORF-Mitarbeiter, die plötzlich ihre Liebe zur Unabhängigkeit entdecken, von den linken Mainstreamzeitungen und Zeitschriften.

FPÖ-Klubobmann Peter Westenthaler macht es den ORF-Redakteuren auch nicht besonders schwer, sich als Opfer der schwarz-blauen Politiker darzustellen. Mit markigen Worten und ohne jede Diplomatie attackiert er öffentlich die ORF-Mitarbeiter. Die Machtverhältnisse und das Kräftegleichgewicht im jahrelang schwelenden Konflikt zwischen FPÖ und ORF haben sich nun aber etwas verschoben, die Position der ORF-Redakteure ist nicht mehr ganz so komfortabel wie unter dem Schutzschirm der SPÖ.

Die Redakteure des Aktuellen Dienstes Fernsehen beklagen sich Anfang Oktober 2000 in einer Aussendung: „*Der Druck der Regierungsparteien auf die Redaktionen hat in den letzten Tagen ein unerträgliches Ausmaß angenommen.*"[599]

Josef Cap, über Jahre der wichtigste Dreh- und Angelpunkt zwischen ORF und SPÖ, legt noch eines drauf und prognostiziert gar das Ende der „Presse- und Meinungsfreiheit" in Österreich[600].

---

[598] Extradienst. ED 5/ 17.3.2000.
[599] OTS-Presseaussendung. 9.10.2000.
[600] Siehe Pressedienst der SPÖ. 10.10.2000.

Die Interventionen beim ORF beherrschen nun die heimischen und vereinzelt sogar die internationalen Medien, selbst Le Monde und die Frankfurter Rundschau berichten über den enormen Druck, dem sich die ORF-Mitarbeiter plötzlich ausgesetzt fühlen. Vorbei sind die Zeiten, als die Kanzlerpartei ohne großes Aufhebens die Berichterstattung des öffentlich-rechtlichen Rundfunks beeinflussen und lenken konnte. Nur in Ausnahmefällen kommen damals Interventionen von SPÖ-Politkern ans Tageslicht. So wie etwa bei der Euro-Team-Affaire. Fritz Dittlbacher, ehemaliger AZ-Journalist, soll 1999 kurz vor den Nationalratswahlen als diensthabender Redakteur im Auftrag der SPÖ-Parteizentrale dafür gesorgt haben, *„dass in einem ZiB-Beitrag über die Euroteam-Affäre eine Passage, in der der Sohn des damaligen SP-Kanzlers Viktor Klima vorkommen sollte, eliminiert wurde."*[601]

„Auf Geheiß des zuständigen Chefs vom Dienst Fritz Dittlbacher war ein fertiger Beitrag um genau jene 8 Sekunden gekürzt worden, in dem der Name von Jan Klima (Sohn des Bundeskanzlers) und David Mock (Pressesprecher des Bundeskanzlers) vorgekommen waren."[602]

ZiB-Moderator Josef Broukal will die der Schere zum Opfer gefallenen Informationen in einer Moderation nachholen. *„Doch Fritz Dittlbacher, Chef vom Dienst der ZiB, pfeift Broukal zurück."*[603] Das bringt Dittlbacher bei der ÖVP den Spitznamen „Mister acht Sekunden" ein.

So etwas bleibt im ORF natürlich nicht ohne Folgen. Dittlbacher wird später, unter ORF-Generaldirektor Alexander Wrabetz, zum Fernseh-Chefredakteur befördert, wo er seither rund 140.000 Euro brutto pro Jahr kassiert[604]. Auch in dieser Funktion ist er in eine ähnliche Affaire verwickelt.[605]

---

[601] http://diepresse.com/home/kultur/medien/593124/ORFRadiodirektor_Die-Zeichen-stehen-auf-Karl-Amon (11.01.2012).
[602] Schmidt. 2011. Seite 461f.
[603] Extradienst. ED 19-20, 20.10.2000.
[604] Siehe http://diepresse.com/home/kultur/medien/643647/Gehaltsposse-um-ORFAushaengeschild-Armin-Wolf (06.03.2012).
[605] Siehe Kapitel:Linke Flügelkämpfe: Der Fall Niko Pelinka.

Zu Zeiten Klimas hatte die SPÖ sogar einen eigenen, selbstverständlich inoffiziellen, Verbindungsmann *„in den Aktuellen Dienst des ORF"*[606] Dabei handelte es sich um Josef Kalina, seines Zeichens Sprecher von Kanzler Klima und SPÖ-Kurator im ORF. Als Kalina selbst für ORF-Verhältnisse zu penetrant wird und einen *„Hörfunkredakteur wegen einer ‚falschen' Frage in einem Klima-Interview anführt, platzt den Redakteuren der Kragen."*[607]

In einem Brief an Kalina fordern sie *„lassen Sie die Redakteure des ORF in Ruhe arbeiten."*[608] Der Brief ist im Gegensatz zu den späteren schwarz-blauen Zeiten, obwohl der Inhalt einem Branchenmagazin zugespielt wird, nicht öffentlich. Damals gehen die ORF-Redakteure noch diskreter vor, man will die SPÖ schließlich nicht allzu sehr vor den Kopf stoßen.

Interventionen sind beim ORF also absolut nichts Neues, es macht aber eben einen großen Unterschied, ob ein SPÖ-Politiker bei einem Redakteur mit Linksdrall interveniert, was ohnehin nicht allzu oft notwendig ist, oder ein ÖVP- oder gar FPÖ-Politiker. Zudem ist es durchaus wahrscheinlich und auch nachvollziehbar, ja geradezu logisch, dass die Interventionen von schwarzen und blauen Politikern nach dem Regierungswechsel zugenommen haben. In einer Rundfunkanstalt, in der überwiegend politisch links eingestellte Journalisten werken, ist es für eine sozialdemokratisch geführte Regierung gar nicht notwendig die Berichterstattung via Interventionen in ihrem Sinne zu beeinflussen, man liegt ohnehin auf einer Wellenlänge. Die ORF-Redakteure, von denen viele im sozialistischen Umfeld sozialisiert worden sind[609], haben die ihnen zugedachte und fürstlich bezahlte Funktion[610] des Hofberichterstatters stets gerne und bereitwillig erfüllt, auch ohne lästige Anrufe aus der SPÖ-Parteizentrale. Man war schließlich unter Freunden. Diese für beide Seiten äußerst bequeme und ange-

---

[606] Extradienst. ED 19-20. 20.10.2000.
[607] Extradienst. ED 19-20 20.10.2000. Seite 89.
[608] Ebenda.
[609] So sind etwa viele ehemalige Redakteure der sozialistischen Arbeiter Zeitung in den ORF gewechselt. Eine Auflistung von ORF-Mitarbeitern mit sozialdemokratischen Hintergrund siehe Anhang.
[610] ORF Mitarbeiter verdienen pro Jahr durchschnittlich € 75.000,-. Siehe: Die Presse.13.01.2012.

nehme Situation hatte nach rund 30 Jahren ein jähes Ende gefunden, mit dem sich die ORF-Journalisten nicht abfinden konnten und wollten.

Sie wenden sich an die Öffentlichkeit und setzen sich mit dramatischen Apellen nun für journalistische Grundwerte wie Objektivität oder Unabhängigkeit ein, Werte, die im ORF, insbesondere im Fernsehen, bisher nie eine große Rolle gespielt hatten. Obwohl der ORF mit Abstand das größte Medienunternehmen des Landes ist, das die mit Abstand meisten Journalisten beschäftigt, waren es immer Printjournalisten, die die großen SPÖ-Skandale, von denen es im Laufe der Jahrzehnte einige gegeben hat, aufgedeckt haben: Der AKH-Skandal wurde von Profil-Journalist Alfred Worm, die Lucona-Affaire von Autor Hans Pretterebner und Gerald Freihofner (Wochenpresse) aufgedeckt, den Noricum-Skandal brachten Redakteure der Zeitschrift Basta ins Rollen.

Das ORF-Fernsehen war stets ein mehr oder weniger braver Hofberichterstatter der SPÖ. Regierungskritischer oder investigativer Journalismus hat im ORF im Laufe der Jahrzehnte praktisch nie stattgefunden. Die Wieder- oder besser die Neuentdeckung journalistisch-ethischer Grundregeln am Küniglberg war also nur ein billiger Vorwand, ein leicht zu durchschauender Taschenspielertrick. In Wahrheit ging es den meisten Redakteuren lediglich um die Erhaltung ihres „Rotfunks" bzw. ihrer symbiotischen Beziehung zur SPÖ.

Da nutzte es der neuen Regierung auch relativ wenig, dass die neue bürgerliche ORF-Generaldirektorin Monika Lindner den ÖVP-nahen Werner Mück, der sich selbst als *„fünf Zentimeter rechts der Mitte"* bezeichnete, als TV-Chefredakteur einsetzte. Im Gegenteil: Zwischen der bürgerlichen ORF-Führung und den überwiegend linken ORF-Redakteuren brach ein regelrechter Krieg aus. Einer der Kritikpunkte: Mück habe als TV-Chefredakteur zu viel Macht in einer Hand.

Dieser Konflikt wird, im Gegensatz zur der Auseinandersetzung mit dem SPÖ/ORF-Verbindungsmann Josef Kalina, aber nicht intern ausgetragen, sondern wird via Presseaussendungen, Aufrufen, Protestaktionen und Zeitungsinterviews an die Öffentlichkeit getragen. Den Höhepunkt erlebt diese Auseinandersetzung im Mai 2006. Bei der Verleihung des Robert Hochner-Preises an

Armin Wolf übte der ZiB2-„Anchorman" in seiner Rede harte Kritik an der schwarz-blauen Regierung und an Mück und Lindner.[611]

Wolf bedient sich dabei der klassischen „Ja, aber"-Rhetorik: Natürlich wurde auch früher interveniert, **aber** nachdem seit 30 Jahren erstmals kein SPÖ-Mann Kanzler ist, ist alles natürlich sehr viel schlimmer: *„Es gibt die Zeit vor dem Februar 2000 und es gibt die Zeit seither. Und das ist ein Unterschied."*[612]

Wolf stellt ÖVP, FPÖ sowie das Duo Lindner und Mück öffentlich an den Pranger. *„Die große Regierungspartei hatte dabei im ORF als primäres Anliegen, die „roten G'frieser" (...) vom Schirm zu räumen und die anderen wollten – endlich! – auch ihre Leute an die Schaltstellen hieven."*[613], jammert Wolf. Das stimmt natürlich, allerdings stellt sich die Frage, warum Wolf, als die SPÖ ebenso ungeniert interveniert und fast alle wichtigen Positionen im Rundfunk mit ihren Leuten besetzt hat, keine öffentliche Brandrede gehalten hat und warum er an die Politik von FPÖ und ÖVP höhere moralische Maßstäbe anlegt als an jene der SPÖ.

Zu erwarten, dass sich die konservative Regierung damit abfindet, dass im ORF auch weiterhin überwiegend sozialistische Kräfte den Ton und die Ausrichtung der Berichterstattung angeben, ist etwas weltfremd. Sind die Begehrlichkeiten von ÖVP und FPÖ nach 30 Jahren Rotfunk wenn auch nicht berechtigt, so doch nicht zumindest nachvollziehbar? Wolf und seine Anhänger innerhalb- und außerhalb der Anstalt scheinen es jedenfalls als eine Art Gewohnheitsrecht zu betrachten, dass der ORF, und hier insbesondere das Fernsehen, SPÖ-freundlich zu sein haben.

Es ist für Wolf einigermaßen entlarvend, wenn er in seiner Rede ausführt: *„(...) und die anderen wollten – endlich! – auch ihre Leute an die Schaltstellen hieven."*[614]

---

[611] Die komplette Rede von Armin Wolf ist im Anhang zu finden.
[612] Rede von Armin Wolf siehe Anhang.
[613] Rede von Armin Wolf siehe Anhang.
[614] Ebenda.

„Auch" ist hier das Schlüsselwort. Die parteipolitische Besetzung von Posten im ORF ist für Herrn Wolf offenbar solange kein Problem, solange nur die richtigen Leute, sprich politisch links stehend, in die richtigen Positionen gelangen.

Wolfs aufschlussreiche Rede ist jedenfalls die Initialzündung für die Initiative S.O.S. ORF. Ehemalige und aktive ORF-Mitarbeiter, wie etwa „Mister acht Sekunden" Fritz Dittlbacher, sowie die üblichen Verdächtigen aus der linken Kunst- und Kulturszene trommeln im Internet gegen Lindner und Mück, sie wollen unter dem Deckmantel von Objektivität und Unabhängigkeit ihren alten Rotfunk wieder. Bis zum Jahreswechsel 2006/2007 tragen sich 74.498 Unterstützer im Internet ein.[615]

Ironie der Geschichte, die von Wolf wortreich beklagte Umfärbung des ORF findet ohnehin nie statt. Zu zahlreich und zu fest verwurzelt sind die unzähligen linken Redakteure, leitende Redakteure, Chefredakteure, CvDs, Abteilungsleiter usw. Bis auf Lindner und Mück und einige wenige Posten bleibt auch unter Lindner alles fest in roter Hand. Und die SPÖ-affinen Redakteure machen gegen das konservative Führungsduo mobil.

So werden Werner Mück unter anderem "frauenfeindliche und herabwürdigende Äußerungen", die „Bedrohung" von Mitarbeitern mit „Karriereauswirkungen", oder "schwere Verstöße gegen das Redakteursstatut"[616] vorgeworfen. Monika Lindner kommt immer stärker unter Druck und setzt schließlich eine Kommission ein, die über mehrere Wochen die Vorwürfe gegen Mück prüft. Das Ergebnis der Untersuchungen ist so schwammig, dass sich nach dessen Veröffentlichung beide Seiten bestätigt fühlen.

Doch Wolf und Co. müssen sich ohnehin nicht allzu lange mit nichtlinken Führungskräften im ORF herumärgern. Bei den Nationalratswahlen im Oktober 2006 sackt die ÖVP von über 42% auf 34,3% ab. Die SPÖ verliert zwar ebenfalls leicht, wird aber mit 35,3% wieder stärkste Kraft im Land. Die Belegschaft am Küniglberg kann aufatmen. Nach langwierigen Koalitionsverhandlungen bildet SPÖ-Chef Alfred Gusenbauer mit der ÖVP eine große Koalition. Damit herrscht

---

[615] Siehe Payrleitner. 2007. Seite 548.
[616] Siehe Wiener Zeitung. 14.6.2006.

nach dem schwarz/blau/orangen Intermezzo wieder poltischer Normalzustand in Österreich.

36. Back To The Roots: Der neue schwache Mann im ORF

Bereits kurz vor der Nationalratswahl sind im ORF die Weichen neu gestellt worden. Am 17. August wird Alexander Wrabetz vom Stiftungsrat zum ORF-Generaldirektor gewählt. Wrabetz hatte seinerzeit den Vorzugsstimmenwahlkampf von Josef Cap organisiert und war der Bundesvorsitzende des Verbandes Sozialistischer StudentInnen Österreichs. Seine Vorgängerin Monika Lindner hatte sich ebenfalls der Wahl gestellt, sie hatte aber keine Chance. Die Wahl des ORF-Generaldirektors war eine Art Vorbote für die Niederlage der ÖVP bei der Nationalratswahl wenige Wochen später. Die Wahl von Wrabetz und Lindners Abwahl wurden durch die Stimmen der rot-grün-blau-orangen „Eritrea-Koalition"[617], wie sie ÖVP-Generalsekretär Lopatka nannte, möglich.

Dieses ungewöhnliche Stimmverhalten im ORF-Stiftungsrat, FPÖ und BZÖ votieren gemeinsam mit SPÖ und Grünen für einen roten Generaldirektor, hat verschiedene Gründe. *„Lindner und Mück schafften es zwischendurch, FPÖ und BZÖ gleichermaßen zu vergrämen."*[618]

So wollte der ORF die FPÖ, die nach der Spaltung des dritten Lagers nicht mehr in der Regierung vertreten war, bei den „Sommergesprächen" nicht mehr berücksichtigen. Erst ein Spruch des Bundeskommunikationssenats zwingt den ORF zum Umdenken.[619] Auch zwischen den Regierungspartnern ÖVP und BZÖ gibt es ständig Konflikte. BZÖ-Parteichef Peter Westenthaler will 2006 als Vizekanzler wahlkämpfen. Doch Bundeskanzler Wolfgang Schüssel legt sich gegen diesen fliegenden Wechsel in der Regierung quer *„Das erhöhte die orange Bereitschaft nicht gerade, für die schwarze ORF-Kandidatin zu stimmen."*[620]

---

[617] Siehe Payrleitner. 2007. Seite 545.
[618] Fidler. 2008. Seite 365.
[619] Siehe Fidler. Seite 365.
[620] Fidler. 2008. Seite 365.

Die roten, grünen, blauen und orangen Stiftungsräte verbindet vor allem eines, sie wollen Bundeskanzler Wolfgang Schüssel und der ungeliebten ÖVP eins auswischen. Der frischgebackene ORF-Chef muss sich bei seinen politisch höchst unterschiedlichen Unterstützern nach schlechter alter Tradition natürlich erkenntlich zeigen. Dementsprechend stellt Wrabetz sein neues Führungsteam zusammen. Mit Elmar Oberhauser als Infodirektor, Thomas Prantner als Onlinedirektor und Willy Mitsche als Hörfunkdirektor wird vor allem das BZÖ gut bedient.

Alexander Wrabetz hat sich für seine Amtszeit jedenfalls viel vorgenommen. Er kündigt wenig bescheiden die *„größte Programmreform aller Zeiten"*[621] an und verspricht dem heimischen TV-Publikum *„das beste Fernsehprogramm, das es in Österreich je gegeben hat."*[622]

Wrabetz erklärt die Sitcom „Mitten im 8en", die um 19:20 auf ORF 1 läuft zum Kernstück seiner größten Reform aller Zeiten. Die Eigenproduktion soll wieder vermehrt junge Zuseher an den öffentlich-rechtlichen Sender binden. Der ORF bewirbt die Serie im Internet:

„Die österreichische Großproduktion versammelt eine bunt gemischte Truppe aus 13 Charakteren, deren Freuden und Leiden im achten Wiener Gemeindebezirk für kollektive Lachkrämpfe in den heimischen Wohnzimmern sorgen werden."[623]

Die groß angekündigte Großproduktion löst in den heimischen Wohnzimmern aber kaum Lachkrämpfe, dafür umso mehr Umschaltimpulse aus. Die Serie wird zu einem riesigen Flop. Die Quoten stürzen bereits nach der ersten Folge ins Bodenlose. Mit verschiedenen verzweifelten Maßnahmen versucht man die Serie noch zu retten, doch nach 56 ausgestrahlten Folgen wird schließlich die Notbremse gezogen und die ebenso teure wie erfolglose Serie eingestellt.

---

[621] ORF Presseaussendung (OTS). 22.2.2007.
[622] Fidler. 2008. Seite 276.
[623] http://tv.orf.at/groups/serie/pool/hinter_den_kulissen/story (24.1.2012).

„*Mitten im 8en ist aber nicht die einzige Baustelle im ORF*"[624], ätzt das Nachrichtenmagazin Profil. Auch viele andere Programminnovationen im Rahmen der größten Reform aller Zeiten fallen bei den Zusehern durch. „*Im Vergleich zur viel kritisierten Ära Monika Lindner hat der neue ORF im April zehn Prozent Marktanteile verloren.*"[625]

In dieser Tonart geht es weiter. Unter Wrabetz gehen die Marktanteile und Reichweiten des ORF-Fernsehens kontinuierlich zurück.

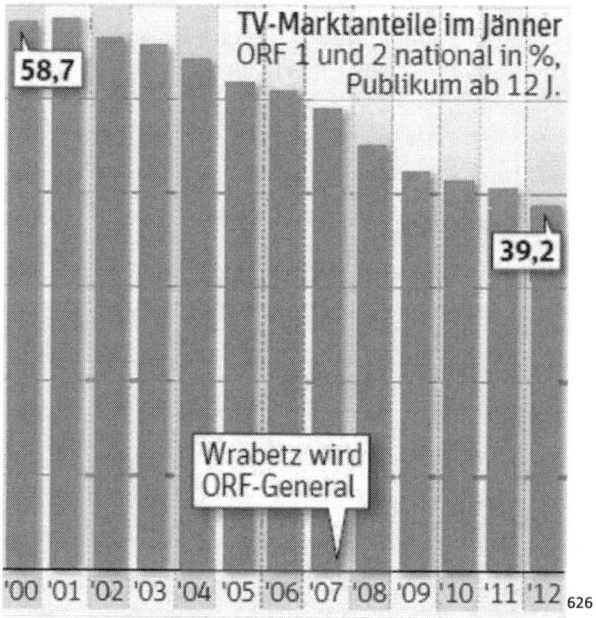

Trotzdem gelingt Wrabetz das Kunststück, das zuvor nur Gerd Bacher geglückt ist, er wird am 9. August 2011 als ORF-Generaldirektor wiederbestellt.

---

[624] http://www.profil.at/articles/0718/560/172357/orf-mitten-chaos (24.1.2012).
[625] Ebenda.
[626] derstandard.at (2.2.2012).

Die SPÖ stellt 2011 mit Werner Faymann nicht nur den Bundeskanzler, sondern dominiert auch mit 15 roten Räten den ORF-Stiftungsrat. Wrabetz, dessen einziger Gegenkandidat der FPÖ-nahe Balkan Korrespondent Christian Wehrschütz ist, wird ohne Gegenstimme, bei sechs Stimmenthaltungen, wiedergewählt.

Vor seiner Wiederwahl soll Wrabetz *„persönlich mit den Parteien verhandelt haben"*[627], zudem soll es *„Absprachen um Landesdirektoren sowie Posten auf der zweiten und dritten Managementebene gegeben haben."* [628]Dies dürfte auch der Grund sein, warum die schwarzen Stiftungsräte für Wrabetz gestimmt haben.

Trotz dieser Zugeständnisse an die ÖVP ist und bleibt Wrabetz ein Mann der SPÖ, wie der Fall Niko Pelinka eindrücklich unter Beweis stellt.

---

[627] http://www.kleinezeitung.at/nachrichten/kultur/orf/2804678/orf-generaldirektor-wrabetz-stellt-sich-wiederwahl.story (24.1.2012).
[628] Ebenda.

37. Linke Flügelkämpfe: Der Fall Niko Pelinka

Eine nicht gerade besonders wichtige Personalentscheidung im ORF sorgt Ende 2011/Anfang 2012 für große Aufregung innerhalb und außerhalb der öffentlich-rechtlichen Rundfunkanstalt. ORF-Generaldirektor Alexander Wrabetz verkündet einen Tag vor Weihnachten, dass er Niko Pelinka, den 25-jährigen Ex-Chef des SPÖ-Freundeskreises im ORF-Stiftungsrat und engen Vertrauten von SPÖ-Bundesgeschäftsführerin Laura Rudas, zu seinem Bürochef machen wird.

„Der Druck aus der SPÖ-Parteizentrale auf Wrabetz ist offenbar zu groß geworden: Am Freitag machte er in einer Aussendung offiziell, was sich seit der ORF-Weihnachtsfeier Mitte Dezember inner- und außerhalb der ORF-Studios wie ein Lauffeuer verbreitet hatte: Niko Pelinka wird mit 1. Jänner Büroleiter von Alexander Wrabetz."[629]

Pelinka, gehört zur *„Nichten-und-Neffen-Brigade der Laura Rudas"*[630], die als die junge *„Elitetruppe des Parteichefs"* [631] gilt. Diese von Bundeskanzler Faymann protegierte Gruppe, ist auch innerhalb der SPÖ und den vielen politisch links stehenden ORF-Redakteuren nicht unumstritten. Die Bestellung Pelinkas zum Bürochef löst deshalb einigen Unmut aus. Zudem passiert Wrabetz ein peinlicher Fauxpas: Erst Tage nach seiner Ankündigung wird die Stelle des Büroleiters offiziell in der amtlichen Wiener Zeitung ausgeschrieben.

ZiB2-Star Armin Wolf tut seinen Unmut öffentlich kund, weitere ORF-Redakteure folgen mit Kritik an der Personalie Pelinka. Armin Wolf in einem Interview mit dem Nachrichtenmagazin *Profil: „Die Geschichte geht mir nahe, weil sie dem ORF und der Glaubwürdigkeit der ORF-Journalisten schadet. Wenn die Zuseher den ORF für einen Regierungsfunk halten, dann werden sie der „ZiB" nicht vertrauen."*[632] Der Fall Pelinka beherrscht nun über Tage und Wochen die heimischen Medien.

---

[629] www.diepresse.com (24.12.2011).
[630] www.andreas-unterberger.at (22.01.2012).
[631] Ebenda.
[632] www.profil.at (11.01.2011).

Der Chefredakteur der linken Wochenzeitschrift Falter, Armin Turnher: *„Die Unabhängigkeit des ORF sei in Gefahr, tönte dessen Redaktionsrat, Ankermann Armin Wolf rief per Twitter Menschen auf, sich um den Job des Wrabetz-Büroleiters zu bewerben, und Elfriede Jelinek erklärte das Ende für gekommen."*[633] Warum die Wogen so hochgehen deutet auch Florian Klenk im Falter, eher ungewollt, an. Er schreibt über Niko Pelinka: *„‚Sozenschnösel' nennen ihn die Erzschnösel der Presse."*[634]

Hier wird deutlich, es geht nicht so sehr um den tatsächlichen poltischen Einfluss, den die SPÖ bzw. die Linken ganz offensichtlich und ungeniert auf den ORF ausüben. Gegen linkslastige Berichterstattung haben weder ORF- noch Falter-Journalisten etwas einzuwenden, ganz im Gegenteil. Was sie vielmehr stört, ist, dass durch das ungeschickte und plumpe Vorgehen der SPÖ-Parteispitze der Einfluss der Sozialdemokraten auf den ORF für jeden offensichtlich geworden ist, dass die konservativen „Schnösel", die Klenk offenbar nicht besonders mag, den linkslastigen ORF nun zu Recht kritisieren und attackieren können und nicht zuletzt, dass „Schnösel" Niko Pelinka, selbst für biedere Sozialdemokraten und angepasste links-intellektuelle Printjournalisten nur schwer zu ertragen und zu akzeptieren ist. *„In der SPÖ-Basis stehen ‚der Niko und seine Clique' für eine Generation, die nicht an die Lage der krisengebeutelten Genossen an der Gemeindebaufront, sondern an die eigenen Jobs denkt."*[635], so Florian Klenk im Falter.

Dass der ORF unter Einfluss der SPÖ steht, weiß natürlich auch Klenk, umso mehr ärgert es ihn, dass Niko Pelinka und seine Mentorin, SPÖ-Bundesgeschäftsführerin Laura Rudas, durch ihr tollpatschiges Vorgehen den Konservativen eine ideale Angriffsfläche bietet. Denn einen neutralen oder gar konservativ ausgerichteten ORF wollen weder Klenk noch seine Journalisten-Kollegen im ORF

Es geht beim öffentlichen Aufschrei der ORF-Redakteure und den ihnen ideologisch nahstehenden Kollegen im Printbereich also nicht um den angeblichen

---

[633] Falter. 11.1.2012.
[634] Falter. 11.1.2012.
[635] Falter. 12.1.2012.

Verlust der Unabhängigkeit, es ist vielmehr ein interner linker Konflikt um eine umstrittene Personalentscheidung und um das ungeschickte Vorgehen der *„Nichten-und-Neffen-Brigade der Laura Rudas"*[636] Der Aufstand der ORF-Mitarbeiter und vieler Journalisten ist vielmehr eine lautstark formulierte Kritik an der Politik und den Personalentscheidungen von Kanzler Werner Faymann. Die linken Intellektuellen innerhalb und außerhalb der SPÖ sehen in den politischen Protektionskindern, Niko Pelinka und Laura Rudas, keine echten Sozialdemokraten, sondern vielmehr ideologielose Karrieristen.

Und, die Zeiten und die Verhältnisse haben sich, einige Jahre nach dem Ende des ORF-Monopols, geändert. Die öffentlich-rechtliche Anstalt hat, aufgrund der privaten Konkurrenz aus dem In- und Ausland, ihren einstmals übermächtigen Status im Land verloren.

Die Marktanteile des ORF gehen kontinuierlich zurück, vorbei sind die Zeiten, als die halbe Nation um 19:30 Uhr andächtig vor dem Fernseher die ZiB 1 verfolgte. Vor allem die jungen Seher sind dem ORF in Scharen abhanden gekommen. Im November 2011 titelt der Standard: *„Weniger Quote hatte ORF noch nie"*[637]

Mit den sinkenden Zuschauerzahlen sinkt auch die Bedeutung des ORF. Auch für die SPÖ. Denn was nützt den Sozialdemokraten ihr Einfluss auf die öffentlich-rechtliche Meinungsanstalt, wenn diese immer weniger Bürger, sprich Wähler, erreicht und zudem die Existenzberechtigung des Staatsfunks von immer mehr kritischen Menschen angezweifelt wird. Die Wohltaten und Sonderrechte, die dem ORF und seinen Mitarbeitern über Jahre und Jahrzehnte vor allem auf Betreiben der SPÖ zuteil wurden, können eben nur aufrechterhalten werden, wenn die SPÖ einen echten Nutzen aus dieser Verbindung ziehen kann. Und dieser liegt primär oder ausschließlich in der Beeinflussung der öffentlichen Meinung zum Zweck der eigenen Machterhaltung, oder wie Autor Alexander Vodopivec bereits 1975 in seiner Analyse über die sozialistische Me-

---

[636] http://www.andreas-unterberger.at/2012/01/fusnote-254-niko-pelinka-ij-die-alten-linken-haben-gewonnen/ (21.1.2012).
[637] Der Standard. 27.11.2011.

dienpolitik feststellte, um die *„Stabilisierung einer sozialistisch-gewerkschaftlichen Dauerherrschaft"*[638].

Der liberale Journalist Christian Ortner in Die Presse: *„Wirklich gebraucht wird der ORF trotzdem noch: Freilich nur noch von ein paar hundert Politikern, die dort regelmäßig ihr Gesicht raushalten dürfen, und den Mitarbeitern, deren komfortable Jahresgage von durchschnittlich 75.000 Euro eine relativ hohe Leidensprämie inkludieren dürfte. Mittlerweile ist diese Anstalt fast ausschließlich eine Anstalt zur Befriedigung der legitimen Bedürfnisse ihrer Angestellten und der weniger legitimen Bedürfnisse ihrer politischen Verfügungsberechtigten geworden, eine symbiotische Verstrickung von Politik und Politikunterworfenen mit dramatisch sinkender Relevanz für die Außenwelt."*[639]

Wenn nun die Informationskompetenz durch das plumpe Vorgehen der SPÖ und der ORF-Führung die ohnehin schon schwer angeschlagene Glaubwürdigkeit weiter untergräbt und die Informationssendungen deshalb weitere Marktanteilsverluste hinnehmen müssen, dann werden die Fragen nach der Sinnhaftigkeit eines gebührenfinanzierten Rundfunks immer lauter und drängender und die Bereitschaft der SPÖ, den ORF zu verteidigen und zu beschützen wird zudem abnehmen. Schließlich stoßen auch der ständig steigende Finanzierungsbedarf des ORF und die damit verbundenen regelmäßigen Gebührenerhöhungen in der Bevölkerung auf immer mehr Unverständnis, vor allem zu Zeiten einer Wirtschafts- und Finanzkrise.

Die Pelinka-Affaire schadet tatsächlich dem ohnehin schon angeschlagenen Image und der Glaubwürdigkeit des ORF, wie eine repräsentative Meinungsumfrage zeigt: *„49 Prozent der Befragten, die von Pelinkas Bewerbung wissen, stimmen der Aussage zu: „Der ORF gerät nun völlig unter den Einfluss der SPÖ.""*[640] Und *„61% glauben, die Sozialdemokraten haben von allen Parteien im ORF am meisten zu sagen."*[641]

---

[638] Vodopivec. 1975.
[639] Die Presse. 13.01.2012.
[640] Der Standard. 14/15. 01. 2012.
[641] profil.at (23.1.2012).

Keine rosigen Aussichten für die gut bezahlten ORF-Mitarbeiter. Ihre übertriebenen und beinahe panischen Reaktionen, schließlich ist ein Büroleiter eine eher untergeordnete Position ohne große Gestaltungsmöglichkeiten, sind nur aus dieser Perspektive verständlich und erklärbar. Zumal: *„Wenn die SPÖ etwas von Wrabetz will, dann genügt doch ein Anruf von Medienstaatssekretär Ostermayer."*[642], stellt EX-SPÖ-Finanzminister Ferdinand Lacina trocken fest.

Über 1.300 ORF-Journalisten unterschreiben eine Petition[643], in der ein „unabhängiger ORF" gefordert wird. Unter anderem heißt es in dem Aufruf: *„Wir fordern von der Geschäftsführung, alle Vorhaben, die das Ansehen des ORF als unabhängiges Medienunternehmen beschädigen, zurückzunehmen."*[644]

Doch für die Beschädigung des Ansehens sorgen nicht nur Wrabetz, Rudas und Pelinka. Fritz Dittlbacher, einer der empörten Redakteure, der bereits 1999 einen für die SPÖ unangenehmen TV-Beitrag entschärft haben soll,[645] ist just in den Tagen, als die Aufregung um Pelinka am größten ist, erneut in einen ähnlichen Fall involviert. Er soll gemeinsam mit dem Wortführer der ORF-Protestbewegung, Dieter Bornemann, einen für Bundeskanzler Werner Faymann unangenehmen Beitrag aus der ZiB gekippt und stattdessen durch eine relativ unverfängliche Moderation ersetzt haben. Es geht um Inserate, die Werner Faymann 2007 und 2008 als SPÖ-Infrastrukturminister bei der Asfinag bestellt haben soll.

„Wie Die Presse jetzt erfahren hat, wurde auch in der ‚Zeit im Bild'-Redaktion ein Beitrag zum Thema für die „ZiB" um 19.30 Uhr vorbereitet nur ist dieser 50 Sekunden lange Beitrag nie auf Sendung gegangen, auf die aktuellen Vorwürfe wurde nur in einer Moderation eingegangen."[646]

Dittlbacher und Bornemann dementieren und sprechen von „Verschwörungstheorien", die Entscheidung sei *„aus rein journalistischen Gründen gefallen."*[647]

---

[642] Falter. 12.1.2012.
[643] Die Petition „Für einen unabhängigen ORF" ist im Anhang zu finden.
[644] Siehe ORF-Petition „Für einen unabhängigen ORF" im Anhang dieses Buches.
[645] Siehe Euro-Team-Affaire.
[646] diepresse.com (4.1.2012).
[647] diepresse.com (9.1.2012).

Die Kampagne der ORF-Redakteure gegen „Sozenschnösel" Pelinka, die breite mediale Unterstützung erfährt, zeigt schließlich Wirkung. Niko Pelinka wirft das Handtuch, er zieht seine Bewerbung als Büroleiter zurück.

Während die meisten Printmedien den Rückzug Pelinkas als Sieg der „heldenhaften" ORF-Redakteure im Kampf um Unabhängigkeit und Objektivität feiern, analysiert der konservative Journalist Andreas Unterberger treffend: *„(...) damit hat sich der Rundfunk noch um keinen Millimeter in Richtung Pluralismus, Qualität und Ausgewogenheit verschoben. Vom Generaldirektor bis zum Chefredakteur der Fernsehinformation bleiben stramme SPÖ-Exponenten im Kommandosessel, ohne Unterbrechung durch einen Unabhängigen oder anders Gesinnten. (...)Der einzige Pluralismus bleibt dort einer zwischen grünen, trotzkistischen oder linksliberalen Seilschaften und den brav auf die Parteilinie Horchenden."*[648]

Nach der Aufregung um Pelinka, ist nun wieder Ruhe am Küniglberg eingekehrt. Die Bedeutung und die Marktanteile des ORF schmelzen langsam aber kontinuierlich dahin, die Kosten und die Rundfunkgebühren steigen stetig und die ORF-Redakteure können nun wieder, von der breiten Öffentlichkeit unbemerkt, ungehindert ihren „unabhängigen" linken Journalismus pflegen. Die SPÖ wird künftig ihre Freunde und Vertrauten etwas diskreter in wichtige Positionen im öffentlich-rechtlichen Rundfunk hieven. Kurz: im ORF läuft alles wieder in gewohnten und „geordneten" Bahnen, aber, so fragt sich der starke Mann in der österreichischen Sozialdemokratie, Wiens Bürgermeister Michael Häupl: *„Was hat das mit der SPÖ zu tun?"*[649]

---

[648] www.andreas-unterberger.at (21.1.2012).
[649] www.kleinezeitung.at (10.1.2012).

Brief von Bundeskanzler Fred Sinowatz an den Salzburger Privatradiopionier Viktor Lindner[650]

Republik Österreich
DER BUNDESKANZLER

A 1014 Wien, Ballhausplatz 2
Tel. (0222) 66 15/0

Wien, am 6. Juli 1983

Sehr geehrter Herr Lindner!

Vielen Dank für Ihr Schreiben vom 7.6.1983, das ich mit Interesse gelesen habe. Nach der derzeit geltenden Rechtslage ist allein der ORF berechtigt, Rundfunk zu machen. Soweit mir bekannt ist, offeriert der ORF in seinen Programmen ein breites musikalisches Angebot und nimmt dabei auch auf den Geschmack spezialisierter Publikumsschichten Rücksicht. Es erscheint mir daher aus diesem Grund nicht zweckmäßig, die Rechtslage durch Zulassung privater Sender zu ändern und damit eine völlige Umstrukturierung des zur Zeit bestehenden Mediensystems auszulösen.

Das österreichische Mediensystem ist gegenwärtig so gestaltet, daß es einerseits im Rundfunkbereich den öffentlich-rechtlichen ORF mit einem Auftrag zur Objektivität gibt und andererseits im Pressewesen eine Vielfalt von Zeitungen und Zeitschriften, die von unterschiedlicher politischer Ausrichtung sind. Dieses sogenannte duale Mediensystem hat sich in der Vergangenheit durchaus bewährt, weil sich der öffentlich-rechtliche ORF und die privatwirtschaftliche Presse gegenseitig ergänzen.

Wie Sie richtig vermerken, hat mein Amtsvorgänger den österreichischen Zeitungsverlegern zweimal das Angebot unterbreitet, ein eigenes Fernsehprogramm zu produzieren und zu verbreiten, was ebenfalls nur im Wege gesetzgeberischer Maßnahmen möglich gewesen wäre. Dieses Angebot war an die Bedingung geknüpft, daß sich alle Zeitungen nach dem Prinzip "eine Zeitung eine Stimme" in einer Genossenschaft zusammenfinden. Ansonsten wäre nämlich damit zu rechnen gewesen, daß die bestehenden Konzentrationstendenzen im Pressewesen, die die Meinungsvielfalt immer mehr einschränken, auch auf

---

[650] Quelle: Margon. 1989.

den elektronischen Bereich übergreifen. Außerdem sollte nach den damals geäußerten Vorstellungen sichergestellt werden, daß für den Verlegerrundfunk die gleichen Auflagen gelten, wie sie für den ORF gesetzlich festgelegt sind. Denn wenn der Verlegerrundfunk z.B. keinem Bildungsauftrag unterliegen würde, wäre der ORF im Verdrängungswettbewerb gegen den neuen Konkurrenten chancenlos.

Wie Sie sicher wissen, sind die Angebote von den Verlegern zwar überprüft aber nicht aufgegriffen worden. Und seither hat sich in Österreich niemand gemeldet, der bereit gewesen wäre, das Risiko und die hohen Finanzmittel für die Errichtung eines Fernsehsystems zu tragen. Gleiches gilt übrigens auch für den Hörfunkbereich, wenn auch hier die Kosten niedriger liegen.

Durch die Entwicklung der sogenannten "Neuen Medien" wie Satelliten- und Kabelrundfunk kommen natürlich auch im Bereich der Medienpolitik neue Aufgaben auf uns zu. Als ORF-Generalintendant Gerd Bacher darauf verwiesen hat, daß sich einige Nachbarländer mit der Einführung eines Satellitenrundfunksystems konkret auseinandersetzen, hat die österreichische Bundesregierung unverzüglich eine Arbeitsgruppe eingesetzt, die überprüft, ob auch Österreich in diesem Bereich mitwirken kann. In gleicher Weise wird die Bundesregierung ~~unverzüglich die~~ erforderlichen Schritte setzen, wenn der Verkabelungsgrad in den Ballungsgebieten ein so großes Ausmaß erreicht hat, daß eine eigenständige Programmschöpfung unter entsprechenden Qualitätsstandards wirtschaftlich durchführbar erscheint.

Mit besten Grüßen

SKY CHANNEL-Resolution (Wien, 30.1.1984)[651]

Die IG Autoren stellt fest:

1. Seit einigen Tagen wird von der Wiener Kabel TV das private ausländische Kommerzprogramm „SKY CHANNEL" ausgestrahlt. Diese Maßnahme erfolgt unter Umgehung bestehender Gesetze, ja sie widerspricht der verfassungsgesetzlichen demokratischen und kulturellen Aufgabenstellung des Rundfunks in Österreich. Entgegen Verlautbarungen der Kabelgesellschaft unterliegt das Programm „SKY CHANNEL" zudem auch nicht irgendwelchen gesetzlichen Auflagen des Ursprungslandes Großbritannien – „SKY CHANNEL" wird dortselbst eben aus diesem Grund nicht gesendet, sondern dzt. ausschließlich in einige wenige Kabelnetze anderer Länder eingespeist.

2. Der überfallsartige Medienimport eines Analphabetisierungsprogramms schafft nicht nur keine neuen Arbeitsplätze, er entzieht im Gegenteil durch Konkurrenzierung Arbeitsmöglichkeiten – auch den heimischen Autoren. Ferner entstehen Einnahme-Ausfälle in der österreichischen Werbewirtschaft, aber auch bei den daraus erfließenden Steuereinnahmen. Von solchen und weiteren Verlusten wird vorrangig der ORF betroffen sein. Daß eine Kompensation als unausweichliche Folgeerscheinung auch hier zu qualitativ absinkender Unterhaltungsorientierung, zu einer allgemeinen Verflachung der Programme führen wird, ist zweifellos über kurz oder lang zu erwarten.

3. Die IG AUTOREN fordert daher von der Österreichischen Bundesregierung, dem Gesetzgeber, von der Stadt Wien als Haupteigentümer der Wiener Kabel TV die sofortige Einstellung der Einspeisung und Weiterleitung des Kommerzprogramms „SKY CHANNEL". Ist dies nicht zu erreichen, sollen gemeinsam mit dem ÖGB und der Verwertungsgesellschaft AKM die juristischen Beschwerdemöglichkeiten ausgeschöpft werden (so die Anrufung des Verfassungsgerichtshofes auf Grund des Bundesverfassungsgesetzes über den Rundfunk vom 10. Juli 1974).

---

[651] Quelle: IG Autoren (Hg.).1984.

4. Die IG AUTOREN erinnert an folgenden Beschluß ihrer gesamtösterreichischen Delegiertenversammlung vom 19./20. November 1983, „Resolution zur Einführung neuer Medien in Österreich", wo es u.a. heißt: „Vor Inbetriebnahme neuer Medien ist eine gesetzliche Grundlage zu schaffen, durch die neue Medien aller Art zumindest den gleichen gesetzlichen Auflagen unterworfen werden wie der ORF, insbesondere durch Festlegung eines Programmauftrages, der eine demokratische und kulturelle Aufgabenstellung beinhaltet: vor allem eine ausreichende Informations- und Meinungsvielfalt, die Vermittlung von Kunst und Kultur sowie die Mitsprache der Medien- und Kulturschaffenden.

Das FPÖ-Volksbegehren „zur Sicherung der Rundfunkfreiheit"[652]

V O L K S B E G E H R E N ZUR SICHERUNG DER RUNDFUNKFREIHEIT IN ÖSTERREICH in der Form einer
A N R E G U N G

Zielbestimmung

Ziel des Gesetzes ist die Herstellung einer Radio- und Fernsehordnung, die dem Grundrecht der Medienfreiheit umfassend Rechnung trägt, dies insbesondere durch

- *Zulassung privater Radio- und Fernsehveranstalter neben dem Österreichischen Rundfunk, womit ein qualitativer Programmwettbewerb (zunächst im Radiobereich) ermöglicht wird;*
- *Öffnung der Kabelnetze für neue Rundfunkdienste ("aktiver Kabelrundfunk");*
- *freie Verbreitung und Empfang ausländischer Programme (Kabel- und Satelliten-Empfangsfreiheit);*
- *Chancensicherung für österreichische Filmproduzenten, Journalisten und Techniker im internationalen Medienwettbewerb.*

Frequenznutzung

Im Interesse der Chancengleichheit der privaten Anbieter mit dem öffentlich-rechtlichen Rundfunk ist diesen ein fairer Anteil an den in Österreich verfügbaren terrestrischen Rundfunk-Übertragungskapazitäten und insbesondere den Senderstandorten einzuräumen. Dem Bundesminister für Verkehr als dem für

---

[652] Quelle: Freiheitlicher Pressedienst 15.9.1989.

Frequenzfragen zuständigen Regierungsmitglied ist ein entsprechender Gesetzesauftrag zu erteilen.

Zulassungsverfahren

1. Bewerber um eine Sendeberechtigung haben sich einem Zulassungsverfahren zu unterziehen, im Zuge dessen die Zulassungsbehörde - bei Beachtung einer anzustrebenden Vielfalt des Programmangebotes - eine Auswahl unter den Bewerbern nach folgenden Gesichtspunkten trifft:

- *Besondere Berücksichtigung von inländischen Bewerbern, die aufgrund ihrer Erfahrung und des vorgelegten Programmkonzeptes die Durchführung eines journalistisch anspruchsvollen und niveauvollen Programms erwarten lassen;*
- *besondere Berücksichtigung von Bewerbern, deren Programmkonzept auf die lokalen Informationsbedürfnisse abgestimmt ist;*
- *besondere Berücksichtigung von Bewerbern, die ein Reaktionsstatut vereinbaren und veröffentlichen;*
- *befristete Erteilung der Zulassung mit Rechtsanspruch auf Verlängerung bei Erfüllung der gesetzlichen Voraussetzungen.*

2. Folgende Bewerber sind ausgeschlossen:

- *Gebietskörperschaften, politische Parteien und gesetzliche Interessenvertretungen sowie von diesen beherrschte Unternehmen;*
- *Antragsteller, die im Verbreitungsgebiet in derselben Programmart (Radio, Fernsehen) bereits eine Sendekonzession besitzen;*
- *für eine Fernseh-Sendeberechtigung Zeitungsverlage als*

Antragsteller, sofern sie im beantragten Verbreitungsgebiet bereits mit einem Printmedium über eine marktbeherrschende Stellung (gemäß Kartellgesetz) verfügen.

3. Antragsteller um eine Sendeberechtigung müssen den Redaktionssitz im Inland haben. Der programmverantwortliche Geschäftsführer sowie die Mehrheit der redaktionellen Mitarbeiter müssen österreichische Staatsbürger sein.

4. Die Antragsteller sowie die Inhaber von Sendeberechtigungen haben Treuhandschaften und Beteiligungsverhältnisse gegenüber der Zulassungsbehörde jederzeit offenzulegen.

Zulassungsbehörde

1. Die Zulassungsbehörde erteilt die Sendeberechtigung, überwacht die Einhaltung der Bestimmungen dieses Gesetzes und widerruft die Sendeberechtigung bei wiederholten oder schwerwiegenden Verstößen gegen dieses Gesetz.

2. Als Zulassungsbehörde wird ein nach fachlichen (Medienerfahrung) und föderalistischen Gesichtspunkten zusammengesetztes, für das gesamte Bundesgebiet zuständiges Gremium von maximal 7 Personen unter dem Vorsitz eines unabhängigen Richters eingerichtet, das organisatorisch zum Bundeskanzleramt ressortiert. Es ist in seiner Tätigkeit unabhängig und weisungsfrei. Die Stellen sind öffentlich auzuschreiben. Die Auswahl der Mitglieder dieses Gremiums erfolgt durch den Hauptausschuß des Nationalrates.

Überregionale Sendungen

Im Interesse der Herstellung eines qualitativ hochstehenden, überregionalen

Programmangebots ist ausnahmsweise auch ein Zusammenschluß lokaler Anbieter zuzulassen, soferne dabei eine breite Eigentümerstreuung gesichert ist und marktbe-herrschenden, überregionalen Printmedien kein beherrschender Einfluß zukommt.

Neue Dienste in Kabelnetzen

1. Die Inhaber von Kabelrundfunkanlagen können in ihrem Netz aufgrund einer Zulassung (§§ 3 und 4) inländische Radio- und Fernsehprogramme verbreiten ("aktiver Kabelrundfunk"), die ihnen von Dritten (Programmanbieter) zur Verfügung gestellt werden. Sie können weiters einen Informationskanal mit Kabeltext betreiben.
2. Unter der Voraussetzung angemessener Kostenbeteiligung durch die lokalen Gebietskörperschaften haben die Inhaber von Kabelrundfunkanlagen einen Offenen Kanal bereitzustellen, in dem gesellschaftliche Gruppen und Organisationen sowie Einzelpersonen, die im sonstigen Angebot nicht hinreichend vertreten sind, zu Wort kommen.

Programmgrundsätze

1. Es dürfen nur solche Darbietungen verbreitet werden, die die Würde des Menschen und die Privatsphäre des Einzelnen nicht verletzen, nicht gegen die öffentliche Ordnung und Sicherheit und gegen die Grundsätze der demokratischen Verfassungsordnung gerichtet sind und keinen pornographischen und brutalen, gewaltverherrlichenden Inhalt haben.

2. Informationssendungen haben den anerkannten journalistischen Grundsätzen zu entsprechen. Sie müssen unabhängig und sachlich sein, Kommentare sind von der Berichterstattung deutlich zu trennen.

Werbung

Die Bestimmungen über die Werbedauer, Form und Aufmachung der Werbung, die zeitliche Plazierung sowie die Inhalte der Werbung haben den Grundsätzen zu entsprechen, die in der Europäischen Konvention über das grenzüberschreitende Fernsehen vom 5. Mai 1989 (Artikel 11 bis 18) niedergelegt sind.

Rechtsaufsicht

1. Die Zulassungsbehörde (§ 4) erteilt die Sendeberechtigung und übt eine begleitende Aufsicht über die Einhaltung der Bestimmungen dieses Gesetzes durch Rundfunkveranstalter aus. Sie kann im Falle schwerwiegender oder wiederholter Verstöße gegen dieses Gesetz die Zulassung widerrufen.

2. Wahrheitswidrige Angaben im Zulassungsantrag sowie bei Erfüllung der Offenlegungspflicht gegenüber der Zulassungsbehörde können zum Widerruf der Zulassung führen.

3. Gegen Entscheidungen der Zulassungsbehörde ist die Beschwerde an die Gerichtshöfe des öffentlichen Rechts sowie an die Volksanwaltschaft zulässig.

RADIO PRINT – Der gemeinsame Vorschlag von ORF und V.Ö.Z. für ein „Hörfunk-Versuchsgesetz"[653]

bei der erarbeitung des gemeinsamen vorschlags sind v.oe.z. und orf von folgenden grundueberlegungen ausgegangen:

o der im internationalen massstab vergleichsweise sehr kleine oesterreichische markt erfordert eine vernuenftige marktordnung, um finanzielle abenteuer, die letztlich auf dem ruecken des publikums ausgetragen werden, zu vermeiden.

o sowohl negative, wie auch positive erfahrungen, die im ausland mit privat-radio gemacht worden sind, sollten beruecksichtigt werden, um fehlentwicklungen auszuschliessen.

o angesichts der allgemeinen tendenz der ueberfremdung der oesterreichischen wirtschaft sollte sichergestellt werden, dass die elektronischen medien ausschliesslich von oesterreichern kontrolliert werden.

o die leistungsfaehigkeit und der programmauftrag des orf sollen durch die radio-liberalisierung nicht beeintraechtigt werden. die privat-radioprogramme sind neben den bestehenden orf-programmen ein zusaetzliches angebot. im fernsehen soll - nicht zuletzt aufgrund der marktverhaeltnisse - der status quo unveraendert aufrecht bleiben.

orf und v.oe.z. schlagen die verabschiedung eines hoerfunk-versuchsgesetzes durch den nationalrat vor, das unter anderem folgende regelungen enthaelt:

---

[653] Quelle: Kommunique VÖZ & ORF 28.8.1989.

o programmveranstalter muessen oesterreicher sein, die aufgrund
einschlaegiger oder verwandter erfahrung, einer nachgewiesenen
finanzierungsgarantie und aufgrund des vorgelegten sende-schemas
geeignet erscheinen. bei der beurteilung mehrerer bewerber ist
jenem der vorzug zu geben, der die inhaltliche ausgewogenheit
der programme und pluralitaet der meinungen im besonderen masse
gewaehrleistet. die bewerbung um eine privat-radio-lizenz steht
damit grundsaetzlich allen offen, die diese bedingungen
erfuellen.

o die versuchsprogramme werden ueber orf-sender ausgestrahlt, die
lizenzen vergibt das orf-kuratorium, die programmveranstalter
haben eine diesbezuegliche vereinbarung mit dem orf zu
schliessen, die der genehmigung durch das orf-kuratorium bedarf.
die anhoerung des jeweiligen bundeslandes ist vorgesehen. ueber
die einhaltung der gesetzlichen bestimmungen wacht die kommission
zur wahrung des rundfunkgesetzes.

o die versuchsprogramme sind publizistisch und wirtschaftlich
frei und unabhaengig. sie werden das radio-angebot im hinblick
auf die wiedergabe des oeffentlichen, kulturellen und
wirtschaftlichen lebens im lokalen verbreitungsgebiet erweitern
und sollen aufschluss ueber die gesellschaftlichen und
wirtschaftlichen auswirkungen eines vermehrten programmangebots
geben. sie sind dabei zur objektivitaet und unparteilichkeit der
berichterstattung, und zur beruecksichtigung der meinungsvielfalt
verpflichtet.

o die versuchsprogramme sollen sich ueber werbung finanzieren -
maximal 60 minuten pro tag je versuchsprogramm.

o zur finanzierung der damit verbundenen aufwendungen und zur
abdeckung von unvermeidlichen einnahmeeinbussen im bereich der
radio-werbung erhaelt der orf die moeglichkeit, von 1992 an

5 minuten und von 1995 an zusaetzlich weitere 3 minuten innerhalb des bestehenden werbezeitlimits im fernsehen von der durchschaltung auszunehmen.

„Wiener Erklärung" der Initiative öffentlicher Rundfunk (IÖR)[654]

1) Ein Rundfunk (Hörfunk und Fernsehen) frei von Staat und Markt ist ein wichtiger Bestandteil der österreichischen Demokratie. Für den Wiederaufbau der Demokratie war diese Form von Rundfunk eine der fundamentalen Voraussetzungen. Das in Österreich erst nach einem Rundfunkvolksbegehren geschaffene Ordnungsmodell "Öffentlicher Rundfunk" war die einzige und auch heute unverzichtbare kommunikationspolitische Innovation der Nachkriegszeit.

2) Die Entwicklung des kommerziellen Rundfunks hat die Rundfunklandschaft in den Nachbarländern Österreich grundlegend verändert. Noch bevor es in Österreich kommerziellen Rundfunk gab, führte dies zu einer substantiellen Gefährdung des öffentlichen Rundfunks. Da heute über die Zukunft des öffentlichen Rundfunks fast ausschließlich bezüglich technischer, personalpolitischer und ökonomischer Gesichtspunkte diskutiert wird, gilt es, diese Errungenschaft unserer Kultur zu verteidigen und zu erneuern.

3) Ähnlich wie die öffentlichen Schulen und Universitäten, die staatlichen und städtischen Theater, Opernhäuser und Orchester, Bibliotheken, Museen und andere Kunst- und Kultureinrichtungen. die - eine gute alteuropäische Tradition - alle weitgehend einem rein kommerziellen Denken entzogen sind, ist gebührenfinanzierter Rundfunk ein gesellschaftliches, ein nationales Kulturinstitut. In diese kulturpolitische Arena gehört das Programm der klassischen Rundfunkanstalten. Hier entfaltet es seine spezifisch demokratischen Qualitäten, hier sind die Wurzeln einer Legitimation.

4. Dieses Verständnis von Rundfunk ist in eine gefährliche Krise geraten. Diese Diagnose aus verschiedenen Ländern gilt seit einiger Zeit auch für Österreich.

---

[654] Quelle: OTS Presseaussendung 28.5. 1998.

Das Denken in den Kategorien dieses Rundfunks ist auch in den Redaktionen des ORF selbst nicht mehr immer und überall präsent und wird nicht mehr ausreichend argumentationsstark verteidigt. Deshalb bedarf dieser Rundfunk der Loyalität, Solidarität und intellektuellen Zuarbeit aus der Gesellschaft.

5. Der öffentliche Rundfunk erscheint in der öffentlichen Darstellung seiner Aufgaben, Ziele und Probleme notorisch schwach. Die Beteiligung von Zeitungs- und Zeitschriftenverlagen an kommerziellem Radio und Fernsehen bringt die Gefahr mit sich - und auch das lehrt das Beispiel des Auslandes - daß in vielen dieser Medien kaum mehr eine faire und offene Auseinandersetzung über den öffentlichen Rundfunk stattfindet. Diskreditierung und gesteuerte kommunikationspolitische Gegnerschaft sind an der Tagesordnung. In dieser Situation bedarf es einer "Mobilisierung von unten" zugunsten des öffentlichen Rundfunks, eines auf Dauer angelegten "Rundfunkvolksbegehrens", eines unabhängigen, permanenten Forums programmatischer Debatten.

6. Es geht um die Zukunft des öffentlichen Rundfunk, seine Finanzierung, sein Programm und damit um die Sicherung seiner unentbehrlichen und unverwechselbaren Leistungen für Gesellschaft, Kultur und Politik. In diesem Sinne hat auch die 4. Ministerkonferenz des Europarates im Dezember 1994 in Prag die Stärkung und den Ausbau des öffentlichen Rundfunk gefordert.

7. Dieser Zukunftsdiskurs muß sich auch der großen Vergangenheit des öffentlichen Rundfunk bewußt sein- nicht zuletzt seiner Leistungen für den Wiederaufbau und die Stabilisierung der Demokratie nach dem Kriege. Der österreichische Rundfunk hat sich in den vergangenen Jahrzehnten zur größten Kulturinstitution des Landes mit einer weit über die Grenzen Österreichs hinausreichenden Wirkung entwickelt. Aus diesen bedeutsamen Funktionen resultieren auch Antworten auf die Frage, warum und wofür die demokratische Gesellschaft der Zukunft "ihren" öffentlichen Rundfunk braucht.

8. Eines der heutigen und künftigen politischen Schlüsselprobleme ist das der gesellschaftlichen Integration. Über Jahrzehnte hatte der ORF auf vielerlei Weise eine integrierende Funktion für das Staatsganze in Österreich. Die gesellschaftlichen Bedingungen dafür haben sich radikal geändert, und auch die Rundfunklandschaft wird dem folgen. Und doch ist kommunikative gesellschaftliche Integration notwendiger denn je, und der Beitrag des ORF bleibt dazu unverzichtbar.

9. Der öffentliche Rundfunk hat einen klaren Programmauftrag. Dieser bezieht sich auf den Menschen und auf die Gesellschaft, nicht auf Profit und Einschaltquote. Das Rundfunkgesetz kennt solche Begriffe nicht. Der Erfolg dieses Rundfunks und seine Wirkung sind an anderen Kriterien und Maßstäben zu messen: kulturellen Standards, geistiger Vielfalt, journalistische Qualität; umfasender sachlicher Information. Daraus besteht sein Beitrag als Medien und Faktor der freien Meinungsbildung. Dieser Auftrag gilt auch unter den Bedingungen künftiger technischer Entwicklungen.

10. Freie Bürger brauchen einen freien Rundfunk. Frei ist ein Rundfunk, der der Gesellschaft dient und von ihr kontrolliert und finanziert wird. Ein solcher öffentlicher Rundfunk in gesellschaftlicher Verantwortung ist ein konstitutives Element der repräsentativen Demokratie auch in Österreich. Die gegenwärtige rundfunkpolitische Diskussion neigt dazu, diese fundamentale Erkenntnis zu vernebeln, zu verdrängen und zu leugnen.

Diese Erklärung wurde von folgenden Personen initiiert:

Univ.Doz. Dr. Wolfgang Duchkowitsch
oa. Univ.Prof. Dr. Hannes Haas
Univ.Ass. Dr.Fritz Hausjell
Johannes Kunz
o. Univ. Prof. Dr. Wolfgang R. Langenbucher (Sprecher)

Univ.Ass Ing. Dr. Klaus Lojka
Dr. Alfred J. Noll
Gen.Dir. Mag. Dr. Wilfried Seipel

Rede von Armin Wolf anlässlich der Verleihung des Robert Hochner-Preises am 17.5.2006[655]

Das ist ja eine ziemlich komplizierte Sache: ein Preis, der von der Gewerkschaft verliehen, von einem Stromkonzern gestiftet und von einem Politiker übergeben wird – den kann man als Journalist ja eigentlich kaum annehmen. Wobei: Es wäre noch schwieriger, wenn der Politiker ihn bezahlen und der Stromkonzern ihn verleihen würde. Oder gar, wenn der Politiker den Preisträger aussucht – und die Gewerkschaft bezahlt. Dann gäb's nämlich kein Preisgeld

Ich habe also sehr lange mit mir gerungen und dann hab ich mich entschlossen, den Preis doch anzunehmen. Wenn ich mich schon darum beworben habe ...

Nein, im Ernst. Ich freue mich natürlich riesig, weil Preise die von einer Jury erstklassiger Journalisten vergeben werden, einen ganz besonderen Stellenwert haben. Wer, wenn nicht besonders qualifizierte Kollegen, sollen journalistische Arbeit bewerten können. Dass Andreas Pfeifer darunter ist, der Preisträger des letzten Jahres, freut mich ganz besonders – er weiß, wie sehr ich ihn bewundere. Und am meisten freue ich mich, weil dieser Preis den Namen von Robert Hochner trägt, der für uns alle in der Zeit im Bild-Redaktion und im ORF noch immer in so vieler Hinsicht ein großes Vorbild ist: in seiner unnachahmlichen Mischung aus Kompetenz, Engagement, Urteilsfähigkeit, unbestechlicher Distanz, Witz, Charme, Menschlichkeit und Mut.

Bei solchen Gelegenheiten bedankt man sich natürlich: bei der Jury, wie mit zugetragen wurde, lauter Menschen mit hohem Urteilsvermögen und gutem Geschmack. Vor allem aber bei meinen Kollegen Claudia Fuhrmann, Bettina Tasser und Thomas Faustmann, ohne die ich die Sommergespräche 2005 – für die ich diesen Preis heute ja bekomme – nie hätte machen können. Sie waren die beste Redaktion, die ich mir wünschen konnte. Und danke auch an meine Vorgesetzten, die mich die Sommergespräche 2005 machen ließen. Das ist ja keineswegs selbstverständlich ...

---

[655] Quelle: derstandard.at

Wenn ich aber schon einen Preis bekomme, der in seinen Ausschreibungskriterien ausdrücklich eine „kritische Haltung gegenüber Machthabern aller Art" voraussetzt – dann möchte ich diese Gelegenheit auch benützen, ein paar kritische Anmerkungen zu einem Thema zu machen, das mich und viele KollegInnen im ORF in diesen Wochen sehr beschäftigt.

Zitat: „Man hat ein Unternehmen zum Teil unter Kontrolle gekriegt, und zwar durch subtile Änderungen im nichtsichtbaren Bereich. Ist da tatsächlich eine neue Qualität? Geschimpft über solche Dinge ist beim ORF ja immer worden. Es ist in dieser Brutalität, glaube ich, neu."

Das hat Robert Hochner gesagt – vor genau fünf Jahren in seinem letzten großen Interview mit dem FALTER, gefragt nach dem Einfluss der Politik im ORF.

Ist es seither besser geworden?

Ich glaube, Nein. Eher im Gegenteil.

Und das hat meiner Meinung nach zwei grundlegende Ursachen: Eine außerhalb des ORF und eine im Unternehmen selbst.

Die interne Ursache liegt in unserer gegenwärtigen Struktur: Wie die Informationsabteilung des ORF organisiert ist. Das mag auf den ersten Blick nicht so wichtig erscheinen, hat aber in der Praxis enorme Konsequenzen.

Mehr als zwei Drittel der Österreicher sagen ja, das Fernsehen sei für sie die wichtigste Informationsquelle über Politik. Und für etwa ebenso viele Menschen ist das Fernsehen auch das glaubwürdigste aller Medien. Aber in der Fernseh-Information über österreichische Politik, hat der ORF nach wie vor de facto ein Monopol. Natürlich nicht formal – aber in der Realität, weil die wenige politische Information über Österreich, die von der kommerziellen Konkurrenz angeboten wird, kaum Zuseher findet.

Weil Demokratie aber Meinungsvielfalt voraussetzt, ist ein Monopol in einem demokratiepolitisch so essentiellen Bereich nur durch eines zu rechtfertigen: durch maximalen inneren Pluralismus.

Und wie schaut es da in den letzten Jahren im ORF aus?

Wenn sämtliche Informationssendungen, von der 9-Uhr-ZIB bis zur ZIB 3, vom REPORT bis OFFEN GESAGT, von der PRESSESTUNDE bis THEMA, vom HOHEN HAUS bis zum WELTJOURNAL einer einzigen Person unterstehen, die von den O-Tönen in der ZIB 1 über die Studiogäste in der ZIB 2, von den Diskussions-Teilnehmern in OFFEN GESAGT bis zur Themenauswahl im REPORT alles letztentscheiden kann, dann konzentriert das extrem viel Macht in der Hand einer Person. Wenn diese Person dann jemand wäre, der diese Macht auch tatsächlich ausübt, dann könnte man ihm das gar nicht vorwerfen – so ist der ORF eben derzeit konstruiert.

Aber in funktionierenden demokratischen Systemen wird Macht üblicherweise so geregelt und verteilt, dass auch die maximale Auslegung von Kompetenzen nicht zu einer einseitigen Machtkonzentration führen kann.

Was die ORF-Information unbedingt braucht, ist redaktionelle und inhaltliche Pluralität. Und dafür braucht es, glaube ich, wieder unabhängige Sendungsredaktionen mit eigenen Redakteuren und Reportern und mit echten, tatsächlich entscheidungsbefugten Sendungsverantwortlichen, die nicht nur so heißen, sondern die auch tatsächlich verantwortlich sind und die nicht bei jedem Studiogast und jedem Diskussionsthema erst nachfragen müssen – sondern die miteinander in einem gesunden inhaltlichen und kreativen Wettbewerb stehen: um die relevanteren Geschichten, die besseren Recherchen, die spannenderen Gäste, die klügeren Analysen und die aufregenderen Gestaltungsformen. Schlicht: um die bestmögliche Information.

Nur durch einen solchen internen Wettbewerb und die daraus entstehende Vielfalt an Inhalten und Meinungen lässt sich in einer funktionierenden Demokratie ein Defacto-Monopol rechtfertigen.

Der zweite Grund für die Misere liegt außerhalb des ORF – und er ist im folgenden Zitat treffend zusammengefasst:

"Noch nie in der Geschichte der Zweiten Republik wurde der medienpolitische Machtanspruch so ungeniert artikuliert wie unter der ‚Wenderegierung'. [...] Der ORF wird als Besitz betrachtet, Politiker fühlen sich als Hausherren. [...] Eine neue Facette im System ist die Unverfrorenheit, mit der die politischen Parteien ihre Kandidaten aufstellen und bewerben."

Das schreibt Heinrich Neisser, ein Intim-Kenner der österreichischen Politik (und kein Linksextremer), in einem Buch über den öffentlich-rechtlichen Rundfunk, das in wenigen Tagen erscheinen wird.[1]

Die nahezu hemmungslose Einflussnahme der Politik auf den ORF ist natürlich kein neues Phänomen – und immer wenn ein SPÖ-Politiker in den letzten Jahren lautstark die Unabhängigkeit des ORF und seiner Journalisten verteidigt hat, habe ich mich gefragt, ob da die kollektive Amnesie ausgebrochen ist. Danke, das war damals schon schlimm genug! Viel zu schlimm. (Und wir haben uns als Redakteure auch oft genug und auch öffentlich dagegen gewehrt).

Und trotzdem. Es gibt die Zeit vor dem Februar 2000 und es gibt die Zeit seither. Und das ist ein Unterschied.

Das hängt gar nicht notwendigerweise mit den handelnden Personen zusammen, glaube ich – sondern damit, dass es in Österreich viele Jahrzehnte lang eine permanente große Koalition gegeben hat: erst informell über eine fast allmächtige Sozialpartnerschaft und ab 1986 dann auch formell in der Regierung. Im ORF hat das für eine Art „Gleichgewicht des Schreckens" gesorgt. Beide großen politischen Lager haben ihre Parteigänger promoviert. Und weil beide Großparteien einigermaßen große Personalreserven hatten, waren – gar nicht selten – auch sehr fähige Leute darunter. Und daneben auch noch kluge, unabhängige Journalisten, die oft gegen ihren Willen einem Lager zugerechnet wurden. Idealzustand war das natürlich auch keiner.

Aber seit der so genannten „Wende", und ganz besonders seit 2002, ist es noch mal anders: Heute dominiert nur mehr ein politisches Lager.

Und vom Gleichgewicht ist nur mehr der Schrecken geblieben.

Die große Regierungspartei hatte dabei im ORF als primäres Anliegen, die „roten G'frieser" (Sie erinnern sich: das war ein Zitat von Andreas Khol, für das er sich allerdings später entschuldigt hat.) vom Schirm zu räumen und die anderen wollten – endlich! – auch ihre Leute an die Schaltstellen hieven. Die hatten nur das Problem, dass hinten und vorn die Personalreserven fehlten.

Und vor ein paar Wochen habe ich in einem Magazin gelesen, dass sich die Regierungskoalition nun über eine „PaketLösung", wie das so schön heißt, für die Besetzung der künftigen Spitzenfunktionen im ORF geeinigt hätte. Chefredakteur der ZIB-Redaktion soll demnach ein ehemaliger Chef der ÖVP-Pressestelle werden, Chef der ORF-Magazine ein ehemaliger Chefredakteur der FPÖ-Parteizeitung und „Aula"-Autor und ORF-Generalsekretärin sollte, stand zu lesen, die engste Mitarbeiterin des Bundeskanzlers werden.

Das Erschreckende daran ist nicht einmal, ob diese Meldung tatsächlich der Realität entspricht. Das Erschreckende ist, dass sie im ORF heute nahezu jeder Journalist für realistisch hält.

Vor gut zwei Monaten hat mir ein prominenter Stiftungsrat, der einer Regierungspartei sehr nahe steht – ganz ungefragt – geklagt, wie riesig der politische Druck sei, bestimmte Personen in die nächste ORF-Führung zu bestellen. (Sie werden jetzt sagen: Wie ist das möglich? Der ORF ist doch entpolitisiert und die Stiftungsräte sind völlig unabhängig ...)

Aber weil diese Personal-Entscheidungen offenbar in diesen Wochen fallen und die Entwicklung des ORF in den nächsten fünf Jahren grundlegend bestimmen werden, möchte ich diese Gelegenheit zum Abschluss für einen Appell an diese 35 unabhängigen Stiftungsräte nützen:

Es könnte für ihre personellen Überlegungen doch eine ganz einfache Regel geben: Aufklärerischer, kritischer und spannender Journalismus, den wir uns doch alle für den ORF wünschen, braucht neben Kompetenz, Urteilsfähigkeit und Engagement vor allem eines: Unabhängigkeit und kritische Distanz.

Wenn sich also eine Partei – und zwar egal welche, das ist mir sehr wichtig! – ganz besonders für bestimmte Personen stark macht, dann sollte einen das grundsätzlich misstrauisch machen. Sehr misstrauisch sogar.

Für unabhängige und kritische Journalisten machen sich üblicherweise keine Politiker stark. Parteien wünschen sich normalerweise Parteigänger – nicht kritische Beobachter. Das ist zwar demokratiepolitisch kurzsichtig, aber leider – nicht nur österreichische – Realität.

Im ORF – diesem für den demokratischen Diskurs in Österreich wahrscheinlich wichtigsten Medium – arbeiten viele der kompetentesten und besten Journalistinnen und Journalisten des Landes. Sie sind unabhängig, unbequem und unberechenbar. (Einige davon sitzen heute unter Ihnen).

Bei der Entscheidung, wer im ORF in den nächsten Jahren führende Positionen einnehmen wird, sollte letztlich nur eine Überlegung wichtig sein:

Wer ist in der Lage, das beste, informativste, klügste, spannendste, vielfältigste und insgesamt aufregendste Programm zu machen?

Auch wenn sich die Parteisekretariate dieses Landes – alle Parteisekretariate! – jeden einzelnen Tag darüber ärgern.

Ein letztes Zitat: „Nichts hassen Politiker mehr als das Gefühl, dass an einer Stelle, die für sie aus irgendeinem Grunde wichtig sein könnte, einer sitzt, der in irgendeiner Form unberechenbar ist. [...] Denn kritischer Journalismus heißt in Wirklichkeit für sie: Feindbild. Na klar. Aus ihrer Sicht logisch. Sie machen den Käse, und wir bohren die Löcher hinein."

Das hat Robert Hochner gesagt – im Mai 2001 in seinem letzten Interview.

Ganz in diesem Sinn – vielen herzlichen Dank für diese Auszeichnung!

Für einen unabhängigen ORF!

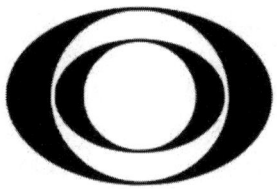

Wir, die Journalistinnen und Journalisten des ORF, stehen für einen unabhängigen ORF. Wir sind ausschließlich journalistischer Ethik und dem ORF-Publikum verpflichtet und lassen uns die in der Verfassung garantierte Unabhängigkeit des öffentlich-rechtlichen Rundfunks nicht nehmen. Weder durch parteipolitische Wünsche noch durch die Bereitschaft der Geschäftsführung diese zu erfüllen. Während Dienstposten in den Redaktionen in längst unerträglichem Ausmaß reduziert werden, gibt es für Stellen, die zur Erfüllung parteipolitischer Wünsche neu geschaffen werden, offenbar Geld. Wir fordern von der Geschäftsführung alle Vorhaben, die das Ansehen des ORF als unabhängiges Medienunternehmen beschädigen, zurückzunehmen. Vom Gesetzgeber fordern wir Rahmenbedingungen, die die ORF-Unabhängigkeit stärken (u.a. völlig neues Aufsichtsgremium, verbessertes Redakteursstatut).
Der ORF gehört den Österreicherinnen und Österreichern - nicht den Parteien.

Name	Funktion	Unterschrift

[656]

---

[656] Quelle: derstandard.at

Schriftliche Stellungnahme von Niko Pelinka zum Rückzug seiner Bewerbung als Büroleiter von ORF Generaldirektor Alexander Wrabetz[657]

Die andauernde öffentliche Debatte über meine Person und meine mögliche Bestellung zum Büroleiter des ORF-Generaldirektors hat ein Ausmaß erreicht, das nicht mehr akzeptabel ist. Ich ziehe mich von dieser Ausschreibung zurück.

Dieser Schritt erfolgt nicht, weil ich die falsche Person für diesen Posten bin. Er ist einerseits notwendig, weil ich weitere untergriffige Angriffe gegen mich, meine Familie und mein persönliches Umfeld vermeiden möchte. Er erfolgt auch, weil eine breite öffentliche Diskussion mittlerweile die Substanz des ORF gefährdet und ich weiteren Schaden nicht akzeptieren will.

Die unerfreulichen formalen Unstimmigkeiten rund um die Bestellung sind ein weiterer Grund für diesen Schritt. Die Perspektive einer wochenlangen Weiterführung dieses unwürdigen Theaters möchte ich weder mir noch dem ORF zumuten.

Außerdem möchte ich nicht das Symbol für etwas sein, das nicht meiner persönlichen Wertehaltung entspricht. Der Grund für mein angestrebtes Engagement im ORF war ausschließlich mein persönliches Vertrauensverhältnis zu Alexander Wrabetz und mein Interesse am Medienunternehmen ORF.

Ich freue mich nun auf spannende berufliche Aufgaben in der Zukunft.

---

[657] Quelle: www.diepresse.com

ORF Generalintendanten/direktoren

Josef Scheidl: 1960– 1967

Gerd Bacher: 1967– 1974

Otto Oberhammer: 1974–1978

Gerd Bacher: 1978– 1986

Thaddäus Podgorski: 1986–1990

Gerd Bacher: 1990– 1994

Gerhard Zeiler: 1994–1998

Gerhard Weis: 1998 - 2001

Monika Lindner: 2002–2006

Alexander Wrabetz: seit 1.1.2007

Personelle Verflechtungen SPÖ/ORF

Zwischen der SPÖ und dem ORF gab es stets einen regen Personalaustausch in beide Richtungen. Diese Auflistung ist nur ein kleiner Auszug ohne jeden Anspruch auf Vollständigkeit.

Amon, Karl:

- Mitarbeiter der Arbeiterkammer Niederösterreich
- ORF-Hörfunkdirektor

Besenböck, Hans

- Mitarbeiter bei der Sozialistischen Korrespondenz, Redakteur der Arbeiterzeitung.
- Leiter der Zeit im Bild, Chefredakteur des ORF-Radios

Broukal, Josef:

- SPÖ-Organisationsreferent in Niederösterreich
- Langjähriger ORF-Moderator und Redakteur (ZiB, Technikmagazine)
- Ab 2002 SPÖ-Bildungssprecher, Nationalratsabgeordneter, (seine Ministerambitionen musste er wegen der Wahlschlappe der SPÖ begraben)

Brunner, Ulrich

- AZ-Redakteur
- Leiter des Aktuellen Dienstes des ORF, ORF-Hörfunkchefredakteur, Intendant des ORF-Landesstudios Burgenland

Coudenhove-Kalergi, Barbara

- Redakteurin Arbeiterzeitung
- Chefin des ORF-Auslandsdienstes

Dittlbacher, Fritz:

- AZ-Innenpolitikchef
- Chefredakteur ORF Fernsehen

Freund, Eugen:

- Pressesprecher von Außenminister Willibald Pahr (parteifreier Minister in einer SPÖ-Regierung)
- ZiB-Anchorman

Fuhrmann, Thomas:

- Pressesprecher von SPÖ-Minister Rudolf Scholten
- ZiB1-CvD

Hochner, Robert

- Chefredakteur AZ (nachdem die SPÖ die Zeitung verkauft hatte)
- ORF-Nachrichtensprecher, ZiB2-Moderator

Heinrich Keller

- Generalsekretär des ORF
- u.a.: Zentralsekretär der SPÖ

Kreuzer, Franz:

- Chefredakteur der AZ
- Chefredakteur des aktuellen Dienstes, später Fernsehintendant von FS 2
- Gesundheitsminister unter SPÖ-Bundeskanzler Fred Sinowatz

Kunz, Johannes

- ORF Hörfunk
- Pressesprecher von Bundeskanzler Bruno Kreisky,
- ab 1982 wieder beim ORF, u.a. als Informationsintendant

Löw Raimund

- Mitarbeiter des SPÖ-nahen Ludwig-Boltzmann-Instituts
- ORF-Redakteur (u.a. Brüssel Korrespondent)

Pelinka, Niko

- Sohn von Peter Pelinka
- Pressesprecher von SPÖ-Unterrichtsministerin Claudia Schmied und parlamentarischer Mitarbeiter bei SPÖ-Finanzstaatssekretär Andreas Schieder.
- Verhinderter Büroleiter von ORF-Generalintendant Alexander Wrabetz.

Pelinka, Peter

- AZ-Chefredakteur
- ORF-Moderator (Leiter von TV-Diskussionsrunden)

Andreas Rudas:

- Mitarbeiter des SPÖ-Zentralsekretariats, Pressesprecher von SPÖ-Innenministers Karl Blecha
- ORF-Pressesprecher, später ORF-Generalsekretär
- SPÖ-Bundesgeschäftsführer

Sokol, Erich

- AZ-Karikaturist
- ORF-Chef-Grafiker

Wiesner, Robert

- Pressesprecher dreier SPÖ-Außenminister, AZ-Redakteur
- Chef des ORF Magazins Report

Wrabetz, Alexander

- Chef der SPÖ-Studenten (VSStÖ), Organisator des Vorzugstimmenwahlkampfs von Josef Cap
- ORF-Finanzdirektor und ORF Generaldirektor

Zeiler, Gerhard

- Pressesekretär und Pressesprecher von Unterrichtsminister und später Bundeskanzler Fred Sinowatz und von Bundeskanzler Franz Vranitzky
- ORF-Generalsekretär, ORF-Generalintendant

Zilk, Helmut
- ORF-Fernsehdirektor, ORF Moderator (Stadtgespräche, Zur Sache)
- SPÖ-Unterrichtsminister, Wiener Bürgermeister

Literaturverzeichnis

Berka, Walter: Medienpolitik in den 60er Jahren. In: Kriechbaumer, Robert; Schausberger, Franz; Weinberger Hubert (Hg.): Die Transformation der österreichischen Gesellschaft und die Alleinregierung von Bundeskanzler Dr. Josef Klaus. Salzburg 1995

Brandacher, Stefan: Der Österreichische Rundfunk unter besonderer Berücksichtigung des Kabel- und Satellitenfernsehens. Dissertation. Innsbruck 1993

Brugger, Sepp: Medienpolitik und „Radioliberalisierung" in Österreich. In: Dorer, Johanna, Baratits, Alexander (Hg.): Radiokultur von morgen. Ansichten, Aussichten, Alternativen. Wien 1995

Cap, Josef: Die Veränderung im politischen System Österreichs. In: Khol, Andreas; Ofner, Günther; Burkert-Dottolo, Günther; Karner Stefan (Hg.): Österreichisches Jahrbuch für Politik 2001. Wien 2002

Cisar, Gottlieb-Heinrich: 60 Jahre Rundfunkpolitik in Österreich. Der Weg zur dritten Rundfunkreform. Dissertation. Wien 1987

Csoklich, Fritz: Rundfunkvolksbegehren, Rundfunkgesetzgebung und neue Medienordnung. In: Verband Österreichischer Zeitungsherausgeber und Zeitungsverleger: Rundfunk und Fernsehen in Österreich. Beiträge und kritische Anfragen zur Zukunft der elektronischen Medien. Dokumentation einer Enquete vom 2.12.1992. Schriftenreihe Medien & Praxis Band 4. Wien 1993

Dabringer, Claudia: Radioliberalisierung in Österreich in der Berichterstattung ausgewählter Printmedien. Salzburg 1991

Danmayr, Andrea; Schrentewein, Birgit; Steinert Fiona (Hg.): Lokalradio. Meinungen – Materialien. Wien 1995

Dieman, Kurt: ORF – Hintergründe und Abgründe. Graz 1978

Dohnal, Johanna: Männerschwarz, aber nicht hoffnungslos. In: derFreiRaum (Hg.): Der Auftrag – Öffentlich-rechtlicher Rundfunk; Positionen – Perspektiven – Plädoyers. Wien 2006

Dorer, Johanna, Baratits, Alexander (Hg.): Radiokultur von morgen. Ansichten, Aussichten, Alternativen. Wien 1995

Draxl, Bernhard: Die Einführung von Privatfernsehen in Österreich – Vom ORF-Monopol zum dualen Fernsehsystem. Diplomarbeit. Innsbruck 2003

Düll, Peter: Welcome To The Wonderland – Radio CD gegen das Monopol. In: Reichel, Werner; Konvicka Michael; Streit Georg; Landgraf Rüdiger (Hg.): Privatradio in Österreich – Eine schwere Geburt. München 2006

Ebert, Christian: Die geschichtliche Entwicklung des österreichischen Rundfunks unter besonderer Berücksichtigung der Monopolsituation des Mediums Radio. Diplomarbeit. Wien 1991

Ergert, Viktor: 50 Jahre Rundfunk in Österreich Band I. Salzburg 1974

Ergert, Viktor: 50 Jahre Rundfunk in Österreich. Band II. Salzburg 1975

Ergert, Viktor: 50 Jahre Rundfunk in Österreich. Band III. Salzburg 1977

Ergert, Viktor; Andics, Hellmut; Kriechbaumer, Robert: 50 Jahre Rundfunk in Österreich. Band IV. Salzburg 1985.

Eminger, Angela: Das Volksbegehren Rundfunkfreiheit der FPÖ. Analyse eines rundfunkpolitischen Versuchs zur Neuordnung der österreichischen Rundfunklandschaft. Diplomarbeit. Wien 1991

Feichter, Markus: Österreichs medienpolitische Verspätung – Der lange Weg vom BVG-Rundfunk 1974 bis zur versuchten Teilliberalisierung des Hörfunkmarktes im Jahr 1993. Diplomarbeit. Innsbruck 1996

Fellner, Wolfgang: Platz für eine private TV-Offensive. In: Maier, Ferdinand (Hg.): Fernsehdämmerung über Österreich – Haben private Programmveranstalter eine Chance. Dokumentation eines Symposions der Österreichischen

Volkspartei zur Neugestaltung der elektronischen Medienlandschaft am 24. Mai 1993

Fidler, Harald; Merkle, Andreas: Sendepause – Medien und Medienpolitik in Österreich. Oberwart 1999

Fidler, Harald: Im Vorhof der Schlacht – Österreichs alte Medienmonopole und neue Zeitungskriege. Wien 2004

Fidler, Harald: Österreichs Medienwelt von A bis Z. Wien 2008

Fischer, Heinz: Die Kreisky Jahre. Wien 1993

derFreiRaum (Hg.): Der Auftrag – Öffentlich-rechtlicher Rundfunk; Positionen – Perspektiven – Plädoyers. Wien 2006

Filzmaier, Peter; Plaikner, Peter; Duffek, Karl A. (Hg.): Mediendemokratie Österreich. Wien/Köln/Weimar 2007

Friesenegger, Walter: Satellitenfernsehen in Europa – Situation und Möglichkeiten Österreichs. Salzburg 1994

Gattringer, Karin: Österreichs Medienpolitik am Beispiel des Regionalradiogesetzes. Diplomarbeit. Salzburg 1994

Gaunerstorfer, Peter: Fernmelderechtliche und rundfunkrechtlicher Fragen zum Kabelrundfunk. Dissertation. Wien 1997

Godler, Haimo; Jochum, Manfred; Schlögl Reinhard; Treiber, Alfred (Hg.): Vom Dampfradio zur Klangtapete – Beiträge zu 80 Jahren Hörfunk in Österreich. Wien 2004

Grießer Johannes: Der österreichische Rundfunk als Thema der parlamentarischen Auseinandersetzung von 1970 bis 1983. Diplomarbeit. Wien 1989

Grünberger, Gerald: Die Einführung des dualen Rundfunksystems im Fernsehbereich in Österreich unter besonderer Berücksichtigung der medienpolitischen und –ökonomischen Debatte. Diplomarbeit. Wien 2003

Grundner, Guido: Als die Bilder wieder laufen lernten... Kabelfernsehen in der Steiermark – Lokal-TV am Beispiel eines Kabelnetzbetreibers in Hausmannstätten. Diplomarbeit. Salzburg 1997

Hanreich, Christa: Das Rundfunkvolksbegehren 1964. Diplomarbeit. Wien 2001

IG Autoren (Hg.): Nie wieder 1984! „Enquete „Neue Medien und ORF" – Dokumentation einer Veranstaltungsreihe vom 9.-13. April 1984 der Interessensgemeinschaft Österreichischer Autoren und der Österreichischen Hochschülerschaft. Wien 1984

Ivan, Franz: Zeitungen und Privatradio: Neue Vielfalt im elektronischen Bereich:. In: Kukacka, Helmut; Neisser Heinrich (Hg.): Privatrundfunk – Realität und Zukunft. Schriftenreihe des ÖVP-Parlamentsklubs Band 2. Wien 1991

Kaltenbrunner, Andy (Hg.): Der Journalistenreport 2. Österreichs Medienmacher und ihre Motive: eine repräsentative Befragung. Wien 2008.

Kaltenbrunner, Andy, Karmasin, Matthias, Kraus, Daniela (Hg.): Der Journalisten-Report 3. Politikjournalismus in Österreich. Wien 2010

Karmasin, Fritz: Die Werbewirtschaft und die Diskussion über eine Veränderung der Rundfunklandschaft in Österreich. In: In: Verband Österreichischer Zeitungsherausgeber und Zeitungsverleger: Rundfunk und Fernsehen in Österreich. Beiträge und kritische Anfragen zur Zukunft der elektronischen Medien. Dokumentation einer Enquete vom 2.12.1992. Schriftenreihe Medien & Praxis Band 4. Wien 1993

Khol, Andreas; Stirnemann, Alfred (Hg.): Österreichisches Jahrbuch für Politik 1984. München/Wien 1985

Khol, Andreas: Neu Regieren in einer „autoritären Wende"? Zwischenbilanz einer demokratischen Wende. In: Politische Akademie der Österreichischen Volkspartei (Hg.): Österreichisches Jahrbuch für Politik 2000. München/Wien 2001

Khol, Andreas; Ofner, Günther; Burkert-Dottolo, Günther; Karner Stefan (Hg.): Österreichisches Jahrbuch für Politik 2001. München/Wien 2002

Khol, Andreas; Ofner, Günther; Burkert-Dottolo, Günther; Karner Stefan (Hg.): Österreichisches Jahrbuch für Politik 2006. München/Wien 2007

Kornmüller, Ernst: Medienpolitik und Privatfernsehen in Österreich. Zum Stand der rundfunkpolitischen Debatte. Dissertation. Salzburg 2001

Kotzian, Georg: Rundfunkregulierung in Österreich am Beispiel der Vergabe der Privatradiolizenzen. Diplomarbeit. Wien 2000

Kraiger, Michael: Private Programmschöpfung im Kabelkanal; Lokales Fernsehen als neues Massenmedium im Kabelnetz unter besonderer Berücksichtigung des Fallbeispiels Bezirksfernsehen St. Veit/Glan. Diplomarbeit. 1999

Kräuter, Harald: Wie die Konkurrenz einen Sender verändert. Eine Fallstudie über die radikale Reform der wichtigsten Radiosendung des ORF: des Ö3-Weckers. Diplomarbeit. Wien 1998

Kriechbaumer, Robert; Schausberger, Franz; Weinberger Hubert (Hg.): Die Transformation der österreichischen Gesellschaft und die Alleinregierung von Bundeskanzler Dr. Josef Klaus. Salzburg 1995

Kriechbaumer, Robert (Hg.): Die Ära Josef Klaus. Wien 1998

Kriechbaumer, Robert: Die Kreisky Ära - Österreich 1970 - 1983. Wien 2004

Kriechbaumer, Robert: Zeitenwende – Die SPÖ-FPÖ Koalition 1983-1987. Wien 2008

Krischke, Susanne: Das Ende des Monopols: Reaktionen des öffentlich-rechtlichen Rundfunks ORF auf die private Konkurrenz am Beispiel des Studio Wien. Dissertation. Wien 2000.

Kukacka, Helmut; Neisser Heinrich (Hg.): Privatrundfunk – Realität und Zukunft. Schriftenreihe des ÖVP-Parlamentsklubs Band 2. Wien 1991

Kunz, Johannes: Am Anfang war die Reblaus – Die Zweite Republik in Anekdoten. Wien 1987

Landgraf, Rüdiger: Von Pirat zu Privat. In: Reichel, Werner; Konvicka Michael; Streit Georg; Landgraf Rüdiger (Hg.): Privatradio in Österreich – Eine schwere Geburt. München 2006

Lenhardt, Helmut: Rundfunk im Satellitenzeitalter – Sieben Empfehlungen für Österreich. Wien 1987

Liebenberger, Gerhard: Die Entwicklung des Kabelrundfunks in Deutschland und Österreich von 1956 bis 2003; Diplomarbeit. Salzburg 2003

Lindenmaier, Christoph: Der Zugang zum Rundfunk – Alte Frequenzen, neue Technologien. In: Dorer, Johanna, Baratits, Alexander (Hg.): Radiokultur von morgen. Ansichten, Aussichten, Alternativen. Wien 1995

Loidl, Gerald: Privates Regional-/Lokalfernsehen in Österreich am Beispiel von „Tele Salzkammergut". Diplomarbeit. Wien 1999

Luger, Kurt: Lesarten der Populärkultur. In: Medienjournal, Nr. 4 1990

Magenschab, Hans: Demokratie und Rundfunk – Hörfunk und Fernsehen im politischen Prozess Österreichs. Wien 1973

Mahr, Hans: Österreich – (K)ein Markt für private TV-Programmveranstalter?. In: Maier, Ferdinand (Hg.): Fernsehdämmerung über Österreich – Haben private Programmveranstalter eine Chance. Dokumentation eines Symposions der Österreichischen Volkspartei zur Neugestaltung der elektronischen Medienlandschaft am 24. Mai 1993 in 1993 in Wien, Technische Universität. Wien 1993

Maier, Ferdinand (Hg.): Fernsehdämmerung über Österreich – Haben private Programmveranstalter eine Chance? Dokumentation eines Symposions der Österreichischen Volkspartei zur Neugestaltung der elektronischen Medienlandschaft am 24. Mai 1993 in Wien, Technische Universität. Wien 1993

Mairhuber, Nadja: Privatradio Melody – Die Umstrukturierung von Radio Melody zu Melody FM, Diplomarbeit. Salzburg 1999

Margon, Petra: Das Rundfunkmonopol. Diplomarbeit. Salzburg 1989

Milich, René: Zwischen Qualität und Quote – Der gesetzliche Programmauftrag des öffentlich-rechtlichen ORF. Diplomarbeit. Salzburg 2007

Mocuba, Jutta: Gerd Bacher als Theoretiker und Praktiker des österreichischen öffentlich-rechtlichen Rundfunks. Diplomarbeit. Wien 2000

Möhring, Rubina (Hg.): Österreich allein zuhause – Politik, Medien und Justiz nach der politischen Wende. Frankfurt am Main/London 2001

Morak, Franz: Ein neues Kapitel österreichischer Mediengeschichte. In: . In: Khol, Andreas; Ofner, Günther; Burkert-Dottolo, Günther; Karner Stefan (Hg.): Österreichisches Jahrbuch für Politik 2001. Wien 2002

Naderhirn, Johannes: Das Österreichische Fernsehen – demokratiepolitischer Bildungsauftrag oder Quote? Vom Volksbegehren bis zur Gegenwart. Dissertation. Wien 2009

Obrist, Richard: Kabelfernsehen in Österreich – Verfassungsrechtliche Probleme und die Zukunft. Diplomarbeit Innsbruck 1990

Osberger, Elisabeth: ÖVP-Medienpolitik in der Zweiten Republik – Eine Analyse anhand ausgewählter medienpolitischer Problemstellungen. Diplomarbeit. Wien 2003

Österreichischer Rundfunk (Hg.): Gerd Bacher zu Ehren. Zum 60. Geburtstag. Salzburg/Wien 1985

Parlamentsklub der Österreichischen Volkspartei (Hg.): Der Griff nach dem Rundfunk. Wien 1974

Payrleitner, Alfred: Die Ära Lindner. Oder: Neues Leben auf einer Großbaustelle. Khol, Andreas; Ofner, Günther; Burkert-Dottolo, Günther; Karner Stefan (Hg.): Österreichisches Jahrbuch für Politik 2006. Wien 2007

Pfeifhofer, Stephan: Die Geschichte des Privatradios in Südtirol von 1975 bis 1996. Diplomarbeit. Salzburg 1997

Podgorski, Thaddäus: Die große Illusion – Erinnerungen an 50 Jahre mit dem Fernsehen. Wien 2005

Politische Akademie der Österreichischen Volkspartei (Hg.): Österreichisches Jahrbuch für Politik 2000. Wien 2001

Portisch, Hugo: Das Volksbegehren und Bacher I. In: Gerd Bacher zu Ehren. Zum 60. Geburtstag. Salzburg 1985

Portisch, Hugo: Das Volksbegehren zur Reform des Rundfunks 1964. In: Godler, Haimo; Jochum Manfred; Schlögl, Reinhard; Treiber, Alfred (Hg.): Vom Dampfradio zur Klangtapete; Beiträge zu 80 Jahren Hörfunk in Österreich. Wien. 2004

Prath, Alexandra: Blue Danube Radio. Die Entstehung und Entwicklung eines öffentlich-rechtlichen Fremdsprachenprogrammes vor dem Hintergrund einer zunehmenden Rundfunkliberalisierung in Österreich. Diplomarbeit. Wien 1997

Publications de la Cour Européenne des Droits de L'Homme/Publications of the European Court of Human Rights: Vol 276, Affaire Informationsverein Lentia et Autres c. Autriche/Case of Informationsverein Lentia and others v. Austria. Köln 1994

Rathkolb, Oliver: Von den vier alliierten Sendern zu „schwarzer Welle – rotem Schirm": Die Entwicklung von Rundfunk und Fernsehen nach 1945; www.demokratiezentrum.org (14.06.2011)

Reichel, Werner: Die österreichische Boulevardpresse aus der Sicht der Cultural Studies. Diplomarbeit. Wien 1998

Reichel, Werner: Lasst 1000 bunte Blumen blühen – Das schnelle Ende der ländlichen Lokalradios. In: Reichel, Werner; Konvicka Michael; Streit Georg; Landgraf Rüdiger (Hg.): Privatradio in Österreich – Eine schwere Geburt. München 2006

Reichel, Werner: Der Wiener Radiomarkt von 1998 bis 2005. In: Reichel, Werner; Konvicka Michael; Streit Georg; Landgraf Rüdiger (Hg.): Privatradio in Österreich – Eine schwere Geburt. München 2006

Reichel, Werner; Konvicka Michael; Streit Georg; Landgraf Rüdiger (Hg.): Privatradio in Österreich – Eine schwere Geburt. München 2006

Riesenfelder, Beatrice: Die Position Österreichs innerhalb des europäischen Medienmarktes. Diplomarbeit. Wien 1994

Ring, Wolf-Dieter: Die Entwicklung zum Nebeneinander öffentlich-rechtlicher und privater Rundfunkanstalten. In: Verband Österreichischer Zeitungsherausgeber und Zeitungsverleger: Rundfunk und Fernsehen in Österreich. Beiträge und kritische Anfragen zur Zukunft der elektronischen Medien. Dokumentation einer Enquete vom 2.12.1992. Schriftenreihe Medien & Praxis Band 4. Wien 1993

Rundfunk & Telekom Regulierungs-GmbH: 5 Jahre Privatradio in Österreich. Schriftenreihe der Rundfunk & Telekom Regulierungs-GmbH Band 1/2003

Sandner, Wolfgang: Das Rundfunkvolksbegehren – Eine Analyse der Reform des Österreichischen Rundfunks. Dissertation. Wien 1969

Schmidt, Egmont: Krisen, Kämpfe, Kontroversen – Die Konflikte innerhalb der großen Koalition von 1986 bis 2000. Frankfurt am Main 2011

Schmolke, Michael (Hg.): Der Generalintendant – Gerd Bachers Reden, Vorträge, Stellungnahmen aus den Jahren 1967 bis 1994 – Eine Auswahl; Wien 2000

Sebor, Bernd: Radioliberalisierung - Die Diskussion in Österreich im Spiegel der internationalen Entwicklung. Diplomarbeit. Wien 1991

Sommer, Josef: Das Regionalradiogesetz – Die Schaffung eines dualen Hörfunksystems als Beispiel für Medienpolitik in Österreich. Wien 1996

Steinbauer, Heribert: Die seltsame Wirklichkeit des Fernsehens. In: Khol Andreas, Stirnemann Alfred (Hg.): Österreichisches Jahrbuch für Politik 1984. München/Wien 1985

Steinbauer, Heribert: Die „Reform" der Rundfunkreform 1974 durch die SPÖ-Alleinregierung unter Bundeskanzler Kreisky und deren politische Konsequenzen. In: Christliche Demokratie 4/87

Stöger, Hermann: Schwarze Welle – Roter Schirm; Der Proporz am Beispiel Rundfunk. Wien/Melk 1965

Thurner, Thomas: Frequenzplanung, kritische Blicke zurück und die Hoffnung auf Besserung der Umstände. In: Danmayr, Andrea; Schrentewein, Birgit; Steinert Fiona (Hg.): Lokalradio. Meinungen – Materialien. Wien 1995

Tomann, Nicole J.: Die Medienpolitische Diskussion in der SPÖ – Untersucht anhand der Themenbereiche „Parteipresse", „Presseförderung" und „ORF" 1979 – 1993. Diplomarbeit. Wien 1994

Tozzer Kurt; Majnaric, Martin: Achtung Sendung – Höhepunkte, Stars und exklusive Bilder aus 50 Jahre Fernsehen. Wien 2005

Treiber, Alfred: Ziel des Tigers ist die Beute. In: Godler, Haimo; Jochum Manfred; Schlögl, Reinhard, Treiber, Alfred (Hg.): Vom Dampfradio zur Klangtapete; Beiträge zu 80 Jahren Hörfunk in Österreich. Wien. 2004

Twaroch, Paul: Im Spiegel der Politik – 40 Jahre Rundfunkrecht in Österreich. In: Godler, Haimo; Jochum Manfred; Schlögl, Reinhard, Treiber, Alfred (Hg.): Vom Dampfradio zur Klangtapete; Beiträge zu 80 Jahren Hörfunk in Österreich. Wien. 2004

Ulrich, Andreas: Modernes Radio? US-amerikanische Rundfunkpolitik in Österreich (1945-1955) am Beispiel der Sendergruppe „Rot-Weiß-Rot", Studio Wien. Diplomarbeit. Wien 1993

Verband Österreichischer Zeitungsherausgeber und Zeitungsverleger: Rundfunk und Fernsehen in Österreich. Beiträge und kritische Anfragen zur Zukunft der elektronischen Medien. Dokumentation einer Enquete vom 2.12.1992. Schriftenreihe Medien & Praxis Band 4. Wien 1993

Verein zur Förderung der politischen Bildung und Schulung „Josef Krainer Haus" (Hg.): Der deformierte Rundfunk. Graz 1975

Vodopivec, Alexander: Der verspielte Ballhausplatz – Vom schwarzen zum roten Österreich. Wien 1970

Vodopivec, Alexander: Die Quadratur des Kreisky – Österreich zwischen parlamentarischer Demokratie und Gewerkschaftsstaat. Wien 1975

Vodopivec, Alexander: Die Realisierung des Rundfunkvolksbegehrens durch die ÖVP Alleinregierung. In: Christliche Demokratie Band 4/87. Wien 1987

Weinek, Andreas: Geschichte der Rundfunkgesetzgebung – Rechtshistorische Betrachtung des Rundfunks in Deutschland und Österreich. Saarbrücken 2008

Weinmann, Beatrice: Josef Klaus – Ein großer Österreicher. Wien 2000

Weis, Gerhard: FAQ's zum Thema ORF. In: Filzmaier, Peter; Plaikner, Peter; Duffek, Karl A. (Hg.): Mediendemokratie Österreich. Wien/Köln/Weimar 2007.

Weissenberger, Herbert: Reform für rote G'frießer. In: Möhring, Rubina (Hg.): Österreich allein zuhause – Politik, Medien und Justiz nach der politischen Wende. Frankfurt am Main/London 2001

Westenthaler, Peter: Wendepunkt in der österreichischen Medienpolitik. In: .Khol, Andreas; Ofner, Günther; Burkert-Dottolo, Günther; Karner Stefan (Hg.): Österreichisches Jahrbuch für Politik 2001. Wien 2002

Wieser, Anton Gert: Entwicklung des Regionalradios am Beispiel der Antenne Steiermark. Diplomarbeit. Graz 1997

Wieser, Hannes: Rundfunkmanagement ORF 1994 – 1998. Die Entwicklung des österreichischen Rundfunks unter Generalintendant Gerhard Zeiler. Diplomarbeit. Wien 1999.

Wimmer, Christian: Sozialdemokratische Medienpolitik – Theoretische Grundlagen und praktische Auswirkungen in den Sektoren Print und Rundfunk von 1945 bis 1988 mit einer Rückschau8 auf die Erste Republik und unter Streifung neuerer Tendenzen. Diplomarbeit. Wien 1998

Wittmann, Heinz: Rundfunkfreiheit – Öffentliche Grundlagen des Rundfunks in Österreich. Wien 1981

Wittmann, Heinz: Privatradio – ein Stück Freiheit. In: Kukacka, Helmut; Neisser Heinrich (Hg.): Privatrundfunk – Realität und Zukunft. Schriftenreihe des ÖVP-Parlamentsklubs Band 2. Wien 1991

Wolf, Franz Ferdinand: 25 Jahre ORF (1975-2000). Salzburg 2001

Wrabetz, Alexander: Der ORF 2002 – 2006 Die Geschäftsperiode von Generaldirektorin Dr. Monika Lindner. In: Khol, Andreas; Ofner, Günther; Burkert-Dottolo, Günther; Karner Stefan (Hg.): Österreichisches Jahrbuch für Politik 2006, Wien 2007

Zilk, Helmut: „Kreisky in Paris, Benya in Sofia, Bacher im ORF" – Erinnerungen eines Freundes. In: Österreichischer Rundfunk (Hg.): Gerd Bacher zu Ehren. Zum 60. Geburtstag. Salzburg 1985

Quellen

Verwendete Webseiten:

www.andreas-unterberger.at

www.demokratiezentrum.org

www.derstandard.at

www.diepresse.com

www.falter.at

www.freie-radios.at

www.kleinezeitung.at

www.kurier.at

www.oe-journal.at

www.orf.at

www.ots.at

www.ortneronline.at

www.profil.at

www.radiocd.at

www.radioszene.at

www.radiouno.at

www.rtr.at

www.sos-orf.at

www.univie.ac.at/gonline

www.wienerzeitung.at

Zeitungen und Zeitschriften:

Arbeiter Zeitung

Der Spiegel

Die Presse

Extradienst

Falter

Gong - Mitteilungen der sozialistischen Angestellten des österreichischen Rundfunks

Horizont

Kärntner Tageszeitung

Kleine Zeitung

Kronen Zeitung

Kurier

Medien & Recht

Multimedia

Neues Volksblatt

Pro – Das christliche Medienmagazin

Süd-Ost Tagespost

Tele Uno – Programmzeitschrift

Tiroler Tageszeitung

TV-Media

Volksblatt

Volksstimme

Wiener Zeitung

Wirtschaftswoche

Wochenpresse

Zukunft